НАТАЛЬЯ ШУШКОВА

социология современного патернализма

NATALYA SHUSHKOVA

Sociology of modern paternalism

Monography

RusGenProject.com 2010
Washington D.C. • London • Moscow • Hong Kong • New Delhi

НАТАЛЬЯ ШУШКОВА

Социология современного патернализма

Монография

РусГенПроект 2010
Вашингтон • Лондон • Москва • Гонконг • Нью-Дели

УДК 316.7
ББК 60.56
Ш 98

Рецензенты:
доктор исторических наук **О.Л. Лейбович**
кандидат социологических наук **М.В. Змеев**

Шушкова, Н.В.

Ш 98   Социология современного патернализма: монография / Н.В. Шушкова. – Вашингтон, РусГенПроект, 2010.– 294 с., 68 табл. – ISBN 978-0-9844227-1-5

В монографии представлена социологическая интерпретация феномена современного патернализма (в т.ч. патрон-клиентских отношений) в контексте институциональных
(традиционных и новых) теорий. Разработанная автором исследовательская модель применяется для анализа производственных (промышленное предприятие), политических (выборы),
образовательных (школа и вуз) институтов российского общества. Впервые публикуются об-
ширные социологические данные, полученные при помощи качественных (фокус- и экспертные интервью) и количественных (анкетные опросы) методов.

Предназначена для социологов, специалистов в области социальных отношений
и менеджмента, а также всех, кто интересуется социальными и культурными процессами
современной России.

RusGenProject com.,
Division of South Eastern Projects Management Company Limited
Washington D.C. • London • Moscow • Hong Kong • New Delhi

PO Box 96503 # 36982
Washington, 20090-6503 USA

Совместное издание с ООО "Интелкорп", Москва
For more information e-mail publisher@rusgenproject.com
Or visit our website www.RusGenProject. com

Printed in United States of America
First Edition: Sep 2010

ISBN 978-0-9844227-1-5 (Rusgenproject.com, Russian Language Edition)

ISBN 978-5-91769-004-9 (ООО "Интелкорп")

Н.В. Шушкова

ОГЛАВЛЕНИЕ

Н.В. Шушкова

От автора

> Я полагаю реальность повседневной
> жизни как упорядоченную реальность.
> Ее феномены уже систематизированы
> в образцах, которые кажутся независи-
> мыми от моего понимания и которые
> налагаются на него.
> *Бергер П., Лукман Т. Социальное
> конструирование реальности, 1995*

Для современных социологов не секрет, что восприятие человеком окружающего мира, в том числе и мира людей, подчиняется определенным схемам, укладывается в систему повседневных, или – если говорить о деятельности ученых – научных понятий. Иными словами, мы видим то, что знаем и стремимся не замечать того, что не укладывается в привычные рамки. Некоторые ситуации, тем не менее, требуют дополнения устоявшихся схем, а иногда и их серьезного переформатирования. Понятие «социальный институт» не является новым для гуманитарных наук. Согласно хрестоматийным определениям, «институты образуют основу общества, поскольку они представляют относительно фиксированные, устойчивые во времени способы поведения»[1], внутри институтов можно обнаружить некий набор ролей, иерархически упорядоченных, исполняемых согласно устоявшимся правилам и нормам. С этим согласны большинство социологов, не проблематизирующих понятие «социального института», применяющих его для анализа устойчивых форм социальной организации (семьи, школы, государства и т.п.). И одновременно, такое понимание научного термина ставят под сомнение неоинституционалисты, дополняя и уточняя денотат, предлагая применять термин для исследования любых повторяющихся социальных ситуаций. Заслуга неоинституционализма видится в том, что они избавили термин «институт» от некой статусности,

1 Гидденс Э. Социология. М.: Эдиториал УРСС, 1999. С. 673.

приписанности большим социальным образованиям, а значит, позволили применять его как исследовательскую категорию на самых разных уровнях социологического анализа. Возможно, именно знакомство с работами неоинституционалистов и позволило мне выделить современный патернализм из многочисленного и до сих пор малоизученного ряда других социальных явлений, сопровождающих процессы трансформации российского общества.

Мое первое научное знакомство с патернализмом произошло в ходе изучения социально-производственной ситуации на типичном отечественном предприятии «Нефть». Рабочая группа кафедры культурологии Пермского государственного технического университета в 2000 г. проводила полевое социологическое исследование: привычное и по методу – массовый опрос, и по технике – стандартизированное интервью, и по инструментарию – анкета с закрытыми и открытыми вопросами, и по выборке – квотная по социально-демографическим и производственным параметрам, и, наконец, по способам анализа – статистическая обработка данных. Объектом изучения стало средних размеров нефтедобывающее предприятие (около 400 работников), работавшее в то время относительно автономно от крупных российских нефтяных корпораций. Предприятие (управленческий корпус) было расположено в поселке, находящемся в 40-ка минутах езды по хорошей дороге от областного центра. Большинство рабочих и руководителей предприятия жили в поселке, значительная часть инженеров – в областном центре. Директор – он же главный владелец предприятия – в то время получал экономическое образование, что, вероятно, и пробудило в нем интерес к социологии.

Мне довелось принять участие в этом исследовании практически на всех этапах. В ходе анализа полученных данных и написания чернового варианта отчета была обнаружена некоторая особенность вертикальных и горизонтальных связей между работниками предприятия. Эта особенность не была заложена в гипотезах исследования, тем не менее, она выступала сильным фактором, влияющим на трудовое и внепроизводственное поведение работников. Этот фактор перекрывал даже экономический, что, учитывая сложную ситуацию в стране, было удивительно. Складывалось впечатление, что работники видят свое предприятие подобным боль-

Н.В. Шушкова

шой семье с разветвленной родственной структурой, имеющей для них *большее* значение, чем должностная иерархия и формальные предписания. Значительное место в этом образе занимала фигура директора предприятия. Позволю себе привести цитату из заключительной части отчета: «Следует обратить внимание на сложившуюся систему патерналистских отношений, при которых зависимость работников от администрации является не только признанным, но и одобряемым фактом. Интересы работников во внутренней и внешней среде представляют начальники, кроме того, оценки руководства доминируют в оценках подчиненных. Администрации принадлежит вся инициатива, работникам отданы сугубо исполнительные функции.... Если решение проблем остается делом администрации, то рядовые работники, дорожащие своим местом, не ощущают себя достаточно уверенными и свободными, чтобы высказывать свое собственное мнение. Высокая доля опрошенных, не желающих, чтобы их дети трудились на предприятии, по меньшей мере, свидетельствует о подспудной неудовлетворенности своей жизненной ситуацией на нем, - неудовлетворенности, которую открыто выразить не принято или не привычно» (Отчет, «Нефть», 2000).

Примечательна реакция специалиста предприятия по маркетингу, вызванная прочтением аналитического отчета: к рабочей группе кафедры было отправлено письмо (увы, не сохранившееся), стыдившее нас и призывающее к умеренности в высказываниях. Наибольший протест вызвало то, что (цитирую по памяти): «...представленный вами отчет в неверном свете представляет фигуру директора предприятия. Вы должны знать, какова его роль и значение его личности в фирме и в местном сообществе. Он много делает для поселка и своих работников». Это была одна из демонстраций того самого патернализма, принятого на предприятии в качестве работающей управленческой модели, что и подтвердилось следующим социологическим исследованием. С тех пор, с легкой руки руководителя проекта – Олега Леонидовича Лейбовича – слово «патернализм»

10

(со всеми его производными) вошло в научный тезаурус кафедры.

Это был, если угодно, первый пробный шаг. «Реальность повседневной жизни» перестала быть «упорядоченной», в ней появился новый элемент, еще не вписанный в схемы. Этот элемент был достаточно интересен или неясен для того, чтобы продолжать его анализировать. Последовательно применяя понятие «патернализм» к изучению совершенно разных социальных ситуаций, я обнаружила его черты и в них. Настоящий текст подводит итоговую черту под этими исследовательскими проектами и авторскими теоретическими штудиями явления современного патернализма.

Текст монографии расположен следующим образом: собственно эмпирический раздел предваряется небольшим анализом темы патернализма в гуманитарной литературе и обсуждением возможностей его изучения в полевых социологических исследованиях; затем следует то, что в социологии принято называть «теорией среднего уровня» – представление современного патернализма как социального института.

Работа над книгой, возможно, никогда не была бы завершена, если бы не помощь и участие многих людей, которым я бесконечно благодарна.

Среди моих учителей безвременно ушедшие из жизни Геннадий Семенович Батыгин и Фридрих Маркович Бородкин.

Основные идеи, отраженные в книге, и некоторые частные исследовательские гипотезы и результаты были представлены на конференциях, проводимых МВШСЭН, РГГУ, СПбГУ и др., летней школе «Социальная антропология современного общества» (г. Саратов) и на семинаре кафедры культурологии ПГТУ. За ценные замечания и соображения, высказанные как в этих, так и во многих других случаях, мне особенно хотелось бы поблагодарить Гарольда Ефимовича Зборовского, Олега Леонидовича Лейбовича, Нину Николаевну Измоденову, Александра Дмитриевича Боронникова, Александра Игоревича Казанкова, Павла Васильевича Романова.

Овсей Ирмович Шкаратан – человек, который поверил в мои силы и всегда благосклонно относился к моим штудиям.

Мои слова признательности тем людям, без которых многие эмпирические данные, использованные в книге, могли бы не быть собранными, моим коллегам: Андрею Николаевичу Кабацкову, Владимиру Нечаеву, Валерии Валерьевне Яковлевой, Александру Валерьевичу Чащухину, Марии Писаревой и моим ученикам-лицеистам Мухорину Александру и Мехряковой Наталье.

Спасибо моим близким за безграничное терпение и поддержку моих научных трудов.

Введение

Патернализм в современном российском обществе, на первый взгляд, представляет собой пережиточное явление, практикуемое людьми, принадлежащими к социальному типу, некогда описанному У. Томасом и Ф. Знанецким, под именем филистеров – людей, не способных менять свои установки (attitudes) и, соответственно, стратегии действия в новых ситуациях. «Любое важное и неожиданное изменение в жизненных обстоятельствах приводит такого индивида к дезорганизации поведения, – писали они в 1918 году. – По мере возможностей до определенного рубежа он продолжает придерживаться испытанных схем. И до некоторого момента старые определения остаются эффективными в новых ситуациях, поскольку удовлетворяют его потребности, если последние невелики. Тем не менее, он проигрывает в конкуренции с теми, кто имеет более высокие притязания и применяет более рациональные схемы»[2].

Патернализм, как диктует нам здравый смысл сегодняшнего дня, кажется осколком прошлого (советского, или еще более давнего), практикуемого филистерами, не сумевшими в силу разнообразных культурных причин адаптироваться к новой экономической эпохе. Социальные исследователи, интересующиеся патернализмом, искали (и, замечу, находили) его на промышленных гигантах, в чиновничьих коридорах больших администраций, в отдаленных сельских районах и т.д. – в общем там, где еще не успел обосноваться экономизм, требующий от человека рассчитывать <u>прибыль и оцени</u>вать свои достижения в денежной форме[3]. Субъектами

2   Thomas W.I., Znaniecki F. The Polish Peasant in Europe and America. 2d edition. N.Y.: Dover Publications, 1958. P. 1854-1855.

3   См. напр.: Гимпельсон В. Политика российского менеджмента в сфере занятости // МЭиМО. 1994. №6. С. 5-20; Крупные промышленные предприятия: перестройка управления и трудовых отношений (монографические исследования 1992-1995 гг.). / Под ред. В.И. Кабалиной. Социально-трудовые исследования. Вып. III. М.: ИМЭМО РАН, 1995; Шершенева Е.Л., Фельдхофф Ю. Культура труда в процессе социальноэкономических преобразований: опыт эмпирического исследования на промышленных предприятиях России. СПб.: Петрополис, 1999; Булавка Л.А. Нонконформизм: социокультурный портрет рабочего протеста в современной России. М.: Едиториал УРСС, 2004; Борисов В.А., Козина И.М. Об изменении статуса рабочих на предприятии // Социс. 1994. № 11. С. 16-29; Бочаров В.Ю. Институциализация договорных трудовых отношений на предприятиях // Социс. 2001. № 7. с.

патернализма оказывались немолодые начальники, советские бюрократы, старожилы фабрик и заводов. И значит, можно было предсказывать исчезновение этого явления в течение жизни одного поколения. Однако социальная реальность, как справедливо указывал Э. Дюркгейм, вовсе не состоит из понятий или «предпонятий», и потому не укладывается в сопутствующие им правила[4]. В современной России можно обнаружить множество новых социальных явлений, при ближайшем рассмотрении оказывающихся «патерналистскими». Они существуют в рамках самых разнообразных, в том числе и недавно возникших социальных структур и институций. Патернализм заметен в управленческих стратегиях новых менеджеров, в политике т.н. «социальной ответственности» бизнеса, в региональных избирательных кампаниях, в педагогических образовательных практиках и т.п. В таком контексте изучение патернализма – не «гробокопательство» и не признак «социальной ностальгии», а задача, решение которой существенно для понимания процессов, происходящих в меняющемся обществе. Представляется, что исследование современного патернализма поможет реализовать функции социологии, сформулированные некогда А. Туреном: «…раскрыть обществу его действия и конфликты, показать актерам связи, в которые они вовлечены, выявить социальные отношения,

---

63-68; Афанасьев М.Н. Государев двор или гражданская служба? Российское чиновничество на распутье // Полис. 1995. № 6. С. 67-80; Мануйлов В. Губернаторские выборы в Пензе и становление гражданского общества // Региональные выборы и проблемы гражданского общества в Поволжье. 2002. № 3. М: Московский центр Карнеги. С. 67-79; Bruszt L. "Without Us but for Us?" Political Orientation in Hungary in the Period of Late Paternalism // Social Research. 1988. Vol. 55. N. 1-2 (Spring/Summer). P. 43-76; Domański B. Social Control over the Milltown: Industrial Paternalism under Socialism and Capitalism // Tijdschrift voon Economische en Sociale Geografie. 1992. Vol. 83. № 5. P. 353-360; Graziano L. Patron-client Relationship in Southern Italy // European Journal of Political Research. 1973. № 1(1). P. 3-34. К этой же группе работ можно отнести публикации П. Романова; А. Темницкого и др., рассматривающих патернализм как часть оппозиции «старое-новое»: Темницкий А.Л. Патернализм и партнерство в корпоративной культуре российской компании // Российское предпринимательство: стратегия, власть менеджмента. М., 2000. С. 70-101; Темницкий А.Л. Ориентации рабочих на патерналистские и партнерские отношения с руководством // Социс. 2004. № 6. С. 26-37; Романов П.В. Формальные организации и неформальные отношения: кейс-стади практик управления в современной России. Саратов: Саратовский гос. ун-т, 2000.

4 Дюркгейм Э. Социология. Ее предмет, метод, предназначение. М.: Канон, 1995. С. 42-47.

скрытые господствующим классом, государством»[5].

Патернализм как новое явление гуманитарного знания

Изучение литературы, посвященной патернализму в целом или некоторым его аспектам, выявило широкий веер подходов, множественность коннотаций, несходство определений указанного социального феномена.

Это явление не случайно. Было бы поверхностным объяснять его новизной концепций патернализма, их специфическим маргинальным бытованием в больших парадигмах, хотя и этот момент нельзя сбрасывать со счетов. Основатели современного социального знания не включали патернализм в систему основных категорий. Как представляется, некоторую неопределенность, «ускользаемость» патернализма, его размытость можно объяснить только приняв во внимание сочетание общих тенденций существования гуманитарного знания, особых механизмов включения в него прежде не санкционированных авторитетами категорий и характерных черт самого патернализма как специфичного социального явления.

Многозначность терминов – черта, присущая гуманитарному знанию. Типична ситуация, когда социальное явление попадает в поле зрения сразу нескольких общественных наук: и философии, и специальных дисциплин. Каждая из них выстраивает собственную модель этого явления при помощи присущего данной науке понятийного аппарата, исследовательских процедур и техник. Социальное явление в таком случае приобретает множественность значений в зависимости от той сети мыслительных координат, в которую оно помещено исследователем.

Разнообразие исследовательских практик является продуктом разделения труда в научной среде. Оно повторяет состояние, присущее иным областям общественной деятельности, некогда замеченное Э. Дюркгеймом: «В высших обществах обязанность состоит не в том, чтобы расши-

5 См. Touraine A. Production de la société. P.: Editions du Seuil, 1973. P. 20.

рять нашу деятельность, но чтобы концентрировать и специализировать ее. Мы должны ограничить свой горизонт, выбрать определенное занятие и отдаться ему целиком, вместо того, чтобы делать из своего существа какое-то законченное, совершенное произведение искусства, которое получает всю свою ценность из самого себя..., эта специализация должна быть подвинута тем далее, чем высшего вида общество – и ей нельзя поставить другого предела»[6].

Следует обратить внимание и на иной аспект этого процесса, зафиксированный З. Бауманом: «Разделение труда между учеными соответственно структурирует мир, в котором мы живем»[7]. Явление становится «социологическим», «экономическим», «политическим» после помещения его исследователями в поле отдельной науки.

Можно согласиться с тем, что интерес к тому или иному социальному явлению, факту, процессу определяется, прежде всего, социальной практикой. Логика развития научных парадигм придает этому интересу соответствующее оформление. Выбор тем диктуется научной школой, получившей возможность распределения грантов. Получение гранта зависит также от похожести позиций ученых, выраженной в употреблении соответствующего сленга. Как отмечает Т. Шефф: «...принадлежность [ученого-заявителя – Н.Ш.] к банде и клану и здесь играет свою роль. Искусный кандидат формулирует заявку таким образом, чтобы безошибочно подать сигналы, указывающие на свою принадлежность к определенному «банд-формированию». Если вы член психоаналитической банды, то в вашей заявке будет часто цитироваться Фрейд. Это беспроигрышная тактика, если вам заранее известно, что все члены комиссии являются членами одной и той же банды»[8].

Все эти рассуждения относятся к социальным явлениям, хорошо известным науке. Когда же общество обнаруживает или продуцирует но-

---

6 Дюркгейм Э. О разделении общественного труда // Западно-европейская социология XIX – начала XX веков / под ред. В.И. Добренькова. М.: Издание Международного Университета Бизнеса и Управления. 1996. С. 303.

7 Бауман З. Мыслить социологически / Пер. с англ. под ред. А.Ф. Филиппова; Ин-т «Открытое общество». М.: Аспект-Пресс, 1996. С. 6.

8 Scheff T. J. Academic Gangs // Crime, Law, and Social Change. 1995. Vol. 23. P. 160.

вые социальные формы, выстраивает или открывает социальные институты, не имеющие аналогов в прошлом, такая ситуация оказывает воздействие на весь спектр социальных наук. В условиях повышенного интереса
к определенному социальному явлению в научной общественности относительно него формируются противоположные мнения. На одном полюсе
наблюдается не оправданное ни практикой, ни логикой научного исследования преувеличенное представление о значимости социального явления.
На другом – полное отрицание важности его как объекта изучения или
даже сомнения в его существовании.

Такое социальное явление трудно для исследования, прежде всего
потому, что оно – именно в силу своей новизны – не помещается в системе
сложившихся в рамках общественной науки категорий. И здесь приходится осуществлять одну из сложнейших исследовательских процедур: или
дополнять признанные значения терминов (понятий) новым содержанием,
или вводить новые понятия, которые могут быть заимствованы из смежных научных дисциплин, или сконструированы вновь, или, наконец, взяты из языка улицы. При этом явно недостаточно просто соотнести слово
с обозначаемым им предметом. Для конструирования научного понятия
следует провести процедуру выделения «чистого» содержания термина,
освободив его от избыточных, донаучных значений. Новые понятия необходимо интегрировать в научный тезаурус, соотнести с его вербальным
содержанием, определить место в наличной системе научного знания.

Процесс интеграции новых значений в устоявшийся язык науки
усложнен тем, что, во-первых, каждое новое слово влечет за собой цепь
ассоциаций, напрямую не связанных, а зачастую и противоположных его
новому значению, а во-вторых, имеет место принципиальное смысловое
расхождение между одинаковыми терминами, употребляемыми в разных
отраслях гуманитарного знания.

Это смысловое расхождение становится дезориентирующим в
смежных областях наук, когда использование термина без его уточнения
может привести к неверному формированию всего исследовательского
проекта. Сравнительный анализ теоретических и эмпирических конструктов явления в разных социальных дисциплинах может быть продуктивным только тогда, когда речь идет об одном и том же денотате. Так, па-

Н.В. Шушкова

тернализм в ряде исторических, социологических и антропологических работ описывается как патрон-клиентские отношения. Появление двух обозначений одного явления в данном случае связано с расстановкой познавательных акцентов. Используя термин «патернализм», исследователи характеризуют, прежде всего, способ социальной, меж- и внутригрупповой связи, изучают явление в контексте большого общества. Социальные историки, оперирующие термином «клиентелизм», или в развернутом виде «патрон-клиентские отношения», в большей степени учитывают личностный, диадический, индивидуализированный аспект явления. Разница в употреблении этих терминов обусловливается и их этимологией: патернализм происходит от римского обозначения главы, основателя семейной группы *pater familias*, клиентелизм – от правового определения особого вида личной зависимости, существовавшей в древнеримском обществе, подчинение *clientes* своему *patron*.

В любом случае сравнение, а также переносы и заимствование уже существующих процедур изучения явления и их результатов из поля одной науки в поле другой должны совершаться с предельной осторожностью. Вышесказанное важно для всех явлений и обозначающих их понятий, но особенно для тех, что попали в поле научного анализа недавно.

О денотате термина «патернализм» в социологии

Нельзя утверждать, что патернализм в российской действительности является новым социальным фактом. В исторических исследованиях можно обнаружить множество свидетельств, демонстрирующих определенную патерналистскую традицию в выстраивании властных отношений, в их образном (идеологическом) оформлении, в организации разных сторон социальной жизни[9]. Причем, это следует подчеркнуть, речь идет о тради-

9 См.: Павлов-Сильванский Н.П. Феодализм в России. М.: Наука, 1988; Анисимов Е. Время петровских реформ. Л.: Лениздат, 1989; Суворова Н.Г. Патерналистская политика в государственной деревне Сибири в первой половине XIX века // Материалы IV Всероссийской науч.-практ. конф. «Сибирская деревня: история, современное состояние, перспективы развития». Омск: Изд-во ОмГАУ. 2002. С. 56-61; Пайпс Р. Русская революция. Часть первая. М.: Российская политическая энциклопедия, 1994; Фицпатрик Ш. Повседнев-

ции непрерывной, но видоизменяющей свои формы в зависимости от господствующих социокультурных и экономических укладов. Иное дело, что в современной ситуации происходит ее своеобразное выявление: увеличиваются масштабы, расширяются функции. Она становится и влиятельней, и заметней на фоне сугубо рационализированных и формализованных культурных форм, сопровождающих процесс социальной трансформации. В процессе выстраивания или реконструкции новых социальных институтов патернализм приобретает особые очертания. Патерналистские практики получают значение, ранее, казалось бы, утраченное. Они присутствуют во многих актах социальной деятельности.

Обозначим содержательные границы патернализма в актуальном социальном знании, выделим его денотат. *Патернализм рассматривается мной как множество социальных явлений, существующих в различных исторических формах. Он включен в систему вертикальных, иерархических социальных связей, организующих общество. Отличительной чертой патернализма можно считать попечительские отношения самого широкого спектра.* Достаточно перечислить цивилизаторские миссии, государственную опеку, многообразные отношения личной зависимости в производственной, экономической, политической сферах, многочисленные патрон-клиентские отношения.

При изучении патернализма социальные исследователи выделяют две основные черты, присущие ему с момента появления. Это состояние *зависимости* и *иерархии*. «Основания патронажа, – как утверждает Ф. Доубэн, – могут быть прослежены в феодальной структуре средних веков, когда немногие были свободными, а остальные зависимыми; и строго иерархическая система была определяющей в процессе функционирования общества»[10].

ный сталинизм. Социальная история советской России в 30-е годы: город. М.: Российская политическая энциклопедия, 2001; Железкин В.Г. Государственный социальный патернализм в уральской промышленности XIX века // Модернизация в социокультурном контексте: традиции и трансформация. Сб. науч. статей. Екатеринбург: УрО РАН, УрГИ, 1998. С. 78-87; Лейбович О.Л. Реформа и модернизация в 1953-1964 гг. Пермь: ЗУУНЦ, 1993; Ермоленко Т.Ф. Патернализм в России (опыт культурно-исторического анализа). Ростов н/Д.: Изд-во Рост. ун-та, 1999.

10   Dawbarn F. Patronage and power: the College of Physicians and the Jacobean court // British Journal for the History of Science. 1998. № 31. P. 3.

Н.В. Шушкова

Прямая зависимость одного индивида от другого, стоящего на более высокой ступени лестницы неравенства, и, поэтому, социально дистанцированного, образует каркас патернализма как общественного явления.

Патернализм проявляется в индивидуальных и групповых практиках. Даже в том случае, когда под словом «патернализм» подразумевается некая теоретическая идея, владеющая умами людей, или объединяющая группу эмоциональная конструкция, всегда существуют доступные наблюдению поступки индивидов, воплощающие, презентирующие эти феномены в социальной реальности. Если же речь идет об обычной трактовке патернализма, то он практически полностью может быть представлен через действия членов сообщества. И здесь можно говорить о двух типах патерналистских практик: церемониальных и «функциональных».

Церемониальные практики – это специфические, оригинальные, повторяющиеся с заданной периодичностью групповые акты, не имеющие ни содержательного, ни функционального, ни технологического соотнесения с целями и задачами организации. Структура церемониальных практик такова, что позволяет продемонстрировать групповое единство, распределение иерархических патерналистских статусов в организации, личный характер взаимоотношений. Их назначение – символическое и идентификационное: через выполнение определенных церемоний члены сообщества обозначают свою принадлежность к «хартии» организации и подтверждают правильность индивидуальных самоопределений относительно этой организации.

«Функциональные» патерналистские практики не имеют собственной формы, они сливаются с нормативно предписанными организационными обязанностями, усиливая последние. Эти практики дополнительно стимулируют индивидов к достижению целей организации через актуализацию групповой солидарности. Индивидуальные социальные/трудовые задачи интегрируются (вместе с их исполнителем) в более обширные и значимые структуры. «Функциональные» практики совершаются индивидами повседневно, и именно их можно считать низовым, базовым уровнем патернализма.

Для уточнения денотата понятия «патернализм», установим его

отношения с некоторыми другими, связываемыми с ним, или используемыми рядом исследователей в качестве синонимичных ему. Среди таких понятий следует обозначить *социальное управление, социальное партнерство, социальную политику государства (патронаж), социальную солидарность, политическую власть.*

Политическая власть в современном государстве – это власть институциализированная и легитимированная. Она выражает отношение между политическими акторами – правительством, партиями, элитами, правящим классом, массами. Правила и механизмы их взаимодействия тщательно прописаны и закреплены законодательно. Основываясь на узаконенном авторитете, политическая власть позволяет разрешать конфликт интересов путем их согласования.

Патернализм представляет собой специфический вариант властных отношений. Он не обладает правовой легитимностью и может даже вступать в противоречие с существующими в данном обществе законными нормами. Патерналистские практики выстроены по патриархальным, квазисемейным образцам. Решающим является мнение «отца», остальные члены семьи, особенно «дети», лишены даже права голоса. Поэтому согласование интересов сторон в патернализме не предусмотрено, у подчиненной стороны отсутствует свобода решений и действий. Это также означает, что правила, структурирующие взаимодействие, изменчивы и устанавливаются сверху.

Патернализм основан на харизматическом типе господства, в терминологии М. Вебера. «Деятельность вождя всегда подчиняется совершенно иному принципу *ответственности*, прямо противоположной ответственности [политического – Н.Ш.] чиновника…, есть прямо-таки *личная* ответственность за то, что он делает, ответственность, отклонить которую или сбросить с себя он не может и не имеет права»[11]. Властные отношения в этом варианте в высшей степени персонализированы. Кроме того, они историчны. Их содержательные и организационные характеристики обусловлены культурной традицией и социальными условиями.

Управление – совокупность действий по регулированию деятель-

11 Вебер М. Политика как призвание и профессия // Избранные произведения. М.: Прогресс, 1990. С. 666.

ности всех без исключения элементов более широкой общности, оно удерживает в допустимых пределах отклонение отдельных частей и общности в целом от поставленных целей. Управленческие отношения – отношения между управляющим и управляемым. Однако обе стороны таких отношений, в общем, равноценны.

В патернализме как разновидности управляющей деятельности мы видим принципиальную иерархичность, соподчинение, неравенство сторон. Различаются они и по конечным целям: управление может быть направлено на достижение цели как управителя, так и управляемого, а также более широких, социальных результатов; в патернализме, как правило, достигаются цели вышестоящего субъекта. Патерналистский стиль управления отличается жестким контролем, игнорированием мнений подчиненного, лишением его инициативы и права на полную информацию.

Социальная солидарность может быть определена как степень интеграции, проявляемой обществом или группой. В простых обществах она опирается на отношения родства, на прямые взаимосвязи между соседями, или сочленами корпорации. В сложных обществах имеются иные основания. Патернализм также исторически «вырастает» из родственных связей, однако, способствует скорее дифференциации вовлеченных в него людей, нежели их сплочению. Солидарность, проявляемая в патернализме – это отношение к патеру, патрону, но отнюдь не к другим членам группы. Объединение клиентов в «семейную» общность – результат механической, по Э. Дюркгейму, статистической группировки. Как правило, у рядовых членов патерналистской группы одинаковые социальные позиции, присутствуют сходные ожидания. Вместе с тем чувство причастности к широкой группе нейтрализуется конкуренцией отдельных ее членов за большее покровительство. Так, В. Райх, анализируя ситуацию чиновников, оправдывающих свой низкий статус ожиданием пожизненной пенсии, замечает: «Для этого класса характерны зависимость от государственной власти и конкурентное отношение к сослуживцам, которое препятствует развитию чувства солидарности. Социальное сознание чиновника характеризуется не солидарностью с сослуживцами, а его отношением к правительству и «нации»»[12].

---

12 Райх В. Психология масс и фашизм. СПб.: Университетская книга, 1997. С. 70.

Партнерские отношения, как правило, основаны на общей идее, достаточно вариативной, чтобы давать возможность для различных ее интерпретаций. Стороны в партнерских отношениях равноправны, а поиск согласия происходит в диалоге. Однако, если допустить в партнерство асимметрию и неравноправие, то здесь мы находим точки соприкосновения с патернализмом. Предельная форма партнерства, когда одна сторона признает другую партнером в только определенном виде отношений и при этом крайне ограничивает ее права и возможности, весьма сходна с патернализмом. Тем не менее, такое понимание и воплощение партнерства встречается нечасто. В целом, понятие «социальное партнерство» в его типичном общеупотребительном смысле прямо противоположно патернализму.

Социальная политика государства может считаться патерналистской, если ее конечной целью является получение лояльности и политической поддержки со стороны граждан взамен на оказанную им помощь в виде субсидий, пенсий, дополнительных услуг и т.п. Другое основание — если осуществляется недифференцированная социальная помощь, т.е. государственными чиновниками членам определенной группы приписывается неспособность к самостоятельным действиям (в данном случае – в сфере самообеспечения) и над ними осуществляется социальный патронаж.

Итак, термин «патернализм» обозначает определенный круг социальных фактов, обладающих сходными чертами. Патернализм, как и множество иных явлений, существующих в обществе, с равной долей обоснованности может становиться объектом изучения разных общественных наук. Достаточно продуктивным представляется исследование его в рамках социологии как устойчивого комплекса социальных связей и взаимодействий преимущественно вертикального типа. Патернализм в реальном воплощении представляет собой повторяющиеся непосредственные или опосредованные контакты, осуществляемые по типичным схемам. Эти схемы отличаются константностью и не зависят от индивидуальных психологических особенностей участников. В качестве сторон патерналистских отношений мы можем рассматривать не конкретных людей во всем их личностном многообразии, а до некоторой степени усредненных индивидов.

В этом случае возможно построение модели такого взаимодействия.

Патернализм проявляется через поведение индивидов: деятельностное и вербальное. И в том, и в другом случае оно может быть зафиксировано соответствующим социологическим инструментом.

Глава 1. Подступы к изучению патернализма социологическими методами

Модель патернализма в художественной литературе

Собственно эмпирическому исследованию в социологии обычно предшествует доконцептуальный анализ изучаемого предмета. В случае с известными явлениями, ученые чаще всего ограничиваются рассмотрением уже проведенных их коллегами конкретно социологических исследований; если же предметом становятся новые для науки явления, не попавшие под пристальный взгляд профессионального сообщества, такие источники немногочисленны, разрознены или вообще отсутствуют. И здесь возможны варианты: полагаясь на собственную научную интуицию, анализировать явление в соответствии с индивидуальными представлениями о нем, либо обратиться к иным документальным источникам. Для проведения таких предварительных изысканий возможно использование художественных текстов, которые, в отличие от научных трудов, описывают реальность в синонимичных ей выражениях. Обращение к литературным произведениям уместно «…не только в поисках социального феномена, открытого через другие значения, но и для обнаружения систем значений, которые делают такие социальные феномены идентифицируемыми и интерпретируемыми»[13].

Второй путь – поиск социальной информации в литературных произведениях – был, в частности, использован классиком социологии К. Марксом. Сошлемся на М. Лифшица: «Переписка Маркса и Энгельса обнаруживает этот огромный интерес к Бальзаку, романы которого становятся чуть ли не на одну доску с «Коммунистическим манифестом». «Le

---

13   Reid D. Metaphor and Management: The Paternal in Germinal and Travail // French Historical Studies. Vol. 17. № 4. 1992. P. 980.

chef d'oeuvre inconnu» и «Melmoth reconcilie» Бальзака Маркс называет «двумя маленькими шедеврами, полными превосходной иронии». С большим торжеством сообщает он Энгельсу о зачатках теории прибавочной стоимости, найденных им в «Le cure de village» Бальзака»[14]. Конечно же, источниками, написанными непрофессионалами и для непрофессионалов, нужно пользоваться с осторожностью. К их очевидным недостаткам относятся ограниченность поля зрения, когда не все события и факты попадают под интересующийся взгляд писателя, значительная доля субъективности в изображении реальности, дополнение имеющихся фактов вымышленными. Вместе с тем, «в особенности ценными являются всякого рода *воспоминания*, дающие тот психологический фон и ту связь, без которой имеющиеся в наших руках отдельные документы могут оказаться непонятыми или понятыми неправильно, – утверждает М. Покровский. – Выше мы говорили, что *по одним* воспоминаниям нельзя писать истории; теперь нужно это дополнить, сказав, что и без воспоминаний живых свидетелей происходившего писать историю крайне трудно»[15]. Литературные произведения (речь идет, прежде всего, о мемуарах, дневниковых записях, литературе реализма) содержат тот элемент субъективности, который может помочь пониманию малоизученных социальных феноменов.

В нашем случае в качестве источников используются романы, созданных в рамках натуралистской литературной школы во Франции. Мы рассмотрим взаимоотношения между рабочими и шефами в романах Э. Золя и соотнесем их с подобными описаниями в текстах Ж. Верна и И. Гийо. В данных художественных произведениях через призму отдельных людей и их индивидуальных судеб представлены характерные для своего времени управленческие и социальные отношения, складывающиеся в промышленности.

Романы Э. Золя «Жерминаль» и «Труд» – произведения, в которых полно и отчетливо показаны процессы модернизационных, технологических усовершенствований индустриального производства, и связанные с ними экономические и социальные изменения. Точность, аккуратность и

14 Лифшиц М. К вопросу о взглядах Маркса на искусство. Л.: Гос. изд-во худ. лит-ры, 1933. С. 126.

15 Покровский М.Н. Избранные произведения. В 4-х кн. Кн. 4: Лекции, статьи, речи. М.: Изд-во Мысль, 1967. С. 559.

методичность описаний жизни шахтеров конца XIX века, ставшая результатом личных наблюдений писателя[16], позволяет использовать эти тексты как достаточно надежные эмпирические источники, основу социологической реконструкции особого типа взаимоотношений между рабочими и предпринимателями. Э. Золя описывает ситуацию конфликта рабочих и собственников в романе «Жерминаль» и их возможного объединения в «Труде». Патерналистские отношения являются теми скрепами, которые сначала удерживают работников от забастовки, а затем восстанавливают прежний порядок.

Э. Золя использует особые языковые метафоры, изображающие патриархальные отношения «отец – ребенок», в нескольких важных типах взаимодействия, составляющих вместе жизненный уклад локального сообщества. Патернализм получает свою эмоциональную и принудительную силу от его одновременного присутствия в разных ситуациях, каждая из которых обеспечивает другие дополнительной значимостью. В произведении «Жерминаль» Золя использует патерналистские метафоры для описания трех различных форм социальных отношений: (1) частной благотворительности; (2) малого предприятия, в котором собственник знает своих работников по именам; (3) большой капиталистической фирмы, в которой патернализм институциализирован.

Акционер Грегуар выражает «патерналистские чувства с уважением к шахтерам», его мир «патриархален». Он практикует благотворительность, дает «милостыню» рабочим, которых лично не знает и которых он представляет обобщенно как условие своего благосостояния.

> «Грегуары поручали Сесиль [своей дочери – Н.Ш.] раздавать подаяние бедным. <...> Впрочем, они гордились, что творят добрые дела разумно, ибо всегда боялись, как бы милостыней не оказать поощрения пороку. Поэтому они никогда не подавали деньгами, никогда! <...> Дай бедняку грош, он его непременно пропьет. Милостыню они всегда давали натурой, – главным образом, теплой одеждой, оделяя ею в зимнее время самых бедных

---

16 Записи, положенные в основу «Жерминаль», Э. Золя делал во время визита в Anzin – крупнейшую угольную компанию Франции, которая в романе носит имя Монсу (Montsou).

детей».[17]

Примечательным является не столько действие, увеличивающее и подчеркивающее дистанцию между рентополучателем и рабочими, обеспечивающими его доход, сколько желание с помощью милостыни навязать последним определенный образ действия. «Этот жест, – по мнению Д. Рейда, – как другие формы индивидуального патернализма в эру большого индустриального капитализма, окончательно расширяет разрыв между богатыми и бедными»[18]. Для того, чтобы у читателей не оставалось сомнений в непреодолимости социального барьера, Э. Золя сравнивает истории семей: четыре поколения Грегуаров передавали «отеческое наследство» пакета акций, в то время как семья шахтеров передавала «от отца к сыну» ремесло и профессиональные болезни.

Патернализм второго рода предполагает заботу об интересах рабочих. Управляющий шахтой, бывший инженер, уверен в том, что лишь он знает, как должны жить его рабочие. Он стремиться воплотить свои представления в жизнь, мягко направляя и наставляя своих подчиненных. Он сокращает межличностную дистанцию с рабочими, однако последние его сторонятся. Управляющий шахтой, стремящийся установить добрые, без принуждения отношения с шахтерами, в романе показан неудачником. У него не достает авторитета и власти отца, на которого он хочет походить.

Основным в тексте романа «Жерминаль» является изображение институализированного патернализма на большом предприятии новой индустриальной эпохи. Владелец капиталистической фирмы имеет черты «большого, главного отца», требовательного, строгого, даже жестокого, соответственно, его работники наиболее «неразумны», «несамостоятельны», «несвободны».

Принятый между владельцем предприятия и его наемными работниками способ взаимодействия отчетливо показан в сцене переговоров с делегацией бастующих рабочих:

> Наконец к ним вышел г-н Энбо, по-военному подтянутый, в наглухо застегнутом сюртуке, с орденской ленточкой в петлице. Он заговорил первым: - Ага, вот и вы!..

17 Золя Э. Западня. Жерминаль: Романы. Пер. с фр. М.: Худ. лит., 1988. С. 432.
18 Reid D. Op. cit., p. 983.

Вы, кажется, бунтуете? <...> Он ожидал, что слово возьмет Этьен, и когда вперед вышел Маэ, так удивился, что не смог сдержаться, и добавил: - Как! Это вы? Такой примерный рабочий, такой здравомыслящий человек... *Нехорошо, нехорошо! Я крайне огорчен,* что вы оказались во главе смутьянов! Маэ слушал его, *потупив глаза.*

- Нет, лучше *скажите правду, признайтесь, что вы поддались возмутительному подстрекательству.* Ведь это теперь сущая чума: новые веяния проникают повсюду и развращают самых лучших рабочих... <...> *Компания – спасительница рабочих,* напрасно вы ей угрожаете. В этом году Компания отпустила триста тысяч франков на строительство поселков, а потраченные на это дело деньги не приносят ей и двух процентов. Я уж не говорю о пенсиях, которые она дает рабочим, о выдаче угля, о лекарствах...»[19].

В этом отрывке мы видим и уверенность владельца в неразумности рабочих (их подстрекали), и множественные проявления социальной дистанции, и готовность рабочих во многом признавать патерналистский вариант управленческих действий. Э. Золя подчеркивает дистанцию между двумя сторонами патерналистских отношений через контрастное описание жизненных укладов, уровня социальной рефлексивности, возможных вариантов действий.

Ситуация, описанная Э. Золя, не является уникальной. Произведения Ж. Верна и И. Гийо показывают подобный тип отношений между управляющими и работниками. Ив Гийо рисует портрет руководителя фирмы времен Второй империи во Франции:

«Я отец моих рабочих. Они не должны знать ничего, кроме меня и моих желаний. Я их директор, я их собственник, я их попечитель, я их доктор, я их судьба навсегда. Я мэр на моей территории и никто не может не подчиняться мне. Я их представитель; у меня есть своя полиция, свой суд, армия и деньги. Я определенно имею права быть их

---

19 Золя Э. Западня. Жерминаль: Романы. Пер. с фр. М.: Худож. лит., 1988. С. 528, 529, 531.

владельцем. Пока они делают то, что я хочу, я их отец, я люблю их как своих детей, но если им в голову придет иметь желания, отличные от моих, я скажу: «А, вы не слушаетесь? Хорошо, займемся этим. Тот, кто сильно любит, и наказывает сильно!»[20].

Жюль Верн, напротив, рисует ностальгическую картину патриархальной жизни в шотландском шахтерском поселке, не забыв напомнить, что все это осталось в прошлом. Его роман «Черная Индия» начинается сентиментальной сценой прощания с шахтой. Главный герой – инженер Джеймс Старр – произносит прочувствованную речь о семейной солидарности между хозяевами и шахтерами:

«Вы жили шахтой, и она выработана вашими руками. Труд был тяжелым, но для вас небезвыгодным. Наша большая семья вынуждена рассеяться, и мало вероятно, чтобы в будущем мы встретились снова. Но не забудьте, что мы долго жили вместе и что помогать друг другу – долг шахтеров Эберфойла. Ваши бывшие начальники тоже не забудут вас. Когда долго работали вместе, нельзя оставаться чужими друг другу. Мы будем следить за вами, и куда бы вы ни обратились в поисках честного заработка, вам обеспечены наши добрые отзывы. Итак, прощайте, друзья мои, и да поможет вам небо! Сказав это, Джемс Старр крепко обнял старейшего из рабочих шахты, и у старика слезы навернулись на глазах. Потом пожать руку инженеру подошли мастера с различных шахт, а шахтеры размахивали шляпами и кричали: – Прощайте, Джемс Старр, наш начальник и друг!»[21]

Горечь, присутствующая в выступлении, не только и не столько о закрытии шахты как событии экономического характера. Это чувство, вызванное «разорением гнезда», распадом большой шахтерской семьи, где есть свои «отцы», «братья», «дети». В этот момент как никогда отчетливо

---

20 Guyot Y. Scènes de l'enfer social: La Famille Pichot. P., 1882. P.P. 30 (quoted), 44, 101.

21 Верн Ж. Черная Индия // Собрание сочинений. Т.8. М.: ГИХЛ, 1957. С. 4–5.

проявляется стремление к отеческому участию начальников в жизни своих уже бывших подчиненных.

В приведенных выше литературных текстах, если абстрагироваться от индивидуальных особенностей каждой из описанных ими ситуаций, мы видим особую схему, согласно которой организованы личностные отношения между действующими героями.

Основными чертами, присущими патернализму, в рассмотренных художественных текстах являются состояние зависимости, проявляемое в межличностных отношениях, четкое подчинение одних участников другим, объединяющая метафора большой патриархальной семьи. Подчинение сторон описывается через социальные, культурные, экономические, иными словами, ресурсные различия. Зависимость носит как должностной, так и личностный характер. Образ большой семьи позволяет расставить участников по местам, их положение в отношениях этого типа сходно с расстановкой членов семьи по родовой иерархии.

Контекстом существования патернализма в рассмотренных литературных источниках выступают отношения трудового найма, связывающие предпринимателей и рабочих. Эти отношения предполагают четкую дистанцию, имеющую тенденцию к увеличению и нерушимую иерархию. Руководитель персонализирован, его личностные черты, пристрастия, привычки занимают писателей зачастую больше, чем характеры его подчиненных. Образ руководителя – образ цельный, развернутый; образ его работников – обобщенный, эскизный. При этом руководитель воспринимает и демонстрирует себя как отца, хозяина и попечителя своих работников. Работники принимают эту точку зрения, тем самым позволяя распространить свою зависимость и на нетрудовые аспекты жизни.

Для представления патернализма в непроизводственной сфере обратимся к еще одному литературному примеру – пьесе А.Н. Островского «Гроза». В тексте патерналистские практики осуществляются в одной семье, однако, автором подчеркивается публичный характер описанных им семейных отношений – в них посвящены и в них участвуют и дальние родственники, живущие отдельно, и просто прохожие. Поэтому патерналистские практики, описанные в пьесе, не могут считаться только частной структурой действия, поле их применения гораздо шире.

Пьеса начинается обсуждением жизненных ситуаций людей, волей случая попавших в городок на Волге. И сразу же – пока в разговорах – возникает фигура Кабанихи. Ей даются две характеристики: «Ханжа, сударь! Нищих оделяет, а домашних заела совсем» (Кулигин) и «Ну, да та хоть, по крайности, все под видом благочестия…» (Кудряш)[22]. Кабаниха в тексте выступает в роли главы семейства, осуществляющего жесткий контроль над домочадцами методом принуждения и над остальными (не членами семьи) с помощью создания дополнительных отношений зависимости[23]. Глагол «оделять» возможен в условиях неравенства материальных ресурсов и означает установление не просто экономического, но и в целом социального принуждения.

Также важной для понимания патернализма нам представляется демонстративность в исполнении патерналистских практик. «Благочестие» в данном случае свидетельствует, что правила взаимодействия предусматривают выражение отношений личной зависимости в приемлемых (легитимных) публичных формах. Основной принцип формулирует Кабаниха: «Хитрость-то невеликая. <…> Коли порядком не умеешь, ты хоть бы пример-то этот сделала; все-таки пристойнее; а то, видно, на словах только»[24]. Все, что произносят и делают Кабаниха, члены ее семьи в ее присутствии, да и друг с другом, имеет вид отработанных языковых и поведенческих *формул*. А.Н. Островским подчеркивается условность фраз в диалогах с Кабанихой, их неискренность:

Варвара. С маменькой сидят, запершись. Точит она его

теперь, как ржа железо.

Катерина. За что же?

Варвара. Ни за что, так, уму-разуму учит. Две недели в

дороге будет, заглазное дело! Сама посуди! У нее

сердце все изноет, что он на своей воле гуляет.

---

22 Островский А.Н. Избранные пьесы в 2 т. Т. 1. 1850–1868. М.: Худож. лит.; 1972. С. 235, 240.

23 Заметим, что А.Н. Островский, обозначив в качестве pater familia женщину, предвосхитил гендерно-нейтральный тип патерналистских отношений – «парентализм». Здесь женщина выступает в традиционно мужской роли. Сходным образом современные школьные учительницы, чтобы установить патерналистский контроль над своими учениками, примеряют на себя типично мужские модели поведения.

24 Островский А.Н. Указ. соч. С. 258.

> Вот она ему теперь и надает приказов, один дру-
> гого грозней, да потом к образу подведет, побо-
> житься заставит, что все так точно он и сделает,
> как приказано.
>
> *Катерина.* И на воле-то он словно связанный.
>
> *Варвара.* Да, как же, связанный! Он как выедет, так за-
> пьет. Он теперь слушает, а сам думает, как бы
> ему вырваться-то поскорей[25].

Кабаниха основания легитимности своей власти находит в самой себе. Придающими дополнительный вес атрибутами являются любовь к домочадцам, знание традиций и почтенный возраст:

> *Кабанова.* Ведь от любви родители и строги-то к вам бы-
> вают, от любви вас и бранят-то, все думают до-
> бру научить[26].
>
> *Кабанова (одна).* Кабы не свои, насмеялась бы досыта:
> ничего-то не знают, никакого порядка. <...> Хо-
> рошо еще, у кого в доме старшие есть, ими дом-
> то и держится, пока живы. А ведь тоже, глупые,
> на свою волю хотят; а выйдут на волю-то, так и
> путаются на покор да смех добрым людям. <...>
> Так-то вот старина-то и выводится. <...> Что бу-
> дет, как старики перемрут, как будет свет стоять,
> уж и не знаю[27].
>
> *Кабанова.* Ты не осуждай постарше себя! Они больше
> твоего знают. У старых людей на все приметы
> есть. Старый человек на ветер слова не ска-
> жет[28].

Кабанова является признанным экспертом (а в терминологии не-оинституционалистов – актором, обладающим ресурсами) по всем бытийным вопросам. Она требует соблюдения *порядка*, то есть установленных ею правил взаимодействия. Домочадцы соглашаются с ее позицией или,

---

25 Островский А.Н. Указ. соч. С. 253–254.
26 Там же. С. 242.
27 Там же. С.257.
28 Там же. С. 279.

по крайней мере, демонстрируют такое согласие. Тихон говорит: «Да я, маменька, и не хочу своей волей жить. Где уж мне своей волей жить!»[29]. Каждый раз, когда члены семьи пытаются проявить собственную волю, действовать иным образом, Кабаниха усиливает давление и восстанавливает прежнюю ситуацию: «…А маменька-то… разве с ней сговоришь!»[30], – восклицает Тихон. В этом смысле интересен диалог матери и сына, дающих наказы Катерине:

Кабанова. Что ж ты стоишь, разве порядку не знаешь? Приказывай жене-то, как жить без тебя.

Кабанов. Да она, чай, сама знает.

Кабанова. Разговаривай еще! Ну, ну, приказывай! Чтоб и я слышала, что ты ей приказываешь! А потом приедешь, спросишь, так ли все исполнила.

Кабанов (становясь против Катерины). Слушайся маменьки, Катя!

Кабанова. Скажи, чтоб не грубила свекрови,

Кабанов. Не груби!

<…>

Кабанова. Чтоб в окна глаз не пялила!

Кабанов. Да, маменька, когда ж она…

Кабанова. Ну, ну!

Кабанов. В окна не гляди!

Кабанова. Чтоб на молодых парней не заглядывалась без тебя.

Кабанов. Да что ж это, маменька, ей-богу!

Кабанова (строго). Ломаться-то нечего! Должен исполнять, что мать говорит. *(С улыбкой.)* Оно все лучше, как приказано-то.

Кабанов (сконфузившись). Не заглядывайся на парней!

Кабанова. Ну, теперь поговорите промежду себя, коли что нужно[31].

Приведенный диалог показывает еще один важный элемент патер-

29 Там же. С. 244.
30 Там же. С. 282.
31 Там же. С. 254-255.

нализма. В семье Кабановых установлена четкая иерархия. На высшей ступени находится сама Кабаниха, на низшей – Катерина. Заметим, что контакты Катерины со свекровью в основном опосредованы, и к этому постоянно призывает сама Кабаниха. Передаточным звеном (передающим информацию, но и искажающим ее) служит Тихон, сын и муж: «Вот видишь ты, вот всегда мне за тебя достается от маменьки! Вот жизнь-то *моя* какая!»[32]. Для самого Тихона в отношениях с женой куда более важными являются указания его матери, чем собственное мнение: «А я ее люблю, мне ее жаль пальцем тронуть. Побил немножко, да и то маменька приказала»[33]. Ссылка на «маменьку» означает также перенос ответственности за индивидуальные поступки на того, кто стоит на высшей ступени патерналистской иерархии.

Пьесу «Гроза» можно считать еще одним источником для конструирования первоначальной исследовательской модели патернализм с присущими ему элементами: личной зависимостью и статусной иерархией, дистанцированностью участников и ролевой связанностью.

Попытаемся представить модель изучения патернализма в эмпирических исследованиях современного общества, обращая внимание на то, что патернализм во всех рассмотренных случаях выступал в виде одного из возможных способов взаимодействия в устойчивых ситуациях.

Изучение патернализма в эмпирических исследованиях

Эмпирические социологические исследования имеют ряд специфических особенностей, на которые необходимо обратить внимание прежде, чем приступить к изучению явления патернализма с их помощью.

Ученый-социолог, анализирующий общественную проблему за письменным столом, имеет дело с теоретическими моделями социальных явлений. Эти модели представляют собой идеальные типы в терминологии М. Вебера, они не имеют прямых, полных эмпирических аналогов. Любое реально существующее явление описывается неким сконструированным

---

32 Там же. С. 244.
33 Там же. С. 282.

типом, входит в него в качестве элемента. Мы можем говорить о большем или меньшем соответствии эмпирического явления его идеальному, теоретическому типу. Поэтому в результате эмпирической интерпретации теоретического конструкта социального явления выявляются многочисленные эмпирические показатели, и далеко не все они могут быть свойственны конкретному наблюдаемому явлению.

Далее, методы эмпирических социологических исследований позволяют с обоснованной степенью достоверности фиксировать внешние проявления социальных феноменов. Социологические методики направлены на то, чтобы отметить доступные наблюдению – чаще всего вербальные – реакции индивида. Большое значение здесь имеет то, насколько явление «открыто» для наблюдателя. В любом случае, участники социального действия стремятся демонстрировать «желательные», «правильные», иными словами, социально легитимные общественные формы. Чем проблематичнее социальная ситуация, тем сложнее ее исследовать с помощью массовых методов.

Заметим также, что эмпирическое исследование методами социологии предполагает фиксацию и измерение некоторых свойств, качеств, характеристик объекта. Эти стороны, как правило, не имеют общепринятых стандартных единиц изменения, поэтому мы можем говорить о квазиизмерении, то есть о приписывании самим ученым объектам определенных значений в пределах им же заданной шкалы. В любом случае для того, чтобы совершить такое измерение, необходимо изучаемый социальный объект, a priori являющийся сложным, составным, многоуровневым, разложить на части, выделив его составляющие. Поэтому любое социальное явление описывается целым набором показателей, индикаторов, индексов, зачастую не сводимых к одному единственному.

Приведенный перечень особенностей не претендует на полноту, однако, это те черты социологических исследований, которые представляются автору наиболее важными при изучении такого социального явления как патернализм.

Патернализм как социальное явление труден для эмпирического исследования. Большинство современных отечественных социологических исследований патернализма являются «кабинетными» – ученые анализируют данное явление на основании не заданных никакой методикой *повседневных* наблюдений. Нельзя сказать, что все выводы неверны, но большинство высказанных суждений эмпирически не обоснованы. Это мыслительные конструкции, бессистемно дополненные подмеченными ученым наиболее яркими чертами реального явления.

Те же из исследователей, кто берется измерить «уровень патернализма», стремятся ограничиться одним эмпирическим показателем. И в этом качестве чаще всего выступает мнение респондента о попечительской политике государства: должно или нет государство поддерживать своих граждан материально, решать их экономические проблемы. Здесь находит свое отражение наиболее распространенная среди обществоведов точка зрения на патернализм как возможный атрибут отношения «государство – гражданин». Однако было бы некорректным поставить знак равенства между социальной политикой государства и патернализмом. Некоторую информацию о патерналистских ориентациях такой одиночный показатель предоставляет, но для изучения целостного явления необходимы и другие индикаторы.

Особенность эмпирического исследования патернализма связана, прежде всего, со специфическими чертами его существования и функционирования в современном обществе. Во-первых, патерналистские по своему содержанию роли при исполнении в некоторых ситуациях по своим основным действительным проявлениям сходны с иными, заданными внутри других институтов. Приведем пример. Социологи, рассматривающие социальные отношения в процессе производства, согласны с тем, что строгий контроль за трудовой деятельностью исполнителей со стороны их непосредственных руководителей, стремление вмешиваться в производственный процесс подчиненных, планировать простой трудовой процесс до мельчайших операций – признаки патерналистского типа управления. Вместе с тем, все эти компоненты обязательно присутствуют во взаимодействии «рабочего-ученика» и курирующего его мастера, особенно в первое время. Поэтому зафиксировать исполнение собственно патерналистских ролей, не смешивая их с другими, возможно лишь при тщательном анализе всех составляющих компонентов роли.

Заметим, что такой тщательный анализ чаще всего не входит в

задачи больших эмпирических исследований, где интересна основа, «костяк» явления. В том случае, когда наблюдаемые составляющие патерналистских ролей подобны тем, что присутствуют в других институциональных ролях, важно выявление любых несоответствий, противоречий, «перегибов». А это возможно лишь в специальных исследованиях.

Во-вторых, патернализм как социальное явление имеет долгую историю. Его основные черты носят отпечаток традиционалистской ментальности, поэтому патернализм в исходном варианте вступает в конфликт с современной экономической рациональностью. Патерналистские роли часто не фиксируются сознательно исполняющими их участниками. Патерналистские действия не соответствуют современной рациональности и уходят, таким образом, из-под ее контроля. Приведем в качестве иллюстрации еще один производственный пример. Когда на предприятиях Г.Форда уже совершились всевозможные технические усовершенствования, позволившие контролировать каждое движение работника, их владелец решил распространить свой контроль дальше и унифицировать семейный быт подопечных. На заводах была увеличена заработная плата. Г. Форд сетовал: «…нам пришлось до некоторой степени наблюдать за образом жизни наших рабочих, так как многие из них были иностранцы по происхождению и не поднимали свой уровень жизни в соответствии с более высоким заработком»[34]. Мы наблюдаем сразу два признака патернализма: признание работников-иностранцев неспособными самостоятельно принять правильное решение и жесткий контроль за действиями рабочих, распространившийся на их частную жизнь. Однако комментарий реформатора – сугубо рационалистический: «Рабочий, который отдает предприятию все свои силы, является самым ценным для предприятия. Но нельзя требовать от него постоянно хорошей работы без соответствующей ее оценки»[35].

Существует и другая возможность: индивид может отдавать себе отчет в том, что он действует согласно патерналистским моделям, однако, по тем или иным причинам не посвящать в это окружающих. Исполнение патерналистских ролей на вербальном уровне может

---

34 Форд Г. Сегодня и завтра. М.: Финансы и статистика, 1992. С. 171.
35 Там же. С. 96.

скрываться под иными обозначениями. Происходит подмена понятий. Это явление довольно распространенное. Так, Ш. Фицпатрик, анализируя интервью с выходцами из Советского Союза, отмечает: «Лишь малая часть респондентов Гарвардского проекта проявляла желание говорить о собственных «блатных» делах, и, делая это, они всегда говорили именно о *дружбе* ... и подчеркивали *человеческий фактор*»[36]. Сугубо деловые взаимоотношения, связанные с обменом товаром и одолжениями, бывшие советские граждане пытались представить как «горячую взаимную поддержку сообщества родных, друзей и знакомых». Причина такого дистанцирования кроется в том, что и явление, и само слово «блат» относились к разряду неправильных поступков, не одобряемых публично поведенческих актов.

Патерналистские роли, как считают С.Н. Эйзенштадт и Л. Ронигер, воспринимаются во многих обществах как недозволенные, противоречащие современному социальному порядку. Их исполнители, ощущая отсутствие легитимности патернализма, вольно или невольно маскируют свое поведение. Например, директора крупных предприятий и кандидаты в депутаты говорят о «заботе», а работники и избиратели, в свою очередь, ждут «помощи», «внимания», «сочувствия». Эти слова и выражения, в которых они используются, как правило, не больше, чем эвфемизмы, помогающие патерналистски ориентированным индивидам обнаружить и опознать друг друга.

Фрагменты патерналистских ролей и влияние патерналистских норм и ценностей обнаруживаются в разных сферах общественной деятельности. В зависимости от области приложения усилий индивид или группа индивидов в своем поведении может в большей или меньшей степени руководствоваться патерналистскими нормами. Поэтому некорректно вводить индекс, характеризующий некий общий уровень «патернализации» индивида или группы. В исследовании может быть зафиксировано лишь присутствие тех или иных составляющих патерналистских ролей в конкретных социальных ситуациях.

Обозначим критерии, по которым в эмпирическом исследова-

36 Фицпатрик Ш. Повседневный сталинизм. Социальная история советской России в 30-е годы: город. М.: Российская политическая энциклопедия, 2001. С. 79. Курсив мой – Н.Ш.

нии можно определить присутствие элементов этих ролей. В соответствии с основными чертами патернализма, выделенными нами ранее, ими являются:

- принципиальное неравенство сторон-участников патерналистского действия. Статусы индивидов, исполняющих различные патерналистские роли, иерархически упорядочены. Это неравенство имеет свойство проявляться в непосредственной и в символической формах.

- связанная с неравенством дистанцированность сторон. Индивиды, исполняющие патерналистские роли, отделены друг от друга в социальном пространстве. Они, чаще всего, принадлежат к разным социальным стратам и группам. Границы между этими группировками четкие и малопроницаемые. Можно наблюдать некоторую закрытость каждой из групп.

- ролевая зависимость сторон. Патерналистские роли имеют парный характер: они существуют в связке. Добавим к этому, что индивиды, занимающие в патерналистском действии подчиненную позицию, имеют ограниченные возможности уйти из-под влияния вышестоящих индивидов. Эти ограничения, как правило, зафиксированы в официальных документах.

- дополнение целерациональных институциональных ролей новыми, несвойственными им элементами. Индивиды исполняют дополнительные функции в рамках различных социальных ролей, не соответствующие их первоначальному содержанию.

- традиционалистская ценностная ориентация или ее элементы, присутствующие у одной или у всех сторон взаимодействия, выстроенного по патерналистскому типу.

- эмоциональность взаимодействий (реальная или демонстрируемая).

Например, для выделения политиков, следующих патерналистской модели действия, необходимо определить их приверженность к традиционному патриархальному типу властных взаимоотношений. Здесь можно обозначить следующие признаки: использование норм обычного права для регулирования взаимодействий; создание и поддержание жесткой вертикальной иерархии сторон-участников; особое отношение к подвластным лицам как к неразумным, нуждающимся в помощи, опеке и контроле со стороны вышестоящих лиц или объединений; закрытость от широкого публичного обсуждения поступков и т.д. Иными словами, способ управления населением, принятый среди членов этой группы, будет характеризоваться двумя признаками — во-первых, от граждан, считающихся подданными, требуется не одобрение, а лишь преданность и послушание; во-вторых, — цель политики (и это будет высказываться в открытой, публичной форме) может быть известна и понятна самими управляющими, но никак не «всему народу».

Чтобы определить присутствие элементов патернализма в данном явлении, последнее следует рассмотреть в соотнесении с иными, более широкими социальными явлениями.

Выделим индикаторы для эмпирического изучения патернализма как социального явления в различных публичных сферах.

Патернализм в социально-экономических и производственных институтах может быть обнаружен в соответствии с приведенными выше положениями. За основные индикаторы патернализма в этих сферах нами приняты следующие:

- Доверительное и некритичное восприятие и отношение работников предприятия к руководству.
- Расширенный (за счет исполнения внепроизводственных функций) круг обязанностей руководителя с точки зрения его самого и его подчиненных.
- Высокая степень жесткости управленческой иерархии, непроницаемость границ между подчиненными и руководителями.
- Закрытость каналов информации снизу и сверху.
- Дистанцированность высшего руководства (собственников предприятия) от работников. Существование их мифических образов в сознании работников.
- Особые принципы оплаты труда, распределения социальных благ, связанные с системами поощрения и наказания.
- Связь социального статуса работника с положением предприятия.

- Циркуляция «уравнительных» представлений.
- Ограничение конкуренции неэкономическими способами.

Патернализм в политических институтах проявляется, прежде всего, в особой оценке взаимоотношений политика и гражданина. Политик должен что-либо «давать», а граждане – «получать». Специфика этого обмена в том, что он является символическим.

- Функции политика сведены к социальным (в противоположность собственно политическим), ему предписывается решение, по преимуществу, конкретно-бытовых задач.
- Политический выбор граждан находятся в зависимости от удовлетворения их краткосрочных материальных, бытовых потребностей политическими кандидатами.
- Вербализация проводимой политики как ориентированной на определенные социально-незащищенные, экономически пассивные слои населения. Подчеркивание заслуг в предоставлении льгот, субсидий, иной помощи отдельным категориям избирателей.
- Закрытость информации о реальной деятельности политика.
- Тиражирование через СМИ шаблонных образов политика с чертами «начальника», «вождя», взятыми из советской культурной традиции.
- Оценка политиков по шкале моральных личностных оценок, а не политической, административной эффективности его деятельности.
- Представление об отсутствии ответственности депутата, главы администрации перед избирателями или о ненужности и невозможности осуществления общественного контроля над деятельностью политиков.

О наличии патерналистских ориентаций в национальных отношениях мы можем судить по стремлению представить и обосновать высший социальный, прежде всего экономический статус индивидов в терминах национальности.

- Обязательная идентификация окружающих в соответствии с их национальными признаками.

- Декларирование особых отношений к представителям иных национальностей. Создание специальных законов, защищающих их права и автономию.
- Оценка национальностей по шкале «сильные, доминирующие – слабые, подчиненные». Приписывание им качеств со сниженным социальным престижем.
- Стремление ограничить участие представителей всех или некоторых национальностей в активной экономической и политической деятельности.

Элементами <u>патернализма в образовательных институтах</u> являются:

- Представление об учащихся как о детях, неразумных и несамостоятельных. Воспитывающая роль педагогов.
- Представление об ответственности учащего за жизненный успех учащегося.
- Четкая дистанция между учащими и учащимися.
- Создание «учительских кланов», замкнутых внутри себя.
- Дозирование знаний. Разделение информации на доступную всем и понимаемую избранными.
- Игнорирование мнения учащихся. Навязывание учащими своей точки зрения как единственно верной. Отсутствие равноправия.
- Обширная система санкций и запретов, регламентирующих поведение учащихся внутри учебного заведения. Требование к учащемуся о безоговорочном послушании и следовании установленным учащим образцам.
- Выделение привилегированных групп/индивидов среди учащихся.
- Конвенциональный характер оценки знаний учащихся.
- Яркое и явное неприятие учащими нестандартных проявлений, оригинальности мышления и поведения, самостоятельности учащихся.

Как уж было замечено, указанные компоненты патернализма могут встречаться как в виде единого ансамбля, так и по отдельности, в индивидуальном воплощении. Патерналистские роли вариативны, те или

Н.В. Шушкова

иные их составляющие могут заменяться подобными им элементами из иных ролей. Поэтому патерналистский институт существует в некотором симбиозе с другими социальными институтами. Зачастую его проявления настолько успешно мимикрируют, что обнаружить их в эмпирическом исследовании довольно трудно. Существует множество спорных моментов. Поэтому для изучения явления патернализма нами взяты сферы публичного действия, достаточно открытые для наблюдения и анализа без применения глубинных методик.

В современных российских реалиях в образовательных, политических институтах, межнациональных отношениях, а также в социально-экономических и производственных институтах патернализм предъявляет нам множество своеобразных проявлений. По отдельности, некоторые из них могут быть свидетельством иных социальных явлений и процессов, но их суммарное наличие практически не оставляет альтернатив для определения феномена. В любой из перечисленных общественных сфер мы обнаруживаем достаточное подобие тем установлениям и действиям, какие были свойственны семейным укладам патриархального типа, послужившими социокультурной основой современному патернализму.

Для предварительного эмпирического анализа проявлений современного патернализма использованы два понятия, содержание которых требует пояснения: практики и модель исполнения роли. Практики – конкретные поведенческие технологии, как правило, внутренне согласованные. Патерналистские практики – поведенческие технологии, в основе которых лежат патерналистские принципы (личного господства-подчинения, кормления-служения и т.д.). Понятие «модель исполнения роли» конкретизирует способ, которым индивид исполняет институциональную роль. Модель исполнения роли – это техника применения институциональных норм, согласованная с условиями, в которых индивид осуществляет действия, и имеющимся у него набором инструментов.

Глава 2. Эмпирическая модель производственного патернализма

Вступление

Патернализм в организации, реализуемый в системе социального обеспечения работников предприятия разнообразными благами, подкрепленный возможностью формально и неформально решать личные проблемы, привлекая предприятие в качестве ресурса, справедливо считается наследником советского прошлого. Риторика на тему рабочего коллектива как «большой и дружной семьи», поощрение института рабочих династий, фактическая «прикрепленность» работника к заводу – все это формировало условия для сохранения и развития соответствующих ролевых моделей поведения. Постсоветский завод можно сравнить с банкой консервов – уже открытой, но предлагающей взгляду знакомый продукт ушедшей эпохи. Кажется, такая логика не применима к вновь образованным предприятиям, имеющим иной статус и даже названия (фирма, общество с ограниченной ответственностью и проч.). Но преемственность ролевых моделей реализуется не только в простых механизмах прямой передачи или наследования, но и в сложных процедурах трансляции через иные институты, функционирующие в культурном пространстве, совмещающем в себе элементы прошлого и настоящего. Предприятие, ставшее объектом исследования – новое, небольшое, современное по используемым технологиям производства, совместное по форме владения; поэтому патернализм, обнаруженный в поведении его работников, только отчасти может считаться «советским».

Взятое в качестве объекта исследования предприятие[37] является, как и большинство российских предприятий сегодня, акционерным по своей форме. Его размеры, социальный состав наемных работников, сфера производственной деятельности, история реформирования являются

---

37 Далее в тексте оно обозначено как предприятие «Нефть».

достаточно типичными для современной российской действительности. Конечно, некоторые из рассмотренных ниже черт являются характерными только для данного предприятия и связаны с его собственными особенностями. Однако определенные тенденции могут быть распространены на более широкий круг явлений. Так, усиливающим распространение на предприятии «Нефть» патерналистских моделей поведения фактором можно считать наличие родственных связей между руководителями подразделений и директором. Вместе с тем, механизм распространения патерналистских отношений в производственной сфере – от высших менеджеров через среднее звено к рядовым работникам, – функционирует на предприятии также и там, где руководителей не связывают родственные отношения.

Исследование социальных отношений на данном предприятии, проведенное в 2000 г.[38], выявило, что доминирующим типом управления на нем является патернализм. Это означает принятие и руководством, и простыми рабочими таких взаимоотношений, когда все решения возникают наверху и безмолвно принимаются подчиненными. Даже решение личных вопросов работников руководство предприятия пытается отнести к сфере своей компетенции. Примечательно, что и рабочие, и начальство в достаточной степени маскируют существующее положение дел.

Описание процедуры и техник исследования

Патернализм рассматривался в исследовании применительно, прежде всего, к производственному поведению работников – как одна из возможных моделей исполнения роли наемного работника. Естественно,

---

[38] Социологическое исследование «Социальная ситуация на предприятии «Нефть»», 2000 г. Исследовательская группа (так же, как и в проекте 2001 г.) состояла из сотрудников каф. культурологи ПГТУ, руководителем проекта был д.и.н., проф. О.Л. Лейбович. В 2000 г. (февраль-апрель) было опрошено 102 работника, принцип отбора респондентов – квотный, независимый (организационно-функциональный, профессиональный и гендерный признаки). Методика сбора данных – стандартизированное индивидуальное анкетирование.

выделение той или иной модели поведения – процедура несколько условная, так как на практике мы имеем дело не с идеальными типами, а с многогранной и сложной социальной реальностью. Поэтому говорить о том, что работник следует той или иной ролевой модели поведения – еще не значит полностью определить все его производственное поведение. Тем не менее, при преобладании, доминировании одной из нескольких возможных моделей поведения, мы можем говорить, что работник ей следует и, следовательно, его мотивы и действия достаточно точным образом вписываются в предложенную схему.

Патернализм в производственной сфере представляет собой модель поведения, актуализирующуюся в трех вариантах отношений: с начальством (как непосредственным, так и вышестоящим), с подчиненными и в отношении к предприятию, на котором работник осуществляет свою трудовую деятельность. Влияние патерналистских ориентаций на горизонтальные отношения менее сильно, поэтому при изучении патерналистских моделей поведения акцент был сделан на вертикальных производственных и внепроизводственных отношениях.

Следование работника патерналистской модели предполагает особую процедуру выработки и принятия новых решений: инициативность и решающее слово характерны для руководства, а некритичное принятие – для «простых рабочих», поэтому важным для изучения производственного патернализма моментом стало исследование процесса принятия управленческих решений на предприятии, а также активности и степени участия рабочих в этом процессе.

Сбор эмпирических данных на предприятии «Нефть»[39] проводился в феврале-марте 2001 года при помощи массового опроса по технике индивидуального интервью на рабочем месте (с отрывом от производственного процесса). Интервьюер располагал бланком со стандартизированными вопросами и ответами, зачитывал их респонденту (или зачитывал только вопрос, если это было предусмотрено инструкцией), выслушивал и фиксировал ответ; если это было необходимо, уточнял высказанное мнение. Такая техника сбора данных позволила избежать «пропусков» в

---

[39] Подробное описание самого предприятия и генеральной совокупности – его наемных работников – см. ниже.

ответах, в том числе и на «неудобные вопросы». Кроме того, интервью позволило отмечать реакции респондентов (вербальные и невербальные), выходящие за рамки стандартного опросника, но имеющие непосредственное отношение к объекту исследования и помогающие расшифровке ответов. Количество времени, затрачиваемого на одно интервью, составляло 20-30 минут.

В ходе исследования было опрошено 105 человек[40]. Выборка формировалась по квотному принципу. Основаниями для квот стали:

- организационно-функциональный признак (по цехам, бригадам);
- гендерный признак;
- профессиональный признак (по содержанию труда, по квалификации).

Выбор данных квот не случаен. Во-первых, они позволяют воспроизвести в выборочной совокупности основные группы работников предприятия (по внешним признакам). Во-вторых, учет организационно-функциональной структуры предприятия при составлении выборки позволит рассмотреть основные вариации ответов респондентов в зависимости от их «дислокации» на предприятии.

Инструментарий, использованный для сбора данных (анкета для интервьюера), включал в себя четыре блока: личностный, поведенческий, оценочный и прожективный. Для изучения патернализма на предприятии при анализе полученных количественных данных был использован ряд индикаторов[41], эмпирическая расшифровка которых представлена ниже.

Особое восприятие и особое отношение работников предприятия к руководству рассматривалось по вопросам: «Если Ваш начальник пойдет на повышение, и на его место назначат другого человека, измениться ли что-нибудь в Вашей работе?», «Бывали ли случаи, когда Ваш непосредствен-

---

40 Т.е. был опрошен каждый четвертый работник предприятия.

41 Употребляя термин «индикатор» по отношению к некоторому набору довольно свободных эмпирических описаний, автор осознает, что придает тем самым данному термину расширительную трактовку. При анализе данных, выраженных в количественной форме, индикаторами чаще всего называют характеристики, доведенные с помощью операционализации до измеряемых показателей (переменных). В данном тексте термин «индикатор» используется в значении маркера, признака (от англ. гл. to indicate), обозначающего наличие/отсутствие той или иной связной группы элементов патернализма.

ный руководитель не выполнял своих обещаний?», «Как Вы думаете, по какой причине он не выполнял их?», «Можно ли напомнить Вашему начальнику о невыполненных обещаниях?», «Можно ли убедить своего начальника сменить решение?» и «При каких условиях это возможно?»

О круге обязанностей руководителя с точки зрения его подчиненных можно судить по ответам на вопросы: «Когда Вам устанавливают производственное задание, руководство...», «Есть ли у Вашего начальника «любимчики»?» и «Как в них попадают?», «Если работник отказывается исполнять полученное задание, то начальник...», «Что от Вас требует непосредственное начальство?», «Если кто-то из работников совершает ошибку, то начальник...», «Вмешивается ли Ваш непосредственный начальник в исполнение задания?»

О степени жесткости управленческой иерархии, проницаемости границ между подчиненными и руководителями говорят ответы на вопросы: «Советуется ли начальство с рядовыми работниками?», блок «Случались ли у Вас конфликты с начальством в прошлом году?», «Кто в них виноват?» и «Чем кончился конфликт?»; «Бывали ли случаи, когда распоряжение одного начальника отменялось другим?»

Оценка степени закрытости каналов информации оценивалась по ответам на вопросы: «О положении на «Нефть» работники узнают...», «Если работник «Нефть» видит какой-то беспорядок на производстве, то он...», «Приходя утром на работу, знаете ли Вы, чем Вы будете сегодня заниматься?», «Как Вы планируете свою работу?», «Объясняет ли Вам Ваше начальство, для чего нужно то или иное задание?»

Принципы оплаты труда, распределения социальных благ, связанные также с системами поощрения и наказания, находят свое отражение в вопросах: «Какую работу Вы бы хотели исполнять?» и «Какую работу Вы обычно исполняете?», «Считаете ли Вы, что Ваш труд оплачивается по справедливости?», «Как, по Вашему мнению, руководство стимулирует хорошую работу?», «За что наказывают на «Нефть»?», «За что поощряют на «Нефть»?», «За успешно выполненную работу на «Нефть» принято...», «По каким признакам начальство оценивает выполненную работу?» и «Как Вы хотите, чтобы Вас оценивали?»

Присутствие на предприятии определенной идеологии во многом

прослеживается по некоторым пунктам ответов на разные вопросы. Тем не менее, можно выделить отдельные вопросы, ответы на которые позволяют говорить о принятии рабочими ценностей коллективизма, разделении чувства общности и др.: «Принято ли в коллективе приходить на помощь друг другу при выполнении индивидуальных заданий?», «Если Вы провинились, какое наказание Вы считаете более приемлемым?»

Для реализации исследовательской задачи при анализе данных работники предприятия были разбиты на две группы по управленческому признаку. В одну группу – «управленцы» – были отнесены те работники предприятия, которые имеют в своем непосредственном подчинении 3-х и более человек; все остальные работники были отнесены в другую группу – «подчиненные». «Управленцы» – это те работники предприятия, которые выполняют управленческие функции на постоянной и оплачиваемой основе (руководители цехов, отделов, бригад и иных подразделений предприятия). «Подчиненные» – работники предприятия, чья работа не предусматривает административного управления другими работниками.

Социальные параметры предприятия (характеристика объекта исследования)

Предприятие «Нефть» в период исследования (1999 – 2001 гг.) являлось совместной российско-американской компанией, расположенной на территории Добрянского района Пермской области, в п.г.т. Полазне[42]. По роду своей деятельности оно относилось к нефтедобывающим. Численность наемных работников позволяет говорить о среднем размере предприятия.

Предприятие «Нефть» имело следующую организационную структуру: три цеха под порядковыми номерами и Дирекция предприятия. И цеха, и дирекция имели собственные подразделения (бригады, отделы). Каждый цех возглавлялся начальником, имеющим одного заместителя. Число бригад в каждом цехе разное – от 3 до 7. Во главе предприятия

---

42 Численность населения пгт. Полазны по данным Всероссийской переписи 2002 г. составила 13303 чел.

стоял генеральный директор. Заметим, что начальники подразделений, как правило, состояли в родственной связи с генеральным директором предприятия.

У предприятия имелась территориальная специфика. Бригады первого и второго цехов были локализованы в собственном пространстве, бригады цеха 3 находились в основном на территории цехов 1 и 2. Дирекция территориально дистанцирована от цехов и находилась в поселке городского типа. Как показало социологическое исследование социальной ситуации на предприятии, проведенное в 2000 г., отдаленность эта не только территориальная, но и социокультурная.

Состав работников предприятия по данным текущего учета отдела кадров приведен в таблице 2.1.

ТАБЛИЦА 2.1

Данные о составе работников предприятия «Нефть» по состоянию на 1 марта 2001 г., чел.

Категория	Дирекция	Цех 1	Цех 2	Цех 3	Всего по категориям
Рабочие	19	167	54	58	**298**
Руководители	16	9	5	6	**36**
Специалисты	38	6	4	3	**51**
Служащие	0	2	3	0	**5**
Всего по подразделениям	73	184	66	67	390

Разряд	Дирекция	Цех 1	Цех 2	Цех 3	Всего по разряду
2	-	3	2	-	5
3	-	62	16	5	83
4	-	42	11	7	60
5	-	42	19	21	82
6	-	7	2	21	30
Оклад	19	11	4	4	38

Всего по подразделениям	19	167	54	58	298

На предприятии в рассматриваемый период было занято около 400 человек, среди них 3/4 составляли рабочие, около 1/8 – специалисты, менее 1/10 – руководители. Труд большинства рабочих оплачивался согласно их разряду, вне разрядов, по окладу работают менее 1/7 рабочих.

Размеры заработной платы (по оценкам экспертов) варьировался в указанное время: у рабочих – от 5 до 7 тыс. руб.; у руководителей отделов, заместителей начальников цехов – 10–15 тыс. руб.; у высшего руководства – 30–50 тыс. руб.[43]

Остальные данные приводятся по результатам опроса работников предприятия. Рассмотрим основные параметры выборочной совокупности.

Соотношение «управленцев» и подчиненных среди опрошенных - 2 : 5, т.е. 30 человек наделены административной силой в отношении других работников, 75 – управляют только своей трудовой деятельностью.

Соотношение мужчин и женщин в выборке – 3 : 1 отражает реальное соотношение гендерных групп на предприятии. В исследовании приняли участие 80 мужчин и 25 женщин.

На предприятии «Нефть», по данным опроса, работают люди в возрасте от 20-ти до 60-ти лет. При этом возраст основной массы опрошенных колеблется в интервале от 21 до 50 лет. Работники в возрасте 31–40 лет составляют 2/5 от общего числа. По цехам картина выглядит следующим образом: в цехе № 3 больше, чем в других подразделениях, работников в возрасте 31–40 лет и практически нет старше; цех № 2 также лидирует в возрастном интервале 31–40 лет; наиболее выровнены возрастные группы в цехе № 1, работники в возрасте 21 – 40 лет составляют большинство в Дирекции. Системных возрастных различий между управленцами и подчиненными нет.

43 Т.е. составляла примерно 170-250 долл. США у рабочих, 350-520 долл. США – у руководителей среднего звена, 1000-1800 долл. США – у высшего руководства в ценах начала 2001 г. Для сравнения, средняя заработная плата работающих жителей Пермской области составляла 3421,9 (120 долл. США) – данные Росстата за 2001 год о среднемесячной номинальной начисленной заработной плате: [Электронный ресурс] – Режим доступа: http://www.gks.ru/scripts/db_inet/dbinet.cgi.

Данные об экономическом статусе работников предприятия были получены косвенным образом – через структуру денежных расходов за предшествовавший период. На основе групп приобретенных товаров / востребованных услуг был сконструированы три группы, различающиеся по экономическому статусу: «высокий», «средний» и «низкий». Естественно, экономическое расслоение среди работников одного предприятия не может быть очень большим, поэтому в действительности обозначенные позиции являются скорее вариацией одного или двух статусов (высшего среднего и среднего среднего).

По данным опроса, почти половина работников предприятия имеют относительно высокий экономический статус (1/5 средний и 1/5 низкий). У одной десятой работников по существующим данным определить экономический статус оказалось невозможным. Среди работников Дирекции больше, чем в цехах тех, кто имеет средний экономический статус. В цехах наблюдается большая поляризация – группа работников со средним экономическим статусом составляет 10–15%, увеличена доля работников с низким уровнем. Любопытно, что распределения групп управленцев и подчиненных по экономическим статусам одинаково. Статус выше у тех работников, кто социализировался в областном центре, либо имеет высшее образование, либо работает на предприятии больше 5 лет.

Большинство работников предприятия являются выпускниками школ рабочих поселков – их почти 2/3. Доля работников, обучавшихся в городских школах, составляет около одной шестой. Причем работников этой группы больше всего в Дирекции. Работников, обучавшихся на средней ступени образования в школах поселка, больше всего во втором и третьем цехах (их доля колеблется в пределах 4/5 от всех работников цеха). Среди управленцев меньше, чем в целом по предприятию, доля выпускников школ рабочих поселков (около 50%) и соответственно выше доля тех, кто провел свое детство в городе или райцентре (24 и 20%). Среди подчиненных выпускники поселковых школ составляют 68%, городских – 15%.

Около половины работников имеют среднее специальное образование, по оценке экспертов достаточное для выполнения необходимых трудовых операций. Одна пятая часть получила общее среднее образование, немного больше одной четвертой – высшее. По цехам ситуация выглядит следующим образом: наибольший удельный вес работников со средним образованием – в цехе 3, со средним специальным – в первом цехе. В Дирекции число работников с высшим уровнем образования в 2 раза больше, чем в целом по предприятию, и составляет 54%. Среди управленцев доля работников с высшим образованием почти в 5 раз больше, чем среди подчиненных (63 и 13% соответственно). В числе первой группы практически нет тех, кто остановился на среднем общем образовании, выпускников техникумов составляет около 1/3. Приблизительно половина подчиненных имеет среднее специальное образование, 1/4 – общее среднее.

Таким образом, представляется корректным деление всего коллектива работников предприятия на «управленцев» и «подчиненных». Предложенное деление не совпадает с традиционной градацией на руководителей, ИТР, служащих и рабочих, однако оно находит дополнительное обоснование в различающихся социальных характеристиках выделенных групп. Управленцы в основном прошли первичную социализацию в урбанизированной общности (областной центр или промышленный город), имеют в целом более высокий уровень образования и экономический статус, чем их подчиненные. Кроме того, указанное деление осознается самими работниками предприятия, оценивающими социальную дистанцию между руководителями и подчиненными как значимую и существенную.

Среди подчиненных особое место занимает группа рабочих. Их распределение по группам механизации характеризует и технический уровень предприятия, и внутриклассовую структуру. Данные о составе работников предприятия по группам механизации приведены в таблице 2.2.

ТАБЛИЦА 2.2

Данные о составе работников предприятия «Нефть» по состоянию на 1 марта 2001 г., в абс. числах и %

Шифр	Цех 1	Цех 2	Цех 3	Всего по шифру
I	4 2,7%	0 0%	0 0%	4 1,6%

II	113 67,6%	37 67,9%	17 29,4%	167 59,9%
III	0 0%	0 0%	0 0%	0 0%
IV	1 0,7%	2 3,8%	16 27,5%	19 6,7%
V	49 29,1%	15 28,3%	25 43,1%	89 31,7%
Всего по подразде-лениям	**167** **100%**	**54** **100%**	**58** **100%**	**279** **100%**

По этому параметру предприятие можно оценить как средне индустриализированное по области. Преобладание работников второй группы механизации свидетельствует о насыщенности технической базы предприятия машинами доавтоматизированного типа. Содержание труда работников, трудовой ритм и производительность труда определяется техническими характеристиками оборудования. В связи с этим, состояние оборудования оценивается работниками как проблемное, значимое и тревожащее. Например, в исследовании 2000 г. на просьбу оценить некоторые параметры трудовой ситуации, были получены следующие оценки (см. таблицу 2.3.):

ТАБЛИЦА 2.3

Оценка работниками параметров трудовой ситуации на «Нефть», исследование 2000 г., в % от числа опрошенных

Параметр	Балл					Средний балл
	1	2	3	4	5	
Условия труда	1,0	0,0	15,7	57,8	25,5	4,07
Содержание труда	0,0	0,0	11,8	52,9	35,3	4,23
Техника безопасности	2,0	1,0	13,7	54,9	27,5	4,03
Оплата труда	1,0	1,0	7,8	36,3	53,9	4,41
Организация труда	0,0	2,9	8,8	50,0	38,2	4,23

Н.В. Шушкова

Кроме того, изношенность оборудования занимает второе место среди проблем предприятия, названных работниками (на первом месте – недовольство стилем управления). Модернизация оборудования представляется необходимой для лучшей работы более 2/5 работников предприятия, а его своевременный ремонт – 1/4; о необходимом улучшении в планировании и организации работы сказали более половины опрошенных.

Зависимость работников от техники в значительной степени осознается ими и в некоторых ситуациях заслоняет управленческие проблемы.

Результатом первого исследования предприятия в 2000 г. стало выдвижение гипотезы о преобладании на нем патерналистской модели ролевого поведения. Эмпирические данные, полученные в этом исследовании, позволили выявить факторы, влияющие на отношение работников к предприятию и существующему на нем стилю руководства, а также построить иерархию этих факторов. Степень лояльности работника по отношению к предприятию зависит, прежде всего, от экономического статуса работника, т.е. от размера заработной платы на предприятии. Более того, социальное самочувствие работника предприятия определяется также в основном его зарплатой. Система ценностей, уровень образования и условия первичной социализации (сильно или слабо урбанизированная среда) статистически менее сильно связаны с отношением работника к предприятию, к руководству.

Второе исследование, проведенное в 2001 г., позволило, во-первых, уточнить параметры патерналистской модели, существующей на предприятии, а, во-вторых, учесть влияние статуса работника в управленческой иерархии на воспроизводство данной модели.

Проявления патернализма на предприятии

Обратимся к анализу эмпирических данных, полученным в ходе социологического исследования предприятия «Нефть».

Индикатор 1: отношение подчиненного к руководителям высшего и среднего звена. Характер вертикальных связей является, пожалуй, одним из самых ярких показателей доминирующей среди работников предприятия ролевой модели поведения. На обследованном предприятии наблюдается достаточно сильная «привязанность» подчиненных к своему руководству. Причем эта привязанность наполнена эмоциональным содержанием.

Большая доля положительных ответов на вопрос: «Изменится что-нибудь в Вашей работе, если Ваш начальник пойдет на повышение, и на его место назначат другого человека?» свидетельствует о существующем влиянии личных отношений на взаимодействия в процессе производства.

ТАБЛИЦА 2.4

Изменения в подразделении при смене начальника

в зависимости от места в управленческой иерархии

(в % от численности группы)

Варианты	Управленцы	Подчиненные	В целом по предприятию
Да, будет меньше порядка	6,7	6,8	6,7
Да, люди будут больше ссорится между собой	-	4,1	2,9
Да, работать станет труднее	20,0	9,5	12,4
Да, изменится система поощрений и наказаний	10,0	2,7	4,8
Да, будет меньше конфликтов	-	4,1	2,9
Да, работать станет легче	20,0	5,4	9,5
Ничего не изменится	23,3	35,1	31,4
Не думал об этом	26,7	37,8	35,2
Итого	106,7	105,5	105,8

Более трети работников предприятия согласны с тем, что смена начальника повлечет за собой дальнейшие новшества, иными словами, для них установившийся порядок вертикальных взаимодействий выглядит (или на самом деле является) зависимым от индивидуальных свойств человека, занимающего руководящую позицию. Чуть меньше трети работников изменений не ожидают, они способны дистанцироваться от личности руководителя и рассматривать его как функциональную единицу; примечательно, что таких больше среди управленцев. Оставшиеся работники (еще треть от числа опрошенных) не задумывались над этим вопросом; отсутствие рефлексии на эту тему может свидетельствовать о достаточно стабильной, консервационной обстановке на предприятии в условиях жесткой управленческой структуры.

Примечательно, что ответы об изменениях содержат в большинстве своем отрицательные моменты (станет труднее работать, работники будут ссориться между собой, будет меньше порядка), об этом сказали 22% работников предприятия. Большую привязанность к своему непосредственному начальству и страх его ухода демонстрируют управленцы – об отрицательной направленности изменений сказали здесь 27%, тогда как среди подчиненных – 20%. При этом работники Дирекции в целом (и управленцы, и подчиненные) более уверены, чем опрошенные из других подразделений, что при смене начальника работать им станет труднее (30% против 0-11% в цехах).

Об однозначно положительных изменениях (станет легче работать, будет меньше конфликтов) сказали 12% работников предприятия. И здесь также больше доля управленцев: считают, что после смены начальника работать станет легче 20% работников руководящих должностей и лишь 9% подчиненных.

Работники предприятия с высшим образованием, имеющие большую квалификацию, сильнее, чем работники с более низким уровнем образования, реагировали на вероятность смены непосредственного руководителя, говоря как о положительных, так и об отрицательных переменах.

Наблюдается определенная зависимость между стажем работы на предприятии и отношением к замене руководителя: чем более продолжительный период респондент работает на «Нефть», тем чаще он отмечает в смене начальника отрицательные моменты или вообще отсутствие перемен («все наши начальники одинаковы»); работники с небольшим стажем чаще говорили о том, что они не задумывались над этим вопросом.

Можно предположить, что руководитель воспринимается подчиненными как некое неизменное организующее и объединяющее начало, имеющее, тем не менее, набор индивидуальных качеств. Работники предприятия в целом признают существование определенной зависимости личностного свойства от руководителя.

Впрочем, эта зависимость имеет ограниченные параметры, она не распространяется на содержание труда. Руководитель распределяет работу, но, по мнению рядовых работников, не согласует ее с их интересами. Мы наблюдаем заметное расхождение между той работой, которую работники предприятия исполняют и той, которую им бы хотелось выполнять. В частности, существует желание более интересной и разнообразной работы по сравнению с той, которая ежедневно выполняется (см. таблицу 2.5.).

ТАБЛИЦА 2.5

Желаемый и реальный тип работы, (в % от численности группы)

Желаемая работа	Обычно исполняемая работа				Итого по группе
	В которой все известно	В которой надо придумывать что-то новое	К которой надо заранее готовится	Которую велел начальник	
В которой все известно	40,0	5,9	14,3	22,2	26,7
В которой надо придумывать что-то новое	28,9	88,2	28,6	16,7	34,3
К которой надо заранее готовится	6,7	0,0	28,6	19,4	11,4
Любая, за которую хорошо платят	24,4	5,9	28,6	41,7	27,6

Итого по группе	42,9	16,2	6,7	34,3	**100,0**

Ожидание новизны в работе сильнее выражено у управленцев, считающих выполняемую работу «известной», скучной – 40% из них хотят «придумывать что-то новое»; и меньше у подчиненных – 25% из них не довольны ежедневной рутиной.

Производственное задание устанавливается в основном руководством без учета мнения подчиненных (См. ниже, Табл. 2.10). Расхождения между желаемым и реальным действием, естественно, имеют вербальное выражение в мнениях руководителей и подчиненных. Рассмотрим ответы, которые дали нам респонденты относительно вопроса – «Можно ли убедить своего начальника сменить решение?» (см. таблицу 2.6).

ТАБЛИЦА 2.6

Возможность убедить начальника сменить решение

в зависимости от места в управленческой иерархии

(в % от численности группы)

Варианты	Управлен-цы	Подчинен-ные	В целом по предприятию
Да	86,7	71,6	76,2
Нет	6,7	20,3	16,2
Не знаю	6,7	8,1	7,6
Итого	100	100	100

Подавляющее большинство работников «Нефть» считает, что начальник может сменить решение в ответ на действия подчиненного. Более распространено это мнение среди руководителей. И здесь следует задать вопрос: кого имели в виду управленцы, говоря о готовности начальства прислушиваться к мнению работника: своих руководителей, или самих себя? Если верно первое предположение, то получается, чем выше официальный статус работника во внутрифирменной иерархии, тем менее он «управляем» извне. Если же действительности соответствует второе утверждение, то мы наблюдаем ситуацию, особенность которой состоит в том, что управленческий персонал демонстрирует большую готовность корректировать свою позицию, чем об этом знают их подчиненные. Среди управленцев – 86,7% сказали «да» на поставленный вопрос, а среди рабочих – 71,6%; соответственно твердое «нет» ответили 6,7 и 20,3% опрошенных в каждой группе. Сравнение с ответами на другие вопросы дает возможность предположить, что позиция управленцев содержит большой демонстративный компонент «соучастия работников в управлении», не реализуемый в реальности.

Существуют заметные отличия в мнениях работников разных подразделений о возможности переубедить начальника: производственные цеха организованы более жестко - положительный ответ на вопрос давали 62 – 72% подчиненных; в дирекции, напротив, менее 87% подчиненных считают, что смогут убедить начальника сменить решение.

Среди условий, при которых начальник может сменить решение, ни разу не был выбран пункт «если работник оказывает на начальника эмоциональное давление», и крайне редко «если у работника с начальником хорошие отношения» (см. таблицу 2.7).

ТАБЛИЦА 2.7

Условия, при которых возможна

смена решения начальника

в зависимости от места в управленческой иерархии

(в % от численности группы)

Варианты	Управленцы	Подчиненные	В целом по предприятию
Если работник приводит убедительные доводы	100,0	92,3	94,9
Если работник отказывается выполнять задание	0,0	0,0	0,0
Если работника поддерживают товарищи по работе	3,8	15,1	11,4

Если работник оказывает на него эмоциональное давление	0,0	0,0	0,0
Если у работника с начальником хорошие отношения	3,8	1,9	2,5
При каких-то других	0,0	1,9	1,3

Респонденты в основном давали «правильный» ответ – «если работник приводит убедительные доводы» (так ответили 100% управленцев и 92% подчиненных). Одна десятая подчиненных также отметили вариант «если работника поддержат товарищи по работе» – пункт, менее распространенный в ответах управленцев. Иными словами, респонденты говорят о возможности диалога с начальником и даже вероятности убедить его сменить решение с помощью рациональных процедур.

Другая сторона отношений руководителя и подчиненного – «отчетность» первого перед последним. Вопросы «Бывали ли случаи, когда Ваш непосредственный руководитель не выполнял своих обещаний?», «Если да, то как Вы думаете, по какой причине?» и «Можно ли напомнить Вашему начальнику о невыполненных обещаниях?» позволяют узнать, насколько в действительности руководитель считается с мнением своих подчиненных.

Ответы на вопросы показывают, что около четверти работников не должны верить обещаниям своего начальника, потому что они вряд ли будут исполнены: степень недоверия в ответах на этот вопрос полностью совпадает у подчиненных и управленцев. Система произвольных обещаний как вариант стимулирования работников, вероятно, чаще применяется в производственных цехах, чем в дирекции; в цехах 28–47% работников не могут быть уверены в выполнении начальником обещания, тогда как в дирекции таких только 4%.

Данное начальником обещание может быть невыполненным – об этом знает и сам руководитель, и его работник. При этом подчиненные в большинстве случаев (54% от числа подчиненных, указавших, что обещания выполняются не всегда) считают, что невыполнение обещания связано с тем, что руководитель о нем забыл. Управленцы же говорят о том, что невыполнение обещания связано с тем, что руководитель обещал больше, чем мог сделать (50% от числа управленцев, указавших, что обещания выполняются не всегда), т.е. переоценивал свои возможности.

Примерно две трети работников предприятия считают, что напомнить об обещаниях можно, причем и здесь управленцы демонстрируют большую доступность своих начальников, чем это возможно для подчиненных (88% среди управленцев против 72% среди подчиненных). Кроме того, подчиненные сообщают о «закрытых» для обсуждения обещаниях – 10% подчиненных сообщили, что могут напомнить руководителю только о некоторых договоренностях.

Вывод по индикатору. Мы наблюдаем разницу в отношениях «начальник – подчиненный» по четырем подразделениям предприятия; в отношении некоторых вопросов эта дифференциация укладывается в рамки «производственное – непроизводственное подразделение», где особняком стоит дирекция; в отношении других – нет. Можно утверждать, что система управленческих практик на предприятии во многом определяется личностью главного руководителя каждого подразделения, но не выходит, однако, за рамки, заданные высшим руководством «Нефть». Эти рамки описываются работниками предприятия как зависимость от непосредственного руководителя (и, далее, от высшего руководства), причем, не только формальная, основанная на должностных инструкциях, а личностная. Начальство, по их мнению, напротив, демонстрируют независимость от подчиненных, действуя по собственным соображениям. Стоит также обратить внимание на стремление управленцев описать ситуацию в более мягких тонах (совещательное право подчиненных, внимание к их мнению), чем это делают их подчиненные.

Индикатор 2: личностные моменты управления. Работник внутри организации кроме формального статуса, как правило, имеет другой, именуемый исследователями «неформальным». Неформальные статусы, как и формальные, выстроены в определенную иерархию, однако, первые более заметны и значимы в группах, чьи члены находятся в непосредственном взаимодействии друг с другом; тогда как вторые предъявляются преимущественно в опосредованных или формальных взаимодействиях. Основания для неформальной иерархии могут быть разными, нормальным будет распределение работников по уровню их профессионального мастерства и иным, имеющим значение для функциональной деятельности признакам. На предприятии «Нефть» одной из обнаруженных особенностей вертикального взаимодействия была практика выделения руководителями отдельных работников из общего числа на основании личных предпочтений (симпатий), разбивка всего коллектива подчиненных на приближенных и удаленных от начальства. Первые, естественно, находились в более выигрышном положении по сравнению со вторыми, их отношения с начальником не укладывались в рамки официальных. Полностью отрицают существование подобной практики около трети подчиненных и вдвое меньше (около 1/6) управленцев (см. таблицу 2.8).

ТАБЛИЦА 2.8

Наличие у начальства «любимчиков»

в зависимости от места в управленческой иерархии

(в % от численности группы)

Варианты	Управленцы	Подчиненные	В целом по предприятию
Да	20,0	14,9	16,2
Нет	16,7	31,1	27,6
Не знаю	63,3	54,1	56,2
Итого	100	100	100

Управленцы чаще, чем рядовые работники говорят о том, что их непосредственное начальство склонно выделять одних работников и не замечать других. Практика выделения «любимчиков» наиболее распространена в Дирекции (26% согласны с тем, что начальство выделяет некоторых работников) и в одном из цехов (22%). О существовании «любимчиков» чаще говорят «старожилы» предприятия – те, кто проработал на «Нефти» от 5-ти до 10-ти лет – ответ «да» среди них дали 29%; тогда как «новички» (стаж до 3-х лет) менее уверены в существовании дополнительных статусов работников – ответ «да» среди них дали 11%. Вероятно, чтобы «прочитать» особенности вертикальных взаимодействий, работникам требуется значительное время.

В качестве способов, с помощью которых работник завода может стать фаворитом руководства, в анкете были предложены как достижительные («хорошая работа»), так и предписанные способы («родственные связи»). Вопрос задавался только тем работникам, кто был уверен в существовании указанной практики. Их ответы представлены в таблице 2.9.

ТАБЛИЦА 2.9

Способы попасть в «любимчики»

в зависимости от места в управленческой иерархии

(в % от численности группы)

Варианты	Управленцы	Подчиненные	В целом по предприятию
Из-за хорошей работы	40,0	41,7	41,2
Из-за личной преданности	-	16,7	11,8
Из-за близости к высокому начальству	20,0	-	5,9
Из-за дружеских отношений	-	-	-
По-родственному	-	8,3	5,9
Затруднились с ответом	40,0	33,3	35,3
Итого	100	100	100,0

Работники считают, что особое признание со стороны начальства должно быть связано с качеством совершаемой работы: хорошо относятся к тому, кто хорошо работает, – так считают около 2/5 ответивших на вопрос. Однако более 1/3 опрошенных не смогли назвать явного основания для выделения «любимчиков». Обращает на себя внимание отсутствие ответов в графе «из-за дружеских отношений», предположим, что такие варианты взаимодействия с начальством представляются работникам предприятия маловероятными. Среди управленцев важным для выделения является близость к вышестоящему начальству (1/5), а среди рядовых рабочих – личная преданность непосредственному руководителю (1/6) и родственные связи. Способы сильно варьируют в зависимости от подразделения. В третьем цехе основной способ выделиться перед начальством – хорошо работать. Этот факт также немаловажен в Дирекции и в цехе № 1, однако, здесь начинает играть свою роль личная преданность. Во втором цехе среди названных причин чаще всего отмечали преданность начальнику и родственные связи.

В процессе установки производственного задания начальник может руководствоваться собственными соображениями, производственной необходимостью, либо принимать решение, находясь под влиянием мнений своих подчиненных. Ответы на вопрос «Когда Вам устанавливают производственное задание, руководство...» показывают (см. таблицу 2.10), что в одной трети случаев начальство при определении задания ориентируется только на интересы предприятия/порученного ему дела, еще чуть менее одной десятой при этом совершенно не обращают внимания на мнение работника.

ТАБЛИЦА 2.10

Степень учета мнения подчиненного

при установке задания

в зависимости от места в управленческой иерархии

(в % от численности группы)

Варианты	Управлен-цы	Подчинен-ные	В целом по предприятию
Советуется с подчиненным	20,7	24,3	22,9
Учитывает объективные условия работы	27,6	18,9	21,0
Принимает во внимание личные возможности и обстоятельства подчиненного	17,2	12,2	14,3

Руководствуется исключительно интересами дела	31,0	31,1	30,5
Не обращает внимания на мнение подчиненного	3,4	8,1	7,6
Не знаю	0,0	8,1	6,7
Итого	100	100	100

На внимание к личным обстоятельствам подчиненного указали одна шестая опрошенных (среди управленцев таких больше, чем среди подчиненных). Около одной пятой работников говорят о том, что начальство с ними советуется по поводу производственного задания (больше таких среди подчиненных). Итак, для менеджеров среднего звена их руководитель чаще назначает задание, соотнося его с объективными условиями работы и личными возможностями исполнителя, как они себе их представляют, причем первые все же более значимы, чем вторые. С точки зрения подчиненных, для их непосредственного начальника более важными, по сравнению объективными условиями работы, являются советы работников.

Другой аспект – требования начальника к своим работникам. Абсолютное большинство работников предприятия считают (см. таблицу 2.11), что главное требование – точное исполнение инструкций, распоряжений начальника. О желательной инициативе и инновациях сказали одна шестая и одна десятая работников соответственно.

ТАБЛИЦА 2.11

Требования непосредственного начальника

в зависимости от места в управленческой иерархии

(в % от численности группы)

Варианты	Управленцы	Подчиненные	В целом по предприятию
Точного исполнения инструкций	56,7	61,6	59,6

Инициативы в выполнении его распоряжений	20,0	13,7	15,4
Новых идей, предложений	20,0	6,7	10,6
Не знаю	3,3	2,7	2,9
По-разному, того и другого	26,7	31,5	30,8

Существенно различаются требования начальства к управленцам и подчиненным: если первым инициатива и новаторство позволительны, то от вторых, в основном, требуется следовать предписаниям. Замечу, что в реальных условиях недостаточного обеспечения рабочих мест инструментом, расходными материалами, изношенности оборудования, от рядовых рабочих, вовлеченных в производственный процесс, требуется немалая смекалка и творческий подход к выполнению заданий; некоторые предписания просто невозможно выполнить из-за объективных обстоятельств.

Дополняющим вопросом к рассмотренному выше послужил: «Вмешивается ли Ваш непосредственный начальник в исполнение задания?»

ТАБЛИЦА 2.12

Вмешательство непосредственного начальника

в исполнение заданий

в зависимости от места в управленческой иерархии

(в % от численности группы)

Варианты	Управленцы	Подчиненные	В целом по предприятию
Да, все время	10,0	12,2	11,4
Да, время от времени	40,0	35,1	36,2
Да, если задание сложное	23,3	21,6	21,9
Нет, не вмешивается	26,7	29,7	29,5
Иное	-	1,4	1,0

Итого	100	100	100

Данные, приведенные в таблице, показывают, что менее одной трети работников работают в полной мере самостоятельно. Более 2/3 опрошенных сообщили, что непосредственный начальник вмешивается в их работу, причем, в 1/3 случаев это происходит время от времени, в 1/5 – если задание сложное. Одна десятая часть работников ответила, что непосредственный начальник вмешивается в выполнение ими производственного задания все время. В исполнение заданий управленцев непосредственное начальство вмешивается более активно, нежели в работу простых подчиненных: у первых несколько больше доля тех, кто выбрал ответ «вмешивается время от времени», у последних – «нет, не вмешивается».

Непосредственное начальство демонстрирует неуверенность в силах своих работников справиться с предложенным производственным заданием, поэтому в 80–90% случаев они вмешиваются в работу цехов и в 40% случаев – в работу Дирекции. Вмешательство начальства может быть вызвано недостаточной подготовкой самих работников (в случае, если они выполняют работу более сложную, чем предусмотрено их квалификацией, подтвержденным разрядом); по ответам на вопрос видно, что начальство чаще вмешивается в процесс исполнения заданий работниками, имеющими невысокий уровень образования и низкий разряд, выходцами из поселковых, сельских и деревенских семей. Работники старших возрастов получают больше самостоятельности при исполнении заданий, вероятно, руководители могут доверять их опыту.

Если, несмотря на повышенный контроль, работник все же совершает ошибку, то начальник (см. Табл. 2.13), во-первых, предлагает исправить ее виновнику, а во-вторых – обсуждает причины ошибки с другими работниками.

Действия начальника при ошибке работника

в зависимости от места в управленческой иерархии

(в % от численности группы)

Варианты	Управлен-цы	Подчинен-ные	В целом по предприя-тию
Не замечает ошибки	-	1,4	1,0
Исправляет сам	-	2,7	1,9
Предлагает исправить виновнику	46,7	54,1	51,4
Предлагает исправить другому человеку	3,3	6,8	5,7
Наказывает за ошибку	20,0	10,8	14,3
Обсуждает причины ошибки с работниками	30,0	24,3	25,7
Итого	100	100	100

Ошибка, по мнению работников, замечается почти всегда, однако, наказание за ошибку следует в 1/7 случаев. Управленцев чаще наказывают за ошибку, а к рабочим начальство более лояльно и чаще ограничивается предложением исправить допущенную ошибку.

В случае прямого отказа работника выполнять производственное задание, руководство чаще всего аргументирует необходимость его выполнения, однако, редко меняет само задание или поручает его выполнить другому работнику (См. таблицу 2.14).

ТАБЛИЦА 2.14

Поведение начальника при отказе
подчиненного исполнять задание
в зависимости от места в управленческой иерархии
(в % от численности группы)

Варианты	Управ-ленцы	Подчи-ненные	В целом по пред-приятию
Угрозами заставляет подчинен-ного выполнять	6,7	4,1	4,8
Бранит подчиненного за отказ	13,3	4,1	6,7
Аргументирует необходимость выполнения задания	20,0	13,5	15,2
Не замечает	-	-	-
Перепоручает задание другому работнику	-	6,8	4,8
Меняет задание	-	4,1	2,9
Наказывает спустя некоторое время	23,3	24,3	23,8
У нас таких случаев не бывает	50,0	51,4	51,4

В целом о наличии отказов работников на предприятии «Нефть» сказали около половины опрошенных. При этом отказ выполнять задание – более серьезная провинность работника, нежели допущенная ошибка: за отказом в 1/4 случаев следует наказание; за ошибку – только в 1/7.

Интересен тот факт, что управленцы чаще, чем подчиненные, отмечали варианты ответа, отражающие эмоциональные межличностные отношения «руководитель – работник» – «заставляет выполнить задание угрозами» и «бранит работника за отказ», а также диалог между ними. Подчиненные, в отличие от управленцев, отмечали пункты «перепоручает задание» и «меняет задание».

Вывод по индикатору. Систематическая помощь начальника приводит к тому, что руководитель фактически выполняет функции своего подчиненного, а подчиненный не может действовать самостоятельно. Можно говорить о том, что вмешательство начальника в выполнение производственного задания связано с функцией дополнительного постоянного контроля над простой исполнительской деятельностью своих подчиненных.

Работники не отрицают, что их начальство выделяет некоторых работников, причем далеко не всегда это выделение связано с хорошей работой подчиненного, – значение имеют также личные связи и преданность. Отношения руководителей и подчиненных по поводу выполнения трудовой деятельности включают значительный компонент, не предусмотренный административными нормами. Ошибки работника воспринимаются «с пониманием», но берутся «на заметку», а в случае отказа подчиненного от исполнения задания у руководителей предприятия сильно стремление использовать эмоциональное давление.

Индикатор 3: проблема дистанции, жесткости иерархии – это проблема взаимодействия по вертикали. Так или иначе, все вопросы исследования касаются этого взаимодействия. Нас здесь интересует - насколько начальство чувствительно к воздействию снизу в этом конфликте, так как конфликтная ситуация создается, когда противоречие между авторитетом решения руководства и видением ситуации с позиции исполнителя значительно расходятся. Инициатива этого вида управленческих конфликтов исходит, скорее всего, снизу, а управление развитием конфликта находится в руках начальства.

Начнем рассмотрение ситуации с простого прямого вопроса, касающегося взаимоотношений работника с начальством – «Случались ли у Вас конфликты с начальством в прошлом году?».

О том, что конфликты были, сказали 17% опрошенных[44]. То есть

---

44 Такой же вопрос задавался и в опросе 2000 г., результаты оказались довольно стабильными: по данным 2000 года уровень вертикальной конфликтности на предприятии составлял 19%. Однако, оценка работниками ответственности за конфликт изменилась: в 2000 году 16% конфликтовавших были готовы взять на себя вину за нарушение порядка. Изменилась и практика решения конфликтов: по свидетельствам 2000 года за конфликт с начальством наказали 21% конфликтовавших работников; а наиболее распространенным исходом конфликта было его «забывание» - так утверждали 37% конфликтовавших. В исследовании 2000 года также замерялся уровень горизонтальный конфликтности, он составил 33% от числа работников предприятия; в 3/4 случаев работники конфликтовали по произ-

вертикальные конфликты не являются доминирующими в управленческих взаимоотношениях. Ответы рабочих и управленцев отличаются не сильно (в пределах 5%), поэтому можно утверждать, что ни один из субъектов вертикального конфликта не погружен в него сверх меры. Уровень конфликтности варьируется в зависимости от подразделения, наиболее высок он во 2-м и 3-м цехах (о происходивших конфликтах сказали 38 и 28% соответственно).

Почти половина конфликтовавших одинаковыми виновниками конфликта считают как себя, так и начальство; одна пятая – исключительно начальство (см. таблицу 2.15).

ТАБЛИЦА 2.15

Виновники конфликта

в зависимости от места в управленческой иерархии

(в % от числа конфликтовавших)

Варианты	Управленцы	Подчиненные	В целом по предприятию
В основном начальство	0,0	28,6	22,2
В основном я	0,0	0,0	0,0
И я, и начальство поровну	75,0	35,7	44,4
Никто, так получилось	25,0	28,6	27,8
Не знаю	0,0	7,1	5,6
Итого	100	100	100

Управленцы, в отличие от подчиненных, более осторожны в своих оценках, они совершенно не говорят о преимущественной вине начальства, распределяя ответственность между обеими сторонами. При этом, однако, ни среди управленцев, ни среди подчиненных, не было ни одного работника, который признал бы вину исключительно за собой.

Наиболее частым исходом конфликта являются наказание работника, либо некая договоренность о предмете конфликта (об этом, отвечая

водственным причинам.

на соответствующий вопрос анкеты, сказали по 33% конфликтовавших). Конфликтовавшие подчиненные чаще говорили о последовавшем наказании (36% от численности группы), тогда как управленцы высоко оценивали вероятность того, что можно договориться (50% от численности группы). В подразделениях, где уровень конфликтности выше (2-й и 3-й цех), работники чаще говорили о наказании, следовавшим на открытым проявлением недовольства (60 и 38% соответственно). Можно предположить, что исход конфликта, как и его возникновение, предопределяется установившимися в данном подразделении взаимоотношениями между руководителями и работниками.

Другой аспект практики вертикальных коммуникаций, распространенной на «Нефти», отражен в ответах на вопрос о том, советуется ли начальство с рядовыми работниками (см. таблицу 2.16).

ТАБЛИЦА 2.16

Советы руководителей с подчиненными

в зависимости от места в управленческой иерархии

(в % от численности группы)

Варианты	Управленцы	Подчиненные	В целом по предприятию
Да, постоянно	33,3	32,4	33,3
Да, от случая к случаю	43,3	41,9	41,9
Нет	23,3	17,6	19,0
Не знаю	0,0	8,1	5,7
Итого	100	100	100

И подчиненные, и управленцы говорят о распространенности на предприятии вертикальных вербальных контактов (в сумме положительные ответы составили 3/4 от числа опрошенных), однако, не совсем ясно, что является их содержанием. О готовности начальников учитывать мнение/личные ситуации подчиненных при установлении производственного задания сказали немногим более 1/3 опрошенных (см. выше табл. 2.10), о несоответствии желаемого и реального типа работы также написано выше; а вот об обращении к начальнику при обнаружении беспорядка на производстве говорят 2/3 работников (см. ниже табл. 2.20); кроме того, в основном от начальства поступает информация о самом предприятии (см. ниже табл. 2.18).

Практика вертикальных контактов разнится в зависимости от подразделения: в 1-м цехе больше работников свидетельствуют о постоянных советах начальства с подчиненными (49% от числа работников этого подразделения); во 2-м и дирекции – о регулярных, но не слишком частых коммуникациях (62 и 57% соответственно); в 3-м цехе – о не распространенности таких контактов (28%).

С утверждением о том, что «начальство советуется с рядовыми работниками» чаще соглашались опрошенные старшего возраста, с невысоким уровнем образования, либо те, кто работал на «Нефти» менее 1 года, что позволяет предположить условность, или неполное соответствие реальности этих утверждений (работник хочет показать интервьюеру, что его ценят на предприятии и поэтому говорит – да, с нами советуются). Эту гипотезу также подтверждают различия в утверждениях между теми, кто считает оплату своего труда справедливой и теми, кто не доволен ее размером: среди первых доля тех, кто вообще говорит о советовании выше (82%), среди них также больше тех, кто говорит о частом обмене мнениями между руководителями и подчиненными (48%); среди вторых о существовании этой практики сказали 68%, при этом о постоянном и частом советовании – только 20%.

Обратимся к согласованности действий начальников разного уровня. О том, что их производственное задание, данное непосредственным начальником, было отменено вышестоящим, заявили более 2/3 работников предприятия, об отсутствии такой практики – одна четверть (см. таблицу 2.17).

ТАБЛИЦА 2.17

Отмена задания одного начальника другим

в зависимости от места в управленческой иерархии

(в % от численности группы)

Варианты	Управленцы	Подчиненные	В целом по предприятию
Да	60,0	76,4	69,5
Нет	36,7	18,1	22,9
Не знаю	3,3	5,6	7,6
Итого	100	100	100

Управленцы говорили о случаях отмены задания вышестоящим начальством реже, чем подчиненные. Вероятно, это может свидетельствовать о существовании более рационально организованной иерархии управленцев в ее жестком варианте. Остальные же работники предприятия – подчиненные – воспринимаются начальниками предприятия как одна единая группа, члены которой должны подчиняться каждому из управляющих, независимо от реальной его принадлежности подразделению.

Можно констатировать, что управленческие решения на обследованном предприятии обратимы, но основой их изменения являются решения сверху. Работник, получивший задание, не уверен в том, что его необходимо немедленно выполнить; это относится и к Дирекции (58% отмен), и к иным подразделениям (от 67 до 81% отмен). Как и некоторые другие знания, информация о возможных отменах назначенного задания кем-то со стороны связана с опытом работы на предприятии (среди проработавших меньше года с отменой задания сталкивались чуть менее половины работников, среди опрошенных с большим стажем – от 71 до 83%). Это говорит, прежде всего, об отсутствии четкого разделения власти среди управленцев при наличии жесткой иерархии: для вышестоящего все нижестоящие являются равноподчиненными.

Вывод по индикатору. Представления руководителей о ролевом поведении подчиненных (при условии соответствия образа начальника, описанного в предыдущем индикаторе, реальности) состоят в следующем: работник должен беспрекословно, абсолютно точно исполнять переданные сверху задания, которые, при всей их изменчивости, имеют силу инструкции. Поэтому возникающие конфликты, виновником которых чаще (в глазах работников) выступает начальство, жестко им подавляются. Мнение работников о том, что начальство принимает во внимание их мнение, учитывает их советы и личные особенности при постановке производственных заданий и решении вопросов, со всей строгостью можно отнести только к небольшой группе фаворитов начальника, но отнюдь не ко всему коллективу. Типичный руководитель на «Нефти» не считает для себя возможным принять во внимание мнение своего коллектива и управляет им единолично, позволяя себе любые приемы для достижения нужного ему результата. Заинтересованность в результате и включенность работников в управление своим трудовым поведением при таких условиях очень низка. В то же время «средний» подчиненный принимает эту ситуацию.

Индикатор 4: закрытость каналов информации. Для анализа каналов информации были взяты ситуации, касающиеся как непосредственного производства, так и положения дел на предприятии в целом.

Работники «Нефти» пользуются разными каналами информации для того, чтобы узнать о положении предприятия на рынке (см. таблицу 2.18).

ТАБЛИЦА 2.18

Источники информации о положении дел на «Нефть»
в зависимости от места в управленческой иерархии
(в % от численности группы)

Варианты	Управленцы	Подчиненные	В целом по предприятию
Работники регулярно получают официальные сведения от начальства	73,3	62,5	65,7
Узнают из разговоров	26,7	41,7	37,3

| Вообще этим не интересуются | 3,3 | 6,9 | 5,6 |
| Итого | 103,3 | 111,1 | 108,6 |

Согласно ответам работников, около 2/3 регулярно получают от своего начальства информацию о положении дел на предприятии; эти работники интегрированы в систему информационного канала «сверху вниз». Чуть более трети опрошенных используют «горизонтальный» канал, а 1/10 работников оказались изолированными от информации. Значимые различия интеграции в эту информационную сеть наблюдаются как среди двух выделенных нами групп работников «Нефть»: управленцы и подчиненные (управленцев начальство информирует больше, чем подчиненных), так и среди подразделений предприятия – работники дирекции чаще получают информацию «сверху» (78%), чем те, кто занят в производственных цехах (от 44 до 70%). Более молодые работники, работники с меньшим стажем работы чаще пользуются горизонтальными каналами, чем «старожилы» (40-42% против 34% тех, кто работает на предприятии более 5 лет).

Иной уровень информированности работников – о ежедневных трудовых заданиях – представлен в таблице 2.19.

ТАБЛИЦА 2.19

Способы планирования работы

в зависимости от места в управленческой иерархии

(в % от численности группы)

Варианты	Управлен-цы	Подчинен-ные	В целом по предприятию
У нас есть еженедельный план	46,7	33,8	37,1
У меня есть должностная инструкция	30,0	16,2	21,0
В начале рабочего дня начальник дает нам поручения	16,7	27,0	23,8

Начальник может дать мне новое поручение в течение дня	23,3	16,2	19,0
Все зависит от ситуации, заранее всего не предусмотришь	33,3	43,2	40,0
Я сам определяю круг своих обязанностей	16,7	5,4	9,5
Не знаю	3,3	4,1	3,8
Итого	170,0	145,9	154,2

Респонденты могли дать несколько ответов, как правило, они сначала формулировали общую ситуацию с планированием работы, а затем уточняли возможные отклонения от нее; в основном, работники исходили из того, что их работа планируется заранее. Примечательно, что управленцы в целом дали больше ответов, чем подчиненные, вероятно, у первых работа совершается в ситуации меньшей определенности, чем у вторых.

Две пятых опрошенных при ответе на вопрос о том, знают ли они утром содержание дневной работы, сообщили, что это «зависит от ситуации, заранее всего не предусмотришь», причем для 1/5 опрошенных это был первый и единственный ответ. Неопределенность такого рода более распространена среди подчиненных (27%), чем среди управленцев (10%). Еще 2/5 исходят из того, что на предприятии существуют еженедельные планы; при этом их задание в 23% случаев уточняется в начале дня руководителем; в 20% случаев может быть сменено им же в течение дня. Около 1/6 работников получает свое задание утром каждого дня в виде поручения от своего начальника; после этого в трети случаев оно может быть изменено им же в течение дня, а в трети случаев смениться по воле обстоятельств.

Менеджеры на предприятии поддерживают контакт с рабочими по поводу смысла выполняемой работы. По свидетельству 2/3 подчиненных, начальник объясняет им смысл предстоящей работы. Среди управленцев таких менее половины – они более склонны отвечать, что понимают все сами, без объяснений.

С другой стороны, при возникновении внештатной ситуации до 2/3 работников обращаются к начальству (т.е. сообщают ему о произошедшем), однако, исправляют ее, в большинстве случаев, сами работники (см. таблицу 2.20).

ТАБЛИЦА 2.20

Формы активности работников «Нефть» в нештатной ситуации в зависимости от места в управленческой иерархии (в % от численности группы)

Варианты	Управлен-цы	Подчи-ненные	В целом по пред-приятию
Работник обращается к на-чальству	63,3	64,9	64,4
Пытается исправить сам или с помощью товарищей	60,0	54,1	55,8
Обсуждает его с друзьями	10,0	6,8	7,7
Не обращает внимания	0,0	1,4	1,0

Управленцы более самостоятельны при разрешении неожиданно возникших проблем, нежели подчиненные. Наблюдаются значительные отличия по подразделениям: в первом цехе разрыв между вариантами ответа «обращается к начальству» и «пытается исправить сам или с помощью товарищей» составляет почти 40 пунктов. В этом подразделении прерогатива принятия нестандартных решений принадлежит начальству, работники цеха об этом осведомлены. Они знают, что их задача поставить начальника в известность и следовать поступившим указания. Обратная ситуация наблюдается в цехе № 3, где работники демонстрируют тенденцию к самостоятельному решению проблем на месте, не сообщая о них начальству. Разрыв в 53 пунктах в пользу варианта ответа: «Пытается исправить сам или с помощью товарищей» свидетельствует об ином функционировании информационного канала «снизу вверх».

Вывод по индикатору. Канал распространения информации «сверху вниз» доминирует среди работников предприятия «Нефть», затем информация ретранслируется к остальным. Наряду с этим, имеются небольшие изолированные лакуны, где эта информация является либо недоступной, либо невостребованной. Обратная связь «снизу вверх» также, в целом, работает, и руководство может своевременно среагировать на новые ситуации. Доминирование вертикально ориентированных информационных каналов позволяет довести требуемые сведения практически до всех работников предприятия. При этом около одной трети работников получит вторично обработанную информацию, обогащенную личностными переживаниями их товарищей по работе. Работники, отказывающиеся от информации, составляют незначительную группу среди коллектива «Нефть». Наименьшим искажениям подвергается информация, касающаяся всего предприятия в целом, наибольшим – о непосредственной работе.

Индикатор 5: система денежных вознаграждений и поощрений на предприятии. Результаты исследования показывают, что успешная работа на предприятии в половине случаев получает поощрение, причем, это стимулирование происходит в основном деньгами или иными материальными средствами (см. таблицу 2.21).

ТАБЛИЦА 2.21

Виды стимулирования трудовой деятельности
в зависимости от места в управленческой иерархии
(в % от численности группы)

Варианты	Управленцы	Подчиненные	В целом по предприятию
Деньгами	65,5	67,1	63,8
Другими материальными средствами	41,4	35,7	36,2
Моральным поощрением	41,4	30,0	32,4
Итого	148,3	132,8	132,4

Такое поощрение обычно выступает в форме обязательных премий в дополнение к основной заработной плате. В одной трети случаев используется моральное стимулирование (добрым словом и т.п.) – для управленцев несколько чаще, чем для подчиненных.

Критерием для поощрения, по мнению подчиненных, являются качество и своевременное исполнение работы, а также согласие на сверхурочную работу и дисциплинированность (см. таблицу 2.22). Часть подчиненных (около 1/5) не смогли указать на достижения работника, которые могут быть замечены начальством. Управленцы выстраивают собственную шкалу – качество работы и новаторство, а также рационализаторство и соблюдение сроков. Иными словами, руководство в действительности поощряет тех работников, которых можно назвать «типичными».

ТАБЛИЦА 2.22

Критерии поощрения работников «Нефть»

в зависимости от места в управленческой иерархии

(в % от численности группы)

Варианты	Управленцы	Подчиненные	В целом по предприятию
Качественно исполненная работа	76,6	52,7	60,0
Рационализаторская деятельность	26,7	10,8	15,2
Своевременное выполнение работы	26,7	21,6	22,9
Внесение полезных инициатив	40,0	12,2	20,0
Дисциплинированность, исполнительность и аккуратность	10,0	17,6	15,2
Готовность помочь товарищу	0,0	4,1	1,0
Сверхурочная работа	20,0	20,3	20,0
Большой стаж работы	10,0	5,4	6,7
Что-то еще	3,3	13,5	10,5
Не знаю	0,0	18,9	13,3
Итого	213,3	177,1	184,8

Судя по описанной работниками системе вознаграждений, руководство предприятия не считает нужным развивать или поддерживать горизонтальные коллективные отношения между работниками, не стремится «удержать» тех, кто работает на предприятии достаточно долго. Система поощрений выстроена по принципу, ориентированному на получение максимальной текущей отдачи от исполнительного дисциплинированного работника.

Существуют различия в представлениях опрошенных о критериях поощрения, укладывающиеся в рамки существующего на предприятии разделения труда. Работники дирекции лучше, чем занятые в производственных цехах, осведомлены о системе поощрений (у первых нет ответов «не знаю», тогда как у вторых они составляли до 19%), возможно, до них чаще доходят приказы о премиальных выплатах с обоснованием. В двух цехах, занятых добычей нефти, более важным для поощрения является выполнение сверхурочной работы (до 28%), и менее актуальны темы качества работы (29% во втором цехе и 59% – в первом) и рационализаторства (по 10%).

Наказание же следует в случае нарушений основных требований, выражающихся в следующих действиях работников: невыполнение задания в срок, низкое качество работы и пьянство (см. таблицу 2.23). В целом опрошенные дали больше ответов на вопрос о наказаниях, чем о поощрениях: даже вариант «не знаю» использовался реже. Вероятно, наказания за конкретное действие на предприятии случаются чаще, чем поощрения, или они более артикулированы, и причины взысканий лучше доводятся до сведения работников.

ТАБЛИЦА 2.23

Критерии наказания работников «Нефть»

в зависимости от места в управленческой иерархии

(в % от численности группы)

Варианты	Управленцы	Подчиненные	В целом по предприятию
Невыполнение заданий в срок	83,3	51,4	60,0
Низкое качество работы	56,7	40,5	45,7

Пьянство	36,7	39,2	38,1
Порча и потеря инструментов, оборудования	23,3	17,6	19,0
Неряшливое исполнение работы	16,7	20,3	19,0
Пререкания с начальством	3,3	12,2	9,5
Отказ от сверхурочных работ	0,0	9,5	6,7
Собственное мнение	0,0	6,8	4,8
Что-то еще	6,7	4,1	4,8
Неодобрительные замечания о руководстве	0,0	2,7	1,9
Не знаю	0,0	4,1	2,9
Итого	**226,7**	**208,4**	**212,4**

Управленцы и подчиненные продемонстрировали большее единодушие во мнениях о причинах наказания; однако, и здесь есть свои особенности. Если у управленцев на первом месте, сильно опережая остальные причины, находится несоблюдение сроков; то у подчиненных наблюдается блок из трех практически равнозначных оснований – срыв сроков, плохая работа и пьянство. Рядовые работники также отмечали в качестве оснований для наказания пререкания с начальством, неодобрительные замечания о нем, собственное мнение и отказ от сверхурочных работ, – основания, отсутствующие в представлениях управленцев.

Основаниями для оценки руководством предприятия работы сотрудников выступают, прежде всего, качество и скорость исполнения задания, а также сложность работы и точное следование инструкциям (см. таблицу 2.24).

ТАБЛИЦА 2.24

Критерии оценки начальством выполненной работы

в зависимости от места в управленческой иерархии

(в % от численности группы)

Варианты	Управ-ленцы	Подчинен-ные	В целом по предприятию
Качество	73,3	76,7	75,7
Скорость исполнения	63,3	45,2	50,8
Точное следование инструкциям	13,3	24,7	21,0
Сложность работы	23,3	19,2	20,2
Хорошая отчетность	6,7	4,1	4,8
Характеристики работника	10,0	1,4	3,8
Использование новых приемов	3,3	4,1	3,8
Что-то еще	3,3	1,4	1,9
Итого	**196,5**	**176,8**	**182,0**

Если сопоставить требования начальства к работникам (см. выше табл. 2.11) с критериями оценки их работы, то можно обнаружить некоторое несоответствие между запросами и тем, что будет отмечено: вне зависимости от типа требований (точного исполнения инструкций или инициативы в работе) основными оценками являются качество работы и скорость ее исполнения. Лишь 1/4 тех, кто назвал в числе главных требований следование инструкции, считают, что этого будет достаточно для хорошей оценки работы. Похожая картина наблюдается и с требованием инициативы в работе и новых идей – только 1/10 опрошенных, упомянувших об этих требованиях, назвали их в критериях оценки.

Итак, инновационность не приветствуется, характеристики работника также малозначимы. Мы видим определенное уравнивание работников. Сами работники (см. таблицу 2.25) хотят, чтобы их дифференцировали и по творческому вкладу в работу.

Желаемые работниками критерии оценки выполненной работы

в зависимости от места в управленческой иерархии

(в % от численности группы)

Варианты	Управленцы	Подчиненные	В целом по предприятию
Качество	76,7	86,5	83,8
Скорость исполнения	43,3	28,4	32,4
Точное следование инструкциям	6,7	8,1	7,6
Сложность работы	33,3	16,2	21,0
Хорошая отчетность	3,3	4,1	3,8
Характеристики работника	3,3	4,1	3,8
Использование новых приемов	20,0	8,1	11,4
Что-то еще	3,3	6,8	5,7
Итого	**189,9**	**162,3**	**169,5**

Заметим, что работники согласны с первым критерием оценки их работы – качеством, причем желательность оценок, основанных на качестве, даже выше, чем их реальная доля. Согласие наблюдается и по поводу оценок, основанных на сложности работы. А вот в вопросах скорости исполнения заданий существует значительное расхождение – в 1,5 раза; по поводу следования инструкциям разница еще больше – этот критерий желателен в 3 раза меньше. Разница в представлениях может быть вызвана невозможностью работников выполнить указанные требования, прежде всего, из-за несоответствия реальных и нормативных условий труда, недостаточной обеспеченности рабочих мест инструментом, изношенности оборудования (см. таблицу 2.3 и комментарий к ней по результатам исследования 2000 г.).

Поэтому неудивительно, что лишь около половины работников считают оплату своего труда справедливой – при достаточно высоком ее уровне. Довольных своей заработной платой среди управленцев на 20% больше, чем среди подчиненных; не в последнюю очередь это связано с различиями в шкале критериев оценки их работы, поощрения и наказания.

Вывод по индикатору. На предприятии «Нефть» более развитой и дифференцированной является система наказаний. Наказания, помимо функции контроля над производственной деятельностью, выполняют также роль регулятора вертикальных связей, поддерживая существующий стиль управления. Система поощрений также помогает в формировании образа «правильного» работника – разобщенного и послушного.

Можно говорить о существовании потенциального конфликтного поля между требованиями начальства к работнику и ожиданиями исполнителя. При схожести позиций относительно выполняемой работы имеются два пункта расхождений: начальство ждет точного следования инструкциям и указаниям (которые, как мы выяснили, оно часто корректирует), а работник хотел бы получить больше инициативы.

Система поощрений на предприятии не адресна, ориентирована на весь коллектив и носит скорее традиционный, уравнительный характер.

Индикатор 6: идеология предприятия. Как следует из приведенных выше данных, на предприятии существует особая система отношений между менеджерами и остальными работниками, ее поддерживают и распространяют (усложняют) прежде всего те, кто стоит выше по служебной лестнице. Эта система может быть определена как некритичное отношение к руководству, отказ от самостоятельности и исполнительность. Уточним другие черты сложившейся на предприятии корпоративной культуры.

Абсолютное большинство работников (до 90%) говорит о существовании на предприятии нормы взаимопомощи; о том, что такой нормы в их подразделении нет, сказали лишь 7% опрошенных. Подчиненные помогают своим товарищам при выполнении индивидуальных заданий несколько чаще, чем управленцы – последние изредка употребляли выражение: «…мы очень заняты своей работой» (4% в этой группе и ни одного в группе подчиненных). По сути для большинства работников предприятия понятие индивидуального задания подменяется коллективным. Руководство предприятия эту практику не поощряет (см. выше таблицу 2.22).

Готовность помочь товарищу не зависит от материального статуса работника. Наиболее склонными к принятию этой нормы представляются работники, выросшие в рабочем поселке (здесь помогают друг другу более 90%), наименее – выходцы из городских семей (около 70%). Работники с высшим образованием менее склонны помогать своим товарищам; возможно, выполнение их работы требует специальных навыков, отсутствующих у коллег. Работники до 40 лет помогают друг другу чаще, чем работники старших возрастов.

В вопросе предпочтительного наказания за вину (см. таблицу 2.26) респондентам были предложены три альтернативы для выбора – соответствующих материальных и моральных наказаний.

ТАБЛИЦА 2.26

Выбор наказания за вину

в зависимости от места в управленческой иерархии

(в % от численности группы)

Варианты	Управленцы	Подчиненные	В целом по предприятию
Замечание с глазу на глаз в грубой форме	63,3	74,3	71,4
Снижение премии	33,3	18,9	22,9
Не ответили	3,3	6,8	5,7
Итого	100	100	100
Выговор в присутствии товарищей по работе	60,0	73,0	69,5
Понижение в должности, перевод на другую работу	26,7	16,2	19,0
Не ответили	13,3	10,8	11,5
Итого	100	100	100
Холодность в обращении, ухудшение личных отношений	16,7	14,9	15,2

Перенос отпуска	70,0	70,3	70,5
Не ответили	13,3	14,9	14,3
Итого	**100**	**100**	**100**

В целом работники предприятия согласны на привнесение в вертикальные отношения примитивных семейных практик негативного воздействия (кричать, распекать, унижать). Вместе с тем, они стремятся избежать долговременного ухудшения личных отношений с непосредственным руководителем, от которых, вероятно, многое зависит (для сравнения см. табл. 2.4).

Из «личностных» наказаний, указанных в анкете, более приемлемыми оказались выговор в присутствии товарищей по работе и замечание с глазу на глаз в грубой форме. Около одной пятой работников предпочли «официальное наказание» – снижение премии или понижение в должности. Заметим, что среди управленцев таких в 1,5 раза больше, чем среди подчиненных.

С другой стороны, оказалось, что большинство работников предприятия (70%) согласны скорее на перенос отпуска в неудобное время, чем на ухудшение личных отношений с начальником. Между подчиненными и управленцами наблюдается полное согласие во мнении.

Наиболее болезненными «личные» наказания представляются работникам старше 40 лет, имеющим трудовой стаж на предприятии более 3 лет, прошедшим первичную социализацию в малоурбанизированных общностях. Наблюдается специфика по подразделениям – личные отношения с начальником более значимы в Дирекции, чем в производственных цехах.

Вывод по индикатору. Можно говорить о существовании на предприятии определенных, неписаных норм взаимоотношений с равными по статусу и вышестоящими работниками. В их основу положено представление о том, что личностно-ориентированные, эмоциональные связи должны дополнять (или даже подменять) те, что предусмотрены должностной инструкцией. Чем выше стоит работник по служебной лестнице, тем больше он находится в поле эмоциональных смыслов. Так, помощь товарищу оказывается более значимой, чем выполнение собственного задания, а ухудшение неформальных отношений с начальником более болезненно, чем материальные взыскания. Такие нормы поддерживают сложившуюся на предприятии систему управленческих отношений.

Итак, эмпирические данные, полученные в результате обследования трудового коллектива «Нефть», свидетельствуют о значительных отклонениях существующей на предприятии системы трудовых отношений от рационально бюрократической. Руководители навязывают, а работники принимают иные нормы взаимодействия, которые можно назвать личностно-зависимыми. Каждый из выделенных в качестве индикаторов признаков патерналистских отношений присутствует на предприятии. Таким образом, можно говорить о присутствии и даже преобладании патерналистской ролевой модели.

Работники эмоционально привязаны к своему непосредственному начальнику. Начальник выступает как главное контролирующее и опекающее звено. Стремления непосредственного начальства постоянно вмешиваться в исполнение работниками ранее и свыше определенных заданий довольно сильны. В отсутствие руководителя работник практически беспомощен, т.к. существующая практика не способствует развитию самостоятельности и инициативы у рабочих. Нижестоящий работник часто видится руководителю как не очень надежная машина для выполнения указаний, требующая постоянного присмотра.

Авторитет начальника незыблем; в случае с предприятием «Нефть» человек «делает» место, т.е. представить другого на месте управляющего работникам сложно. Патерналистская модель управления, продуцируемая и практикуемая высшим руководством, находит положительный отклик у большинства работников предприятия. При этом, если управленцы могут видеть другой вариант управления и сознательно держатся существующего (так как он обеспечивает им гарантированные блага), то рядовые работники чаще всего не видят иного начальника и иного варианта отношений с ним.

Работники достаточно часто связывают управление их подразделением с каким-то конкретным человеком. Руководитель, его индивидуальные особенности (характер, настроение, предпочтения) рассматриваются ими как необходимый элемент процесса управления. Вертикальные

отношения здесь находятся в сильной зависимости от личных, неформальных отношений. Оценки такой ситуации разные, но в целом страх
смены руководства достаточно силен.

На предприятии присутствуют разные виды управленческих конфликтов. Основной из них – это вертикальный – между начальством и подчиненными. В целом для рассмотренного предприятия характерно наличие двойных стандартов поведения в производственном конфликте. Если
конфликт происходит между представителями управленческого аппарата,
то поиск компромисса ведется более активно, чем, если в конфликт вовлечены начальник и подчиненный.

Существуют два стандарта «хорошего работника» и два этало-
на, на которые ориентирована управленческая политика. Один стандарт
– для руководящего звена, другой стандарт – для исполнителей. Все права
на инициативу отданы представителям руководящего слоя. Собственно
подчиненный (и рабочий, и техник, и инженер) практически полностью
лишен проявлений самостоятельности и творчества в производственной
деятельности.

Основные меры, направленные на повышение эффективности
трудовой деятельности: уменьшение числа нарушений трудовой дисциплины и т.д. - носят репрессивный характер. Поощрения на предприятии
используются гораздо реже, они являются уравнительными по своему
характеру.

Ролевые модели поведения работников

Разброс социальных представлений работников предприятия,
участвовавших в социологическом обследовании, позволяет говорить
о наличии на «Нефть» нескольких типов работников. Основанием для
типологии является содержание социальной активности работников на
предприятии. На этом основании можно выделить три основных типа:
«продвинутый»[45], экономический и патерналистский. Указанные типы

___

45 К типу «продвинутых» работников относятся те представители трудового
коллектива, кто имеет высокую профессиональную самооценку, демонстрирует готовность
к смене трудовых ролей под влиянием рыночной конъюнктуры, ориентирован на повышение

представляют разные модели ролевого поведения. Все они, в той или иной мере, на предприятии присутствуют. Однако преобладающим является патерналистский, осуществляемый в двух формах: традиционалистской и инструменталистской.

Охарактеризуем эти типы. «Продвинутый» тип работника отличается от других стремлением к значимому влиянию на принимаемые его руководством решения, к участию в управлении собственно производственными процессами, а также интересом к делам предприятия в целом. Работники, принадлежащие к этому типу, имеют большой трудовой потенциал, по возможности используют новые методы работы, инициативны. Они ориентированы скорее на творческий тип работы. Имеют собственное мнение, критично относятся к руководству и высказывают эту критику. Работа на «Нефти» для них (как и на любом другом предприятии) – возможность для самовыражения. В рамках патерналистской системы управления этот тип работника является наиболее конфликтным, его протест выражается деятельностно – в попытках изменить наличную ситуацию. Для уравновешивания сил он стремится создать структуры, социальные группировки, равнозначные группе управленцев. Управленческим идеалом для него выступают отношения партнерства между работниками и менеджерами.

Работники, принадлежащие к экономическому типу, являются носителями рациональной культуры в ее экономической оболочке. Экономические затраты и прибыли во многом определяют их поведение. Согласие с внешней ситуацией достигается путем обеспечения экономических выгод. Такой подход распространяется на все параметры трудовой ситуации. Размер материального вознаграждения, получаемого на предприятии, по их убеждению, помимо платы собственно за работу, включает также доли за лояльность к начальству, доброе отношение к предприятию в целом. Такие работники быстро осваивают новые методы работы в том случае, если видят в этом экономически обусловленную необходимость. Сфера трудовых интересов этого типа работника может ограничиваться сферой непосредственной производственной деятельности. Он ориентирован на рациональные разделение и организацию труда. Отношения с ближними

и расширение квалификации и профессионального образования и т.п.

и дальними руководителями также зависят от размера заработной платы. Предприятие рассматривается им исключительно как место работы, приносящее определенный, не ниже некоторого уровня, доход.

Работник, принадлежащий к патерналистскому типу, является наиболее «привязанным» к предприятию. Его зависимость проявляется как в том, что он не знаком с новыми экономическими вариантами поведения и, соответственно, не может применять иные формы действия, так и в том, что он стремится свести к минимуму необходимость самостоятельных решений. Инициатива, новаторство рассматриваются им как преступление неких неписаных норм, установленных свыше, а, значит, единственно верных. Некритично принимает все решения руководства, не пытаясь их оспаривать. Готов терпеть неудобства, возникающие в результате действий руководства, в том числе, касающиеся вопросов безопасности труда и его организации. Собственное вмешательство в управление предприятием (а для некоторых и в свою трудовую деятельность) работнику этого типа представляется лишним. Опора на начальство рассматривается как жизненно необходимая. Отсюда следует повышенная значимость не только и не столько функциональных вертикальных отношений, сколько личных. Предприятие в этом случае – гораздо больше, чем просто место работы – это второй дом с заботливыми и всесильными родителями. Традиционалистская форма патерналистской модели поведения предполагает применение советской риторики для описания вертикальных и горизонтальных взаимодействий на предприятии: большой коллектив, где работники помогают друг другу, уважают старших товарищей, начальники советуются с рядовыми работниками; а также уверенность в обеспечивающей функции предприятия (зарплата и уравнительные премии постоянны, выплачиваются без задержек, что дает уверенность в стабильности). Инструментальная форма патернализма осуществляется работником на самом деле отчужденным от предприятия, его «покорность» определяется осознаваемой сложностью в нахождении работы в случае увольнения, нежеланием самостоятельно решать внепроизводственные (семейные, личные) проблемы, а также размером денежного вознаграждения за труд.

Заметим, что существуют определенные трудности с различением экономического и патерналистского типа работников при условии доминирования патерналистской системы управления. Дело в том, что экономический тип в некотором смысле близок к патерналистскому: первый готов за деньги, материальную выгоду играть роль послушного «ребенка» и также за деньги не вмешиваться в управление предприятием. С другой стороны, эти типы отличаются направленностью ожиданий – если экономическому типу достаточно, чтобы предприятие выполняло денежные обязательства, то патерналистскому требуется большой набор социальных забот.

Указать точное соотношение этих типов на предприятии невозможно, так как шкала для их определения основывается на нескольких показателях, не всегда имеющих однозначные толкования. Кроме того, типизация, как известно, предполагает некое упрощение реальной действительности. В данном случае можно говорить скорее о близости социальной активности каждого из работников к одной из трех обозначенных областей, чем об их абсолютном равенстве.

Работников патерналистского типа на предприятии по примерным оценкам от половины до 2/3. Это они стремятся обратиться к начальству при возникновении внештатной ситуации, предпочитают и выполняют уже известную работу (естественно, с вербальной отсылкой на желаемую новизну как возможность снять однообразие производственной деятельности при машинах), отмечают в смене непосредственного начальника отрицательные стороны или вовсе не задумываются над такой возможностью (см. таблицы 2.4, 2.5, 2.20 и др.). Среди членов этой группы наблюдается разная степень ориентации на патерналистскую ролевую модель. Наиболее ярко она выражена в поведении примерно одной пятой работников предприятия (см. таблицу 2.26 – это те респонденты, которые при любом из выборов предпочитали материальное, либо должностное взыскание, но не моральные наказания).

Работники экономического типа составляют около одной четверти трудового коллектива. Желаемой работой для них является та, которая приносит достаточный доход, выполнять при этом они готовы то, что прикажет начальник. Со сменой непосредственного руководителя у них не связаны ни крах старых ожиданий, ни появление новых надежд. Они видят недостатки организации труда, но готовы с ними мириться. Среди выбранных ими наказаний за провинность не встречаются те, что затрагивают их экономические интересы (см. таблицы 2.4, 2.5, 2.20, 2.26).

«Продвинутых» на предприятии не более 1/10. Это, прежде всего, те, кто конфликтует с начальством, критикует его, а смена начальства связана для них с возможностью позитивных изменений. Они твердо убеждены в том, что на данном этапе начальство не советуется с работниками. Работники этого типа желают той работы, к которой надо заранее готовиться, и которая позволит им самим более эффективно, чем руководству, организовать трудовой процесс (см. таблицы 2.4, 2.5, 2.16, 2.20).

Каждый из определенных и описанных нами типов имеет свои социальные параметры. Главными из них являются следующие: возраст работника, условия первичной социализации (степень урбанизированности поселения), уровень образования работника, его место в должностной иерархии. Каждый из этих параметров может быть также разложен на несколько социально-значимых элементов. Например, условия первичной социализации во многом определяют приемлемые рамки поведения, набор ожиданий, касающихся характера труда, размеров оплаты и взаимоотношений по горизонтали и по вертикали. Таким образом, параметры эти носят комплексный характер. Они не изолированы друг от друга, но объединены взаимодополняющими связями.

Параметры социального типа образуют систему, главным элементом в ней является культурная составляющая, неотъемлемой частью которой служит система мотивации в производственной деятельности.

Нарисуем таксономические портреты каждого из трех типов работника на предприятии «Нефть». Патерналистский тип в основном составляют работники, чья первичная социализация прошла в условиях малоурбанизированного сельского (деревенского, поселкового) сообщества, имеющие средний специальный или высший уровень образования. Их доля возрастает с увеличением возраста работника и его стажа работы на предприятии. К ним относятся почти все работники второй группы механизации. Наибольшая группа этих лояльных работников относится к Дирекции, среди управленцев их процент выше, чем среди подчиненных.

К экономическому типу работника чаще относятся те, чья первичная социализация прошла в урбанизированной общности, со средним уровнем образования, до 40 лет, мужчины. Они, как правило, являются подчиненными с высоким экономическим статусом, работающими в цехах.

«Продвинутый» тип работника наиболее распылен по социальным группировкам, представленным на предприятии. Можно наметить лишь некоторые тенденции. Итак, «продвинутых» несколько больше среди мужчин, работников в возрасте 30–40 лет, прошедших первичную социализацию в крупном городе, являющихся подчиненными, имеющих высшее или среднее образование, пятую группу механизации и работающих в цехах.

Таким образом, патерналистский тип работника, преобладающий на предприятии, а также дополняющий его в благоприятных экономических условиях экономический тип, определяют основные параметры функционирования предприятия. Речь идет в первую очередь об избыточной зависимости работников от прямых и непосредственных распоряжений руководства, которая будет помехой в случае изменения организационной структуры или внешней рыночной ситуации.

В современных условиях система управления, ориентированная на патерналистскую модель работника, достаточно эффективна для решения рутинных задач. Новые условия, непредвиденные обстоятельства, навязанные изменения организационных форм, этой системой не предусмотрены. Она их отторгает. Причем это отторжение возможно в самых примитивных формах: неисполнение распоряжений, решение новых задач старыми средствами. Слабость инициативы, неспособность к самостоятельному принятию решений приводят к стагнации производственной управленческой ситуации, к запаздыванию в принятии неотложных и нестандартных решений. Такая система управления не может считаться гибкой. Она слабо, с опозданием реагирует на изменения внешней среды. Лояльность персонала, опирающаяся на личные связи и высокую заработную плату, может быть подорвана при ослаблении или утрате одного из этих факторов.

Выводы

Социологическое исследование, проведенное на «Нефть», показало, что предложенная система индикаторов позволяет диагностировать и анализировать патерналистские отношения в производственной сфере. Все из выделенных индикаторов на предприятии присутствуют, однако, их показатели скорректированы условиями предприятия, структурой рабочих мест и иными специфичными параметрами.

Приведенный выше материал доказывает, что патерналистская система интегрировала в себя основные функции управления на предприятии «Нефть». Наемные работники не готовы взаимодействовать с нанимателями в терминах интересов работников, трудовых прав, стоимости рабочей силы. Практикуемая на предприятии патерналистская модель ролевого поведения препятствует формированию горизонтальной социальной самоорганизации работников, призванной взять на себя миссию социального партнера высшего руководства, заявить о правах работников и согласовать стратегии рыночного поведения с учетом их интересов. Разобщенность работников, их ощущение слабости перед лицом рыночной стихии нашло свое отражение в своеобразном культе первого руководителя. Именно он выступает объединяющей фигурой, достаточно мощной, чтобы взять на себя роль всеобщего защитника и покровителя.

Данная модель трудового поведения инициируется менеджерами предприятия. И помимо положительных последствий (контроль над работниками позволяет исключить пьянство, а забота предприятия помогает идентификации с ним), имеет и отрицательные. К ним относится: отсутствие стимулов к инициативному поведению работников, приводящему к стагнации ситуации, а также отсутствие перспективы и конфликтность, порожденные личностным характером вертикальных связей.

Патерналистский тип работника, доминирующий на предприятии, достаточно успешен в стабильной внешней и внутренней ситуации. Он исполнителен и добросовестен. Вместе с тем, зависимость работника от начальства и, как дополнение, привязанность его к данному предприятию, приводят к тому, что для него лишаются смысла договор найма и рынок рабочей силы в целом. Работники предприятия не могут освоить социально престижную роль «предпринимателей квалификационного капитала», не стремятся к социальному партнерству и, тем самым, препятствуют приданию трудовому поведению инновационного вида.

Глава 3. Эмпирическая модель политического патернализма

Вступление

Политическое пространство России с характерными для демократического устройства институтами и практиками только начинает формироваться. Политические права и обязанности, новые нормы политического поведения, символическое выражение действий – все это импортированные извне или изобретенные внутри инновации, трактуемые представителями разных регионов, поселенческих общностей, поколений и статусов своеобразно. На представления о политике и политические действия/ бездействие, несомненно, влияет прошлый опыт, траектория социального движения в настоящем, социокультурная самоидентификация человека. Действительные политические объединения, позволяющие гражданам реализовать сходные практические интересы, существуют в зачаточном виде. Роль гражданина, избирателя, политика, общественного деятеля не наполнена однозначным смыслом.

В этой ситуации в политическом поле современной России присутствует одновременно несколько патерналистских традиций. Мы наблюдаем советскую традицию, реализуемую владельцами крупных предприятий, отправившимися в поход за политическими статусами. Она может быть обнаружена в переключении внимания политиков с политических проблем на материально-бытовые, а также в использовании бизнес-ресурсов в предвыборной борьбе. Статус политика в территориальном сообществе в этом случае повышается за счет успешной работы самого предприятия и образа большого трудового коллектива, счастливо существующего под его руководством (полным или частичным). Приглядевшись, можно обнаружить черты имперской традиции, проявляющейся в демонстративном отправлении публичных функций действующими политиками, точнее, в стиле их отправления. Здесь и балы, приемы у губернатора, и поддержка талантов, и именные премии за заслуги перед Родиной (большой или малой), и иные ритуальные практики. Присутствует и патриархальная традиция. Выражается она в представлении выборов как праздника, практике агитации «от двери к двери» с непременной неформальной беседой с избирателем и личными гарантиями, в стремлении избирателей присоединиться к благополучной группе подданных политика, восприятии областей или избирательных округов как вотчин отдельных политических деятелей.

Названные элементы политического поля могут существовать изолированно или складываться в единые устойчивые модели, определяющие поведение как политиков, так и избирателей. В этом случае ссылка на традиции будет легитимировать в общественном сознании новые патерналистские практики, подсказывать способы и техники их применения.

«Повседневный» политический патернализм не столь заметен и ярок, как «ситуативный», проявляющийся в динамичные политические периоды (к их числу относятся, прежде всего, выборы в различные органы законодательной и исполнительной власти). Публичное пространство большого города является наилучшим полигоном для апробации и презентации различных моделей поведения, а затем распространения наиболее успешных из них на все общество. Поэтому в качестве объекта изучения были взяты жители областного центра, а временные рамки серий полевых исследований устанавливались в соответствии с отечественными электоральными циклами.

Описание процедуры и техник исследования

Объектом при изучении политического патернализма стало, прежде всего, электоральное поведение горожан. Выбор такого объекта не означает автоматически, что границы современного политического патернализма совпадают с областью выборов, они намного шире. То, что большинство эмпирических исследований были проведены в периоды, прямо предшествующие выборам в разные органы местной и федеральной власти, объясняется повышенной активностью рядовых избирателей в эти моменты, проявлениями (как организованными, так и произвольными) своей политической позиции, наконец, артикуляцией (спонтанной или инициируемой извне) своих политических ожиданий и предпочтений. Говорить с горожанином о местной политике и политиках в обычное время – значит ставить его в неловкое положение: ежедневные заботы заслоняют собой события региональной и городской политической жизни и в лучшем случае можно получить ответы: «Я этим не интересуюсь», «Как-то не слежу за ними». Предвыборные кампании вносят тему политики в повседневную жизнь, и здесь возможен диалог.

Основываясь на данных количественных опросов, сложно детально реконструировать ролевые модели избирателей и политиков, однако, обозначить существующие с той и другой стороны образцы, описать обоюдные ожидания и нормативные рамки политического взаимодействия можно. Именно в этих терминах и будет проанализирован политический патернализм.

Изучение политического поведения горожан основывается на эмпирических данных, полученных в ходе реализации исследовательского проекта «Избиратель Прикамья», представляющего собой серию электоральных социологических исследований, проводимых среди жителей г. Перми в целом и отдельных избирательных округов сотрудниками кафедры культурологии ПГТУ с 1991 года и по настоящее время. В тексте для анализа патернализма в политическом поле используются как данные, полученные в ходе массовых опросов избирателей в 2000-2001 гг. и 2005-2006 гг., так и результаты экспертных и фокусированных интервью с представителями городской и областной политической и экономической элиты, и рядовыми участниками политической жизни (2003, 2007 гг.)

Основными темами для массовых опросов становились, как правило, избирательные кампании различных кандидатов. Всего в анализе использованы данные 20 массовых опросов. Кратко охарактеризую эти исследования. В качестве методов исследования в разных опросах применялись телефонное стандартизированное интервью или квартирное интервью по стандартизированному бланку. Время проведения полевых исследований совпадало с электоральными циклами местной власти (июнь, июль, октябрь, ноябрь 2000 г.; апрель, сентябрь, ноябрь 2001 г.; декабрь 2005 г.; январь, февраль, июль 2006 г.). Принцип построения выборки – квотный с учетом демографических параметров, определяемых для генеральной совокупности в соответствии с данными текущего статистического учета по Пермской области, а после подведения итогов Всероссийской переписи 2002 года – по уточненным данным для г. Перми[46]. Число опрошенных в разных исследованиях варьировало от N = 365 до N = 752[47].

Для изучения патернализма в политическом поле большого города при анализе полученных количественных данных, как и в случае с производственным патернализмом, был использован ряд индикаторов, эмпирическая расшифровка которых представлена ниже.

Представление избирателей о политике как таковой отражено в ответах на вопросы: «Нужны ли выборы в Городскую думу/Законодательное собрание области/выборы мэра?», «Для чего нужны/почему не нужны/ эти выборы?», «Перечислите положительные и отрицательные черты пермских выборов», «Чем должны заниматься общественные и общественно-политические организации, фонды?», «Назовите запомнившиеся Вам за

---

46   По состоянию на 1 января 2000 года гендерная структура населения области выглядела так: 47,4 % мужчин и 52,6% женщин; возрастная структура: жителей в возрасте от 18 до 29 лет – 23,7%, от 30 до 49 – 41,9%, от 50 до 59 – 12,6%, 60 и старше – 21,8%. По результатам Всероссийской переписи 2002 года, в г. Перми по-стоянно проживало 1010,9 тыс. человек, на 1000 мужчин приходилось 1218 женщин. Численность населения в трудоспособном возрасте (мужчины 16-59 лет, женщины 16-54 лет) составила 642,9 тыс. человек (или 63,6 %), моложе трудоспособного возраста – 169,5 тыс. человек (или 16,8%) и старше трудоспособного возраста – 196,9 тыс. человек (или 19,5 %) (см. http://www.oblstat. permregion.ru/vpn.htm)

47   Подробное описание исследований см. в примечаниях после главы.

последнее время мероприятия общественных, общественно-политических организаций, фондов».

О принципах политического участия говорят ответы на вопросы: «При каких условиях Вы пойдете голосовать на выборах депутатов Городской думы/Законодательного собрания Пермской области?», «Оцените запомнившиеся Вам мероприятия общественных организаций, фондов», «Обоснуйте Вашу оценку мероприятий общественных организаций, фондов», «Участвовали ли Вы в названных Вами мероприятиях общественных организаций, фондов?»

Особое восприятие и принципы оценивания политиков избирателями рассматривается по вопросам: «Оцените по пятибалльной шкале работу Ваших депутатов (список фамилий)», «Почему Вам симпатичен названный Вами кандидат в депутаты (мэры, губернаторы)?», «Почему Вы считаете названного Вами кандидата достойным?», «Кто будет достойной заменой действующему мэру?», «Почему Вы не можете назвать достойного сменщика действующего мэра?»

Круг обязанностей политиков с точки зрения избирателей можно восстановить по ответам на вопросы: «Что, по Вашему мнению, должен делать депутат?», «Назовите основные задачи, которые должен решать мэр города?», «Что бы Вы посоветовали Вашему депутату?», «Что Вам нравится/не нравится в работе депутата N?», «Что делают названные Вами люди/депутаты для помощи тем, кому трудно?», «Как Вы относитесь к «социальным» делам депутатов?»

О принципах выстраивания иерархии политиков говорят ответы на вопросы: «Назовите самых влиятельных людей в Вашем районе, избирательном округе, поселке?», «Назовите людей, помогающих тем, кому трудно?»

Связь между политиками и избирателями, функционирование каналов информации возможно узнать по вопросам: «Назовите депутатов от Вашего округа, района?», «Что Вы можете сказать о Вашем депутате?», «Обращались ли Вы за помощью к депутату?», «К кому из депутатов Вы обращались за помощью?», «Выполняют ли депутаты свои обещания?»

Для характеристики политического поведения элитных групп г. Перми использованы результаты экспертного опроса «Власть и бизнес в Пермской области: взаимовлияние и взаимодействие», проведенного с моим участием 6-13 мая 2003 г. Экспертами выступали люди, занимающие значимые позиции в областной и городской политике, бизнесе, СМИ. Всего было опрошено 14 человек[48]. Методика исследования – неформализованное интервью с записью беседы на диктофон и последующей полной текстовой расшифровкой. Длительность интервью варьировала в пределах 30-60 минут. Цель исследования состояла в реконструкции образа действующего губернатора, выявления степень его влияния на политику, проводимую в области, поэтому в интервью основными стали следующие темы: личностные и деловые качества, приписываемые губернатору; внутриорганизационный стиль управления губернатора; ключевые фигуры команды губернатора; основные оценки политики, проводимой губернатором; место губернатора в региональной иерархии политиков; взаимодействие областной администрации с Законодательным собранием области, структурами в области и с крупным бизнесом; люди или группы, организации, политические партии, влияющие на решения, принимаемые губернатором; оппозиция губернатору.

Для уточнения параметров политического патернализма в изменившейся электоральной ситуации (голосование по партийным спискам, назначение губернаторов, появление в г. Перми невыборной должности сити-менеджера и др.) в тексте использованы результаты еще одного каче-

---

48   По состоянию на 1 января 2000 года гендерная структура населения области выглядела так: 47,4% мужчин и 52,6% женщин; возрастная структура: жителей в возрасте от 18 до 29 лет – 23,7%, от 30 до 49 – 41,9%, от 50 до 59 – 12,6%, 60 и старше – 21,8%. По результатам Всероссийской переписи 2002 года, в г. Перми постоянно проживало 1010,9 тыс. человек, на 1000 мужчин приходилось 1218 женщин. Численность населения в трудоспособном возрасте (мужчины 16-59 лет, женщины 16-54 лет) составила 642,9 тыс. человек (или 63,6%), моложе трудоспособного возраста – 169,5 тыс. человек (или 16,8%) и старше трудоспособного возраста – 196,9 тыс. человек (или 19,5%) (см. http://www.oblstat.permregion. ru/vpnh.htm).

ственного исследования, проведенного по методике фокусированного интервью с жителями одного из избирательных округов г. Перми по выборам депутатов Законодательного собрания в ноябре 2007 года. В исследовании приняли участие 20 избирателей в возрасте старше 30-ти лет[49]. Интервью проходили в домашней обстановке, привычной для респондентов, на условиях полной анонимности. Беседы, в среднем длившиеся 20-35 минут, записывались на диктофон, затем составлялись их полные текстовые расшифровки. Интервью фокусировались вокруг тем, касающихся оценки и обоснования необходимости выборов депутатов Законодательного собрания края, описания знакомых и знаковых политических фигур, оценки и обоснования их политической и иной деятельности, реакции на политическую рекламу кандидатов в депутаты, оценки участия в политическом действии.

Социальные параметры городской общности

Прежде чем приступить к анализу данных исследований, приведу некоторые социальные характеристики выбранного объекта исследования – жителей г. Перми. Общая численность населения в областном центре, по данным Всероссийской переписи – 2002, составила 1 млн. 80 тыс. чел.; из них избирательным правом, по данным Облизбиркома, в 2000 г. обладали около 787,5 тыс. чел., в 2007 году – 779,6 тыс. чел.[50] В выборах принимали участие до 55% избирателей.

---

49   Из 20 проведенных интервью с мужчинами – 7, с женщинами – 13; с респондентами в возрасте от 30 до 50 лет – 10 интервью; с респондентами в возрасте старше 50 лет – 10 интервью. Среди собеседников 8 человек - пенсионеры, из них работающие - 3 чел. Высшее образование имеют 5 респондентов.

50   См. Сведения о численности избирателей, участников референдума, зарегистрированных на территории Пермского края (по состоянию на 1 июля 2007 года). [Электронный ресурс]. Режим доступа: http://elect.perm.ru/info/analit.htm.

ТАБЛИЦА 3.1

Явка избирателей на выборы депутатов разного уровня и выборы главы города в исследованных округах[51] (в абс. числах и % от числа избирателей)

Тип выборов	Абс.	%
Выборы главы г. Перми, 2000 (1 тур)	395 927	50,40
Выборы депутатов Городской думы III созыва, 2000, избирательный округ №17 (м/р Гайва)	13 476	46,05
Выборы депутатов Городской думы III созыва, 2000, избирательный округ №14 (Мотовилихинский район)	17 459	54,13
Выборы депутатов Законодательного собрания Пермской области III созыва, 2001, избирательный округ № 5 (Ленинский район)	16 095	31,23
Выборы депутатов Законодательного собрания Пермской области III созыва, 2001, избирательный округ № 15 (м/р Гайва, м/р Левшино)	16 635	30,26
Выборы депутатов Городской думы IV созыва, 2006, избирательный округ №25 (м/р Гайва)	8 893	44,05
Выборы депутатов Законодательного собрания Пермского края первого созыва, 2006, избирательный округ № 7, Орджоникидзевский район	20 810	28,14

Высокая явка горожан в 2000 году объясняется тем, что в день голосования избирались одновременно губернатор области, мэр города и депутаты Гордумы. Многие из пермяков пошли голосовать, чтобы выразить поддержку городскому главе Ю. Трутневу, баллотирующемуся на пост губернатора. Выборы в Законодательное собрание 2001 года не стали событием большой важности ни в одном из рассмотренных округов точно

---

51 Данные взяты с сайта ЦИК РФ [Электронный ресурс]. Режим доступа: http://www.cikrf.ru/arh ivfci/59/59_index.jsp; http://www.permkrai.vybory.izbirkom.ru/region/izbirkom

так же, как и выборы первого Законодательного собрания Пермского края 2006 года. А вот выборы депутатов Гордумы в 2006 году привлекли довольно много избирателей 25 округа, возможно, дело в яркой и напряженной предвыборной борьбе главных кандидатов, заставившей некоторых из них мобилизовать свой электорат для участия в голосовании (в том числе и административными методами).

Распределение населения по экономическому положению в начале десятилетия выглядело следующим образом: к высшему экономическому статусу можно было отнести от 3 до 5% пермских семей, к среднему – 14-16%, низкому – 25%, и низшему[52] – около 50% семей[53]. При этом наблюдаются вариации в экономических статусах по районам города: в центральных районах проживает больше людей со средним экономическим статусом, в периферийных – с низким и низшим.

Исследования 2000-2006 годов дают картину не только политического участия респондентов, но и их обычной, повседневной жизни, с ее заботами и проблемами. Для начала обратимся к данным последних опросов 2005-2006 годов, чтобы описать социальное самочувствие жителей округов, расположенных на территории Орджоникидзевского района г. Перми (м/р Гайва, м/р Заозерье, м/р Голованово, м/р Левшино, м/р ПДК, м/р Январский, м/р КамГЭС, м/р Бумкомбинат, м/р Молодежная).

В целом жители района отмечают позитивную динамику жизни за последние 5 лет или, по крайней мере, отсутствие значительных ухудшений. Они также согласны с тем, что микрорайоны, в которых они живут, стали более благоустроенными и привлекательными для обитания. Первой обнаруженной в исследовании проблемой стала безопасность: 2/3 опрошенных не смогли согласиться с тем, что их жизнь стала безопасней. Менее 1/3 жителей чувствуют себя на улицах района спокойно. Для большинства же нахождение на улицах, в общественном месте в пределах

---

52 Экономические статусы определялись по уровням потребления – повседневному и рекреативному. Представители низшей статусной группы – в отличие от низкой, были, в частности, весьма ограничены в потреблении мясных продуктов и фруктов (особенно если речь шла о зимнем и весеннем периодах); наиболее распространенным видом отдыха и для той, и для другой группы была работа на приусадебном участке, даче.

53 Данные серии маркетинговых исследований потребительского поведения жителей г. Перми. Время проведения исследований – октябрь-декабрь 2002 г. Выборка – квотная, репрезентативная по демографическим характеристикам, N = 600.

района связано с чувством неуверенности и страха. Уровень тревожности выше у людей с высшим образованием, женщин, у 30-ти и 40-летних, врачей и педагогов. Сравнение с ответами на другие вопросы позволяет заключить, что оценка улицы как опасной не зависит от оптимистичного или пессимистичного настроя человека, это вполне реальный факт. Скорее всего, этот страх также связан с пребыванием на улице детей дошкольного и школьного возраста.

Другой «больной вопрос» - транспортный. Многие жители района связаны экономически, хозяйственно, дружески с центром, с другими районами города, от которых их отделяет значительная территория. Почти половина опрошенных отмечают, что добраться «до города» стало легче, чем несколько лет назад. Вместе с тем, для некоторой группы (в отдельных микрорайонах она доходит до 1/5 опрошенных) изменения в работе общественного транспорта выглядят по преимуществу отрицательными. Чаще об этом говорили респонденты старше 60-ти лет, пенсионеры, а также студенты. Вероятно, ухудшением в работе транспорта для них стала необходимость платить за проезд, возникшая после отмены льготного проезда.

Изучение трудовых ситуаций жителей района выявляет еще одну проблему – неуверенности в рабочем месте. Уверены в устойчивости предприятия и своей занятости на нем около 1/3 работающих респондентов. Для остальных положение выглядит неустойчивым: привычно шатким для 40% работников в обеих территориях и совершенно ненадежным для 1/4 их части. Вероятно, неустойчивость первого типа скорее связана с деятельностью самого предприятия – работники не уверены в том, что в будущем оно продолжит работать, а не закроется. Второй тип неустойчивости в большей степени объясняется ситуацией на рынке труда, обесцениванием специалистов самого разного профиля, с уже вошедшими в привычку массовыми сокращениями работников.

Называют свою заработную плату «достойной» менее 1/10 работающих участников исследования. Недостаточной, слишком низкой оплату своего труда считают в целом более половины жителей района (в отдельных территориях этот показатель превышает 60 и даже 80%). Остальные работники назвали плату за труд «приемлемой, терпимой».

Оценка заработной платы различается по разным отраслям. Больше всего удовлетворенных ее размером среди работников торговли, сферы обслуживания, и занятых в строительстве (от 13 до 8%). Также довольны вознаграждением за свой труд предприниматели. Работники промышленных предприятий делятся на две равные группы – считающих свою зарплату терпимой и находящих ее слишком низкой; причем среди простых рабочих недовольных ее размером больше (57% рабочих), чем среди инженеров (32% инженеров). Среди учителей и врачей 94% считают зарплату совершено несправедливой, среди работающих пенсионеров – 75%.

Следует отметить, что удовлетворенность заработной платой сильно влияет на общую оценку своей жизни. Так, в группе оптимистов – людей, отмечающих положительные изменения в своей жизни, – присутствует 8% людей полностью довольных своей заработной платой и 40% - полностью недовольных. Группа пессимистично настроенных людей на 70% состоит из работников с низкими, несправедливыми доходами и лишь на 3% - из достойно оплачиваемых.

Социальные сети – круг ближайших и дальних знакомых (родственников), оказывающих поддержку человеку в сложных ситуациях, позволяющие ему поддерживать необходимый для жизни материальный уровень (иными словами, компенсировать низкие доходы). Кроме того, в социальных сетях происходит эффективный информационный обмен, то есть передача важной и принимаемой информации. Для того, чтобы выяснить насколько развиты социальные сети среди жителей района, респондентов спрашивали к кому они обратятся за помощью в трудной ситуации, и кто приходит к ним. Примерно половина предпочитают решать свои проблемы самостоятельно, ни к кому не обращаясь. Те же, кто пользуется в решении трудностей помощью со стороны, обращаются либо к родственникам (родителям, супругу/супруге), либо к друзьям. Более открыты в своих контактах люди с достойной, по их мнению, заработной платой, оценивающие свое положение на работе как устойчивое. Решать проблемы самостоятельно ориентированы, в большей степени, инженеры, служащие и пенсионеры.

Подавляющее большинство наших собеседников проявили готовность помогать другим людям в решении их проблем. Однако в некоторых микрорайонах никому не станут помогать от 13% до 28% опрошенных. Жители одних территорий более склонны помогать родителям, близким родственникам; других – друзьям или даже соседям.

Можно сказать, что родственные и внутрисемейные обмены ресурсами, информацией, эмоциями достаточно интенсивны среди жителей районов; вместе с тем, они не препятствуют контактам членов семей с другими людьми. Благополучие человека в такой ситуации поддерживается во многом благодаря усилиям, участию его родственников, несколько меньше – за счет близких друзей. Дружба, в понимании жителей района, требует некоторого равенства отношений: «... сколько получил, столько и отдал»; причем этот принцип можно считать обязательным. Возможно поэтому друзей не часто привлекают к решению собственных проблем – придется потом «расплачиваться». Все реже к их помощи прибегают с увеличением возраста.

Можно заключить, что социальные сети жителей района не имеют такой плотности, чтобы эффективно поддерживать их в переломные моменты. Связь в этих сетях далеко не всегда бывает двусторонней. Кроме того, существуют группы, исключаемые из таких взаимодействий. С одной стороны – это люди старшего поколения, готовые помогать, но не востребованные. С другой стороны – это относительно успешные группы, стремящиеся к улучшению своего экономического положения и сознательно рвущие контакты, требующие от них временных и денежных затрат.

Перечень наиболее тяжелых проблем, составленный жителями района, выглядит следующим образом: во-первых, высокие цены на товары и услуги, непрерывный рост цен на ЖКХ (назвали по 40% опрошенных); во-вторых, рост преступности (актуально для 33% опрошенных); в-третьих, трудности с жильем и безработица (по 23%); в-четвертых, проблемы здравоохранения, образования, качества дорог (по 12-15%); в-пятых, общие социальные проблемы – деление на богатых и бедных, равнодушие окружающих, плохое воспитание молодежи (по 7-9% опрошенных).

В исследованиях 2000 года, проводимых в м/р Гайва и Заозерье, картина жизни была нарисована более мрачными красками. Проблема автобусного сообщения, заключавшаяся в больших перерывах между автобусами, иногда доходивших до часа, малом числе транспортных единиц, приводивших к неизменной давке, беспокоила 80% опрошенных. При этом половина жителей микрорайонов вынуждены были ездить в другие, центральные районы города за продуктами, одеждой и промышленными товарами из-за дороговизны и отсутствии выбора в местных магазинах.

Опросы 2001 года, проводившиеся на территории м/р Гайва и Заозерье, а также м/р Голованово и Левшино, зафиксировали плохое состояние системы здравоохранения (среди обращавшихся к врачу помощь не получили от 15 до 20% опрошенных) и образования в районе (у 25-40% детей, отправившихся в первый класс, были сложности с поступлением, у 12-30% школьников зафиксированы сложности с переводом в старшие классы). Респонденты сетовали на труднодоступность милиции. Жители районов по-прежнему отмечали недостаточное количество и продуктовых, и промтоварных магазинов. Поездки в город за покупками (как ежедневными, так и особыми) стали более частыми, тогда как качество автобусного сообщения не улучшилось. Проблемы транспортного характера приводили к восприятию района как придаточного, оторванного, забытого звена «большого города».

Описание ситуации жителей Мотовилихинского района в 2000 году включает в себя все названные выше проблемы, за исключением, пожалуй, транспортной. Респонденты также были склонны замечать улучшения в благоустройстве района.

Центральный избирательный округ города в 2001 году на фоне остальных территорий выглядел несколько лучше. В качестве основных проблем жители района выделяли плохое содержание жилья, перебои с горячей водой (по 27% опрошенных), нехватку денег (23%) и грязь на улицах и во дворах (19%). Они также считали, что помогать в данной ситуации следует, прежде всего, пенсионерам — ведь им живется труднее всего (так считали 63% опрошенных).

Итак, в исследованиях участвовали горожане, обнаруживающие множество отличий и в организации, и в уровне жизни, однако, это разнообразие лишь в малой степени проявлялось в их политическом поведении.

Н.В. Шушкова

Патернализм в электоральном поведении: срез 2000-2006 гг.

Обратимся к конкретным данным, полученным в ходе социологических обследований избирателей г. Перми в 2000-2006 гг.

Индикатор 1: общее представление избирателей о политике как особой общественной сфере. Представление избирателей о политике складывается из множества заключений по самым разным элементам политического поля. Это представление не обязательно отрефлексировано и артикулировано в достаточной степени, поэтому имеет смысл обратиться к мнениям респондентов относительно некоторых ключевых и одновременно типичных, распространенных в современном российском обществе составляющих политики, чтобы затем реконструировать некий общий образ этой социальной сферы. Среди значимых элементов политики были взяты выборы и общественно-политические организации.

Рассмотрим ответы горожан, живущих в двух разных избирательных округах (центральном и периферийном), на заданный им осенью 2001 года вопрос о том, нужны ли выборы в Законодательное собрание области и предложенную ими аргументацию в подтверждение своей точки зрения. Более половины жителей областного центра, наделенные избирательными правами, были согласны с тем, что выборы в Законодательное собрание области нужны. Почти четверть избирателей не видели в них необходимости (см. таблицу 3.2).

ТАБЛИЦА 3.2

Оценка необходимости выборов депутатов Законодательного собрания Пермской области (в абс. числах и % от числа опрошенных)

Варианты ответа	Ноябрь 2001, м/р Гайва		Ноябрь 2001, центр города	
	Абс.	%	Абс.	%
Нужны	347	56,8	325	54,2
Не нужны	137	22,4	134	22,3

Не знаю	127	20,9	141	23,5
Всего	611	100	600	100,0

Наблюдалась существенная – более 10% - разница в оценке необходимости выборов в зависимости от территории проживания избирателей: жители экономически-депрессивных территорий города менее уверены в их целесообразности. Доля тех, кто сомневался, не решил для себя этот вопрос во всех районах была примерно одинакова – на уровне 1/5. Мужчины несколько больше, чем женщины, были убеждены в необходимости выборов. Среди женщин – больше сомневающихся. Ответ «нужны» чаще давали респонденты до 30 лет, а вот избиратели более старших возрастов (50 лет и более) скорее были склонны считать их ненужными.

Спустя 5 лет в исследовании избирателей одного из районов Перми задавался другой вопрос – о необходимости выборов главы города. В таблице представлены ответы респондентов, разбитые по микрорайонам (см. таблицу 3.3).

ТАБЛИЦА 3.3

Оценка необходимости выборов мэра города

Исследование августа 2006 года

(% от числа опрошенных в каждом микрорайоне)

Варианты ответа	Микрорайон			
	Гайва	Заозерье	Голованово, Бумкомбинат	Левшино
Мэра нужно выбирать	69,9	76,2	80,0	75,4
Мэра нужно назначать	26,4	20,8	15,6	23,0
Не знаю	3,8	3,0	4,4	1,6
Всего	100,0	100,0	100,0	100,0
	ПДК	Январский	КамГЭС	Молодежная

Мэра нужно выбирать	77,5	73,9	73,1	67,2
Мэра нужно назначать	17,5	26,1	26,9	27,7
Не знаю	5,0	0,0	0,0	5,0
Всего	**100,0**	**100,0**	**100,0**	**100,0**

Подавляющее большинство жителей района склонны считать, что процедура выборов – достаточно важна, чтобы ее сохранить; однако, около 1/4 в некоторых территориях придерживаются противоположной точки зрения. О необходимости выборов чаще говорили те, кто считал свою зарплату, и уровень жизни приемлемым. Мужчины чаще высказывались в поддержку назначения мэра, как и респонденты в возрасте от 30 до 50 лет. В целом нельзя сказать, что за назначение главы города выступают те, кто далек от политической жизни, напротив, и сторонники, и противники выборов смогли вспомнить примерно равное число кандидатов, принявших участие в борьбе за пост мэра полугодом раньше.

Аргументы в поддержку выборов депутатов, высказанные респондентами в 2001 году, в значительной степени основывались на представлении о «законности» выборов и на ожидании улучшения социально-экономической ситуации в регионе после появления во власти новых людей (см. таблицу 3.4).

ТАБЛИЦА 3.4

Обоснование ответов о процедуре выборов депутатов Законодательного собрания Пермской области (в абс. числах и % от числа опрошенных)

Аргументы	Ноябрь 2001, м/р Гайва		Ноябрь 2001, центр города	
	Абс.	%	Абс.	%
Для хороших изменений, чтобы к власти пришли новые, лучшие люди	187	30,6	122	20,3

Положены по закону, атрибут демократии	115	18,8	146	24,3
Для решения проблем области	9	1,5	23	3,8
Они нужны, чтобы оправдать государственные затраты	19	3,1	20	3,4
Они надоели, проходят слишком часто	109	17,8	112	18,7
Аргументов названо не было	172	28,2	177	29,5
Всего	**611**	**100,0**	**600**	**100,0**

Большинство респондентов не видели прямой связи между участием в выборах и решением региональных проблем, но и на затратность этого института тоже обращали не много внимания. Заметная группа избирателей, тем не менее, считала, что от них слишком часто требуют выражения политической позиции и хотела бы избежать участия в выборе кандидата и голосовании. Замечу, что мнения о необходимости выборов подкреплялись аргументацией несколько реже, чем мнения об их ненужности.

Мужчины чаще давали ответ «для изменений», а женщины – «не знаю». Чем моложе избиратель, тем больше внимания он уделял возможности позитивных изменений; чем старше, тем чаще в аргументах звучал ответ о законности выборов. Чем выше уровень образования респондентов, тем чаще они приводили положительные аргументы. Респонденты с неполным средним и начальным образованием больше других обращали внимание на то, что выборы проходят «слишком часто». Жители экономически депрессивных территорий в качестве аргументов «за» проведение выборов в ЗС чаще говорили о возможности изменений жизни к лучшему, в качестве аргументов «против» – обращали внимание на нецелесообразное расходование денежных средств.

В исследованиях наблюдалась статистически слабая зависимость мнений о необходимости выборов от уровня образования респондента и района его проживания. Несколько более сильная зависимость наблюдалась между симпатиями респондентов к конкретным кандидатам в политики и их отношением к выборам. Среди разных факторов только симпатия к конкретному политическому кандидату и предполагаемый респондентом общий уровень явки избирателей на выборах определяли до некоторой степени его аргументы в поддержку или отрицание выборов.

В августе 2006 года респондентам было предложено высказаться о том, что им понравилось, а что – нет в недавно прошедших выборах главы города (см. таблицы 3.5. и 3.6.).

ТАБЛИЦА 3.5

Приятные черты пермских выборов.

Исследование августа 2006 года

(% от числа опрошенных в каждом микрорайоне)

Варианты ответа	Микрорайон			
	Гайва	Заозерье	Голованово, Бум-комбинат	Молодеж-ная
Все понравилось	1,4	6,9	3,3	4,2
Обычные, привычные	9,2	-	-	1,7
Организация, процедура голосования	3,8	6,0	3,3	3,4
Кандидатуры	2,4	3,0	1,1	16,0
Возможность не голосовать	1,4	1,0	-	-
Агитация	1,0	1,0	2,2	3,4
Результаты выборов	0,3	3,0	1,1	6,7
Приятного нет	31,2	60,4	11,1	30,3
Не знаю	49,3	18,8	77,9	37,0
Всего	**100,0**	**100,1**	**100,0**	**102,7**

Вопрос задавался в открытой форме, и для многих респондентов оказалось сложным сформулировать ответ, большинство из тех, кто делал высказывания, сходились на том, что «ничего приятного в выборах нет». В одном из микрорайонов отмечали, что в выборах участвовали хорошие кандидаты, поэтому они довольны их итогами. Для жителей других территорий основными названными чертами выборов стали привычность, отсутствие неожиданностей, правильная организация предвыборного процесса и самой процедуры голосования.

Претензий к выборам респонденты предъявляли больше: возросло и число ответивших на вопрос, и количество содержательных высказываний. Нарекания вызывает, в основном, предвыборная кампания, проводимая таким образом, что не дает возможности оценить и сравнить кандидатов. Некоторой группе избирателей не нравятся результаты выборов, да и сам предложенный список кандидатов.

ТАБЛИЦА 3.6

Негативные черты пермских выборов

Исследование августа 2006 года

(% от числа опрошенных в каждом микрорайоне)

Варианты ответа	Микрорайон			
	Гайва	Заозерье	Голованово, Бумкомбинат	Молодежная
Все черты – негативные	11,0	25,7	13,3	6,7
Агитация	14,7	11,9	-	2,5
Отсутствие выбора, обман	8,9	5,9	2,2	8,4
Грязь, скандалы	7,9	11,9	2,2	16,8
Результаты выборов	5,8	6,0	2,2	10,9
Организация, процедура голосования	5,2	8,9	-	4,2
Второй тур	3,1	6,9	5,6	6,7
Кандидатуры	2,1	5,0	2,2	8,4
Негативных черт нет, привычные	6,8	7,9	14,4	16,8
Не знаю	36,0	9,9	58,9	18,4
Всего	101,5	100,0	101,0	100,0

Сопоставление содержательных высказываний тех, кто выступает за сохранение выборов главы города и их отмену, показывает следующие результаты (см. таблицу 3.7).

ТАБЛИЦА 3.7

Сравнение аргументации сторонников и противников выборов мэра города

Исследование августа 2006 года, Орджоникидзевский р-н

(в % от числа высказавшихся «за» и «против» выборов мэра города)

	«Мэра нужно выбирать»	«Мэра нужно назначать»
Назвали положительные черты выборов	17,8	17,3
Назвали отрицательные черты выборов	55,3	65,3

И сторонники, и противники выборов видят в них примерно одинаковое количество положительных моментов. Те, кто выступает за отмену выборов мэра, приводили несколько больше отрицательных аргументов, однако, разница во мнениях со сторонниками выборов не так велика, как можно было бы предположить.

Итак, выборы признаны пермскими избирателями в качестве элемента актуального политического процесса. В них не видят ничего особенного, участие в голосовании является привычным делом для тех, кто готов реализовывать свои избирательные права. Однако можно предположить, что выборы являются «пустым» институтом, то есть для большинства избирателей они не дают возможности проявить политические симпатии из-за сложившихся и оформившихся в городе правил политической агитации, принципов выдвижения кандидатов, и, возможно, из-за отсутствия самих предпочтений.

Обратимся теперь к взглядам избирателей на функционирование общественных и общественно-политических организаций, объединений, фондов. В начале «нулевого» десятилетия именно они, а не политические партии, существовали в представлении пермских избирателей о политическом поле наряду с фигурами близких и далеких политиков. Такие фонды и организации были значимым и действенным инструментом предвыборных кампаний кандидатов; выборы в местные представительские органы в редких округах проходили без участия «добровольных помощников», «социальных работников» и «народных артистов», привлеченных штабами кандидатов. Для рекламных кампаний кандидатов в мэры создавались общегородские фонды, при выборах в Городскую думу – четко локализованные организации, о которых горожане, живущие за пределами округа, могли и не знать. Чем же должны были заниматься общественные организации? В разных исследованиях того периода ответы практически идентичны. Приведу результаты одного из них (см. таблицу 3.8).

ТАБЛИЦА 3.8

Идеальный образ общественной организации

(в абс. числах и % от числа опрошенных)

Задачи	Октябрь 2000, м/р Гайва	
	Абс.	%
Помогать социально незащищенным	157	43,0
Помогать материально людям и бюджетным организациям, благотворительность	56	15,3
Заниматься молодежью	34	9,3
Устраивать соревнования, праздники, организовывать досуг	33	9,0
Объединять людей в клубы, кружки	27	7,4
Защищать интересы, права людей	17	4,7
Смотреть за порядком, помогать милиции	15	4,1
Ремонтировать дороги, здания, озеленять улицы	36	9,9
Решить проблему с транспортом	6	1,6
Не ответили	82	22,5
Всего	**463**	**126,8**

Перечень полученных ответов не являлся калькой с высказываний о «наболевших» проблемах микрорайона. Значимое место среди суждений занимали проблемы, касающиеся плохой работы общественного транспорта, необходимости выезжать в другие районы города за продуктами и промышленными товарами, хотя и имеются некоторые переклички (например, пункт о «ремонте и озеленении улиц»).

Среди главных задач общественных и общественно-политических организаций жителям города виделась помощь социально незащищенным группам населения, к числу которых, по мнению горожан, относятся пенсионеры (так считали 60% опрошенных) и работники бюджетной сферы (30% опрошенных). В этих ответах речь шла о заботе вообще, необходимой материальной поддержке (15% опрошенных). Около 1/10 жителей города считали, что подобные организации должны заниматься благоустройством района, контролировать службы ЖКХ, милиции, помогать им в меру возможностей (заниматься молодежью, следить за порядком). Общественные организации должны были «давать каждому нуждающемуся терпение, сочувствие», «способствовать сплочению, объединению людей», «поднятию духовности», «развитию национального самосознания». Наименее популярна задача по «защите интересов, прав людей» (5%). Четверть опрошенных сомневалась в необходимости таких организаций, утверждая, что они существуют лишь «для того, чтобы их сотрудники могли хорошо жить». Анализ двумерных зависимостей ответа на вопрос позволяет сделать вывод о том, что каждая из социальных групп считала, что помощь (или развлечение) должны оказываться, прежде всего, ее членам.

Список запомнившихся жителям города общественных мероприятий подтверждает и детализирует их представления о задачах общественных организаций (см. таблицы 3.9 и 3.10). Два исследования, проведенные с интервалом почти в год, среди жителей отдаленного от центра микрорайона показали, что их жителям лучше запоминаются «социальные столовые», бесплатные вечера отдыха и детские праздники; а вот пикеты, интеллектуальные конкурсы и другие мероприятия, требующие деятельного участия жителей (сбор вещей, озеленение улиц и т.п.) оставляют меньший след в памяти горожан.

ТАБЛИЦА 3.9

Запомнившиеся мероприятия социальных организаций, фондов

(в абс. числах и % от числа опрошенных)

Мероприятие	Октябрь 2000, м/р Гайва			
	Фонд «А»		НКО «Б»	
	Абс.	%	Абс.	%
Дискотеки	24	6,0	151	38,1
Концерты, фестивали, вечера отдыха	48	12,1	132	33,2
Социальная столовая	74	18,6	79	19,9
День пожилого человека	33	8,3	44	11,1
Праздник физкультурника	18	4,5	7	1,8
1 Сентября	15	3,8	0,0	0,0
День учителя	9	2,3	-	-
Сбор вещей	51	12,8	1	0,3
Озеленение района	3	0,8	1	0,3
9 Мая	-	-	14	3,5
Праздник пива	-	-	28	7,1
Иное	8	2,0	12	3,0
Не ответили	228	57,4	124	31,2
Всего	511	128,6	593	149,5

Сравнивая действительно проводимые организациями мероприятия с отзывами о них можно обнаружить, что респонденты были склонны приписывать все проводимые акции той организации, что существует дольше. Больше других к ошибке были склонны женщины старше 40 лет и пенсионеры.

ТАБЛИЦА 3.10

Запомнившиеся мероприятия общественного фонда «В» (в абс. числах и % от числа опрошенных)

Мероприятие	Сентябрь 2001, Орджоникид-зевский район города	
	Абс.	%
Социальная столовая	130	21,6
Концерты	81	13,5
Детские праздники	79	13,2
1 Сентября	42	7,0
Бригада добрых дел	36	6,0
Благоустройство парка	32	5,3
Мероприятия для пенсионеров	21	3,5
Детские площадки	18	3,0
Турслет	16	2,7
Профессиональные праздники (в т.ч. день депутата)	9	1,5
Пикет Уралсвязьинформ	2	0,3
Иное	53	8,8
Не знаю, не помню	307	51,1
Всего	826	137,4

Для участников другого исследования, проведенного в это же время в одном из центральных округов (см. Табл. 3.11), самым значительным социальным событием стало празднование Дня города, среди остальных мероприятий больше запомнились концертные программы. Ко второй группе (средняя значимость) можно отнести социальную столовую и уборку дворов. К третьей группе (маловажные) относились сбор и раздача вещей, детские праздники, 1 Сентября и поздравления.

ТАБЛИЦА 3.11

Запомнившиеся социальные мероприятия, проходившие в районе (в абс. числах и % от числа опрошенных)

Мероприятие	Сентябрь 2001, центр города	
	Абс.	%
День города	159	26,0
Концертные программы, вечера от-дыха	66	10,8
Социальная столовая	33	5,4
Уборка дворов	30	4,9
Сбор и раздача вещей	24	3,9
Детские праздники	22	3,6
1 Сентября	20	3,3
Поздравления	18	2,9
Не назвали ни одного мероприятия	316	51,7
Всего	688	112,6

Наиболее информированными о мероприятиях были жители округа, имеющие неполное среднее образование (называли они, в основном, вечера отдыха и социальную столовую – по 14%), наименее – с высшим уровнем образования (практически все ответы – о дне города). Известность мероприятий, в основном, увеличивается с возрастом. Исключение составляют концертные программы (максимум у возрастной группы до 30 лет) и уборка дворов (больше запомнилась двадцатилетним респондентам).

Итак, в начале десятилетия избиратели откликались на акции общественных организаций и фондов (наиболее популярными были акции развлекательного свойств), включенность в них была общей, за исключением небольшой группы людей среднего возраста, в основном мужчин. На общественно-политические организации и фонды возлагались существенные надежды, оправдываемые ими лишь отчасти; впрочем, способствовать деятельности этих учреждений своими действиями жители города были не готовы.

Через несколько лет ситуация изменилась. В декабре 2005 года на вопрос о запомнившихся мероприятиях общественных фондов смогли ответить только 20% опрошенных жителей периферийного городского микрорайона (см. таблицу 3.12).

ТАБЛИЦА 3.12

Запомнившиеся социальные мероприятия в микрорайоне по итогам 2005 года (в абс. числах и % от числа опрошенных)

Мероприятие	Декабрь 2005, м/р Гайва	
	Абс.	%
Концерты для пенсионеров	42	7,2
Праздники общие (День матери, День Победы, День пожилого человека, Всемирный день инвалида)	23	3,9
Поездки в Хохловку, в Белогорский монастырь	17	2,9
Праздники для детей и школьников	13	2,4
Социальная столовая	9	1,5
Уборка дворов, ремонт подъездов	9	1,5
Спортивные мероприятия (велобайкеры, дзюдо на стадионе, соревнования)	9	1,5
День учителя, юбилеи школ	8	1,4
Медицинские услуги	4	0,9
Не назвали ни одного мероприятия	462	80,1
Всего	596	103,3

При плохом знании мероприятий, осведомленность о функционирующих в микрорайоне фондах и организациях довольно высока – хотя бы об одном из них знает каждый второй, более других известны организации, работающие не первый год. Информация о фондах и акциях в значительной степени локализована в группах людей старше 50 лет. Наименее осведомлены о них респонденты с высшим образованием.

По структуре запомнившихся мероприятий можно заключить, что организации сохранили и даже увеличили долю развлекательных и праздничных акций, свернув другие, характерные скорее для социальных служб (раздача одежды, социальные столовые и др.).

Вывод по индикатору: у жителей г. Перми не сложилось представление о политике как особом, отделенном от экономического, социальном поле. Процедура выборов признана ими в соответствии с традиционалистскими или нормативными соображениями и потому не является демократической. Можно предположить складывание в начале десятилетия и затем оформление и структурирование в городском пространстве «политических» клиентел, совпадающих с границами округов и включающих в себя (в итоге всех преобразований) избирателей старшего поколения. В каждой из клиентел существуют собственные, детерминированные образом политика-патрона, объяснения демократических процедур. Процессы, номинируемые как «политические», на самом деле таковыми не являются. Общественно-политическим организациям приписываются функции органов социальной защиты и опеки. Узнавание и длительное признание обеспечено тем из них, которые в течение длительного времени осуществляют благотворительные акции, ориентированные на людей третьего возраста.

Индикатор 2: принципы политического участия. Рассмотрим активность горожан в политическом поле, учитывая условия и направленность политического участия. В качестве основного вида политической деятельности был взят наиболее распространенный – голосование. В 2001 году в исследовании задавался вопрос: «При каких условиях Вы пойдете на выборы?», ответы на который жителей двух разных округов представлены в таблице 3.13.

ТАБЛИЦА 3.13

Условия явки на выборы в Законодательное собрание Пермской области

(в абс. числах и % от числа опрошенных)

Варианты ответа	Ноябрь 2001, м/р Гайва		Ноябрь 2001, центр города	
	Абс.	%	Абс.	%
По привычке, пойдут те, кто всегда ходит	181	29,6	195	32,5
Доверие, симпатия к кандидату	135	22,1	118	19,7
Хорошая информированность о кандидатах и выборах	86	14,1	145	24,2
Материальная заинтересованность	63	10,3	77	12,8
Будет честная, открытая борьба, честные выборы	45	7,4	52	8,7
Если выборы будут приносить реальные изменения	41	6,7	57	9,5
Если лично позовут, пригласят на голосование	27	4,4	53	8,8
Если жизнь у народа будет лучше, богаче	22	3,6	34	5,7
Другие причины (от скуки, при хорошей погоде, если найдется свободное время)	45	7,4	41	6,8
При любых	10	1,6	0	0,0
Если явка будет обязательной	9	1,5	14	2,3
Не при каких	5	0,8	4	0,7
Не знаю	95	15,4	70	11,7
Всего	764	125,0	860	143,3

Можно выделить несколько основных групп аргументов. Первая группа – уже рассмотренная ссылка на привычность выборов и личного участия в них. Вторая – причины, связанные с содержанием предвыборной борьбы, кандидатурами участников, их желанием контактировать с избирателями, стремлением поддержать «своего» кандидата. Третья группа включает в себя высказывания, прямо или косвенно указывающие на индивидуальную выгоду избирателя от участия в выборах. И, наконец, указание на необходимость специального внимания к избирателю со стороны государства или кандидатов.

Среди главных условий участия в голосовании жители города чаще всего называли привычность, традиционность этого действия (около 1/3 опрошенных, в отдельных территориях – до 50%), хорошую информированность о кандидатах и выборах (до 1/4), либо симпатию к одному из кандидатов (1/5 часть избирателей). Десятая часть избирателей (в отдельных территориях – до 25%) допускали для себя материальные поощрения явки кандидатами. Хорошую информированность и традиционность хождения на выборы чаще отмечали 50-тилетние, материальную заинтересованность – 30-тилетние. Доверие к кандидату и материальные поощрения были более значимы для людей со средним и высшим образованием, а аргумент традиционности голосования употреблялся все реже с ростом уровня образования и с уменьшением возраста избирателя. В тех группах, где высок уровень «традиционной явки», значимость предвыборной информации о кандидатах была низка.

Жители города не были склонны лично участвовать в общественных акциях, особенно в роли организатора или помощника. На уровне реципиентов в мероприятиях общественных организаций была задействованы менее одной десятой избирателей, одна десятая опрошенных участвовала опосредованно («видели») (см. таблицу 3.14).

ТАБЛИЦА 3.14

Вовлеченность жителей избирательного округа в проводимые общественными организациями мероприятия

(в абс. числах и % от числа назвавших мероприятия)

Степень вовлеченности	Сентябрь 2001, центр города	
	Абс.	%
Непосредственное участие	47	16,0
Видели, но участия не принимали	62	21,1
Не участвовали ни в какой форме	111	37,8
Не ответили о форме участия	74	25,2
Всего	294	100,0

Сравнивая данные таблицы с перечнем названных жителями мероприятий (см. Табл. 3.11), обнаруживаем, что меньше всего респонденты участвовали в сборе и раздаче вещей, уборке дворов, работе социальной столовой. Вечера отдыха и праздники собирали больше и участников, и наблюдателей. О своем прямом или опосредованном участии чаще говорили респонденты с неполным средним и общим средним образованием. Лидерами участия стали респонденты 31-40 и старше 60-ти лет. Ответ «видели» одинаково распространен во всех возрастных группах.

Четыре года спустя в исследовании другого округа задавался вопрос, выясняющий, интересуются ли наши собеседники предвыборными политическими событиями (см. таблицу 3.15).

ТАБЛИЦА 3.15

Внимание жителей к предстоящим выборам

Исследование начала февраля 2005, м/р Гайва

(в абс. числах и % от числа опрошенных)

Вариант ответа	Абс.	%
Да, слежу за событиями	213	50,8
Нет, не интересуюсь	206	49,2
Всего	419	100,0

Позиции респондентов раздели их на две равные группы, половина следила за активизировавшейся политической жизнью города, вторая половина – нет. Более высокий интерес к политике (до 60-65%) был отмечен среди инженеров, работников образовательных учреждений, пенсионеров, предпринимателей, сотрудников правоохранительных органов. Меньше внимания политике уделяли студенты, безработные, домохозяйки, служащие (доля положительных ответов на уровне 35-27%). Уровень образования не влиял на интерес к предвыборным баталиям, за исключением, пожалуй, высшего – среди окончивших вузы за политикой следят 60%. Справедливым было утверждение: чем старше человек, тем вероятнее он будет интересоваться политикой или декларировать это. Среди респондентов до 40-ка лет следили за событиями не более 45%, среди старших возрастных групп – 62-64%.

Интересоваться событиями политической жизни значит для избирателей, прежде всего, следить за выборами депутатов Городской думы от округа (среди тех, кто обозначил отсутствие интереса к политике, половина не смогли назвать ни одного кандидата в депутаты), т.е. знать одного или нескольких кандидатов, получить некоторую общую информацию о них (должность, возраст и проч.), проглядывать соответствующие материалы в местных газетах, определиться с симпатиями и антипатиями к кандидатам. А вот знание кандидатов на должность главы города, оценивание политического веса соперников и городского, и местного уровня, фиксирование агитации кандидатов характеризует в равной степени и тех, кто интересуется предстоящими выборами, и тех, кто остается в стороне от них.

Политическая активность горожан является на протяжении исследуемого периода направляемой извне, чаще всего сверху. Она может являться следствием симпатии (чаще личной, эмоционально наполненной, чем политической), вызванной одним из конкурирующих в предвыборных баталиях политику. Однако вряд ли сторонники политика будут готовы на решительные действия в его поддержку (пикеты, акции в защиту), они скорее предпочтут вместе веселиться на организованном им же празднике.

Структуру мотивов политического участия можно проследить по оценкам мероприятий социально-политических организаций, фондов и обоснованиям этих оценок. Обращает на себя внимание, что отдельные мероприятия организаций и фондов избиратели оценивали выше, чем их работу в целом. Распределения ответов на вопрос: «Оцените мероприятия общественных и общественно-политических организаций», полученных в исследовании 2000 года представлены в таблице 3.16.

ТАБЛИЦА 3.16

Оценка мероприятий социальных организаций, фондов (в баллах и % от числа опрошенных)

| Мероприятие | Октябрь 2000, м/р Гайва | | | |
| | Фонд «А» | | НКО «Б» | |
	Ср. балл.	% давших оценку	Ср. балл.	% давших оценку
Концерты	-	0,0	4,2	19,6
Дискотеки в парке	-	0,0	4,0	17,7
Социальная столовая	4,1	14,0	4,2	14,7
Дискотеки	4,1	5,1	3,9	13,4
Сбор вещей	4,2	9,6	4,5	0,6
День пожилого человека	4,5	7,8	4,0	9,4

Фестивали	4,5	6,0	4,6	2,1
Праздник физкультурника	4,4	4,3	4,6	1,8
Вечера отдыха	4,4	3,6	4,5	5,6
Праздник пива	-	0,0	4,1	5,6
1 Сентября	4,5	2,6	5,0	0,5
День учителя	4,7	1,5	5,0	0,3
Озеленение района	4,7	1,5	4,5	2,8
9 Мая	-	0,0	4,3	2,9

Дать свою оценку (от 1 до 5 баллов) какому-либо мероприятию были готовы не более 1/5 опрошенных. Среди поставленных оценок мероприятий, проводимых общественными и общественно-политическими организациями, преобладали оценки «хорошо» и «отлично». Наибольшие баллы, как правило, получали мероприятия попечительского характера, их высоко оценивали даже те, кто впервые услышал об их проведении из уст интервьюера. Высоко оценивались те акции, которые касались если не непосредственно респондента, то хотя бы его возрастной или социальной группы. Например, День пожилого человека в исследовании наиболее высоко оценили врачи и учителя, респонденты в возрасте 31-40 и 51-60 лет, а вот студенты и респонденты в возрасте до 30-ти лет ставили низкие баллы. Дискотеки на «хорошо» обычно оценивались учителями и предпринимателями, на «отлично» – учащимися. Более известные мероприятия получили весь возможный диапазон оценок – от двойки до пятерки. Концентрация оценок в высших баллах была характерна для малоизвестных мероприятий – их запомнили только те, кому эти мероприятия понравились.

Многие из тех, кто дал работе социально-политической организации высокую оценку, не смогли аргументировать свое решение (55 аргументов на 103 оценки), низкие оценки пояснялись чаще (36 на 27) (см. таблицу 3.17).

**Обоснование оценок мероприятий
социальных организаций, фондов
(в абс. числах и % от числа опрошенных)**

| Мотив | Октябрь 2000, м/р Гайва | | | |
| | Фонд «А» | | НКО «Б» | |
	Абс.	%	Абс.	%
	Положительные оценки			
Хорошая идея, это необходимо делать	36	9,1	47	11,8
Вовлечение молодежи, сплочение людей	6	1,5	24	6,0
Приятна забота, внимание к пожилым	6	1,5	10	2,5
Забота о детях	7	1,8	-	-
Хорошая организация	0	0,0	7	1,8
	Отрицательные оценки			
Надо делать в другой форме, стыдно – как подачки	6	1,5	6	1,5
Портят парк, много мусора	0	0,0	26	6,5
Деньги идут не туда, конкретики не видно, работает на имидж	0	0,0	21	5,3
Организационные огрехи, редко проводятся	15	3,8	0	0,0
Чего-то не хватает, нет размаха	8	2,0	17	4,3
Много спиртного, пьяных, драк	0	0,0	22	5,5
Подкупает людей, самореклама	7	1,8	0	0,0
Не знаю	6	1,5	4	1,0
Не ответили	299	75,3	211	53,1
Всего	397	100	397	100

Наиболее частым обоснованием высокой оценки была уверенность людей в необходимости существования подобных организаций – «помогает отвлечься от тяжелой жизни». При этом степени одобрения варьировались от «хорошая идея, все делают правильно» до «раз работают, значит это кому-то нужно». Низкие оценки аргументировались нерегулярностью мероприятий, их плохой организацией, недостаточной степенью охвата («это только для самых бедных»). Самые эмоциональные высказывания относятся к морально-этической стороне деятельности таких организаций, особенно мероприятий, распределяющих помощь в натуральной форме: «пенсию платить надо, а не обедами кормить», «стыдно на людей смотреть, лучше б пенсию дали, а не обеды», «я сама туда (на обеды) не хожу, это унижает; но другие относятся хорошо».

О приемлемости и даже необходимости массовых развлекательных мероприятий в ходе избирательной кампании свидетельствуют и данные исследования 2006 года, проведенного незадолго до голосования. Один из кандидатов в депутаты Городской думы устраивал несколько раз в месяц «дворовые» концерты на 2-4 дома, тогда как его соперники использовали другие приемы. В таблице 3.18 представлена разница оценок избирателей, живущих в разных частях округа.

ТАБЛИЦА 3.18

Знание, симпатия и выбор кандидата как «достойного» в зависимости от дворовых концертов

Исследование конца февраля 2006 года, м/р Гайва и Заозерье

(в % от числа опрошенных в каждой группе)

Показатель	Дома, в которых концертов *не было*	Дома, в которых концерты *были*	Разница
Информированность	42,9	43,4	+ 0,5
Симпатии	22,1	31,7	+ 9,6
Мнения о достойности	25,7	35,5	+9,8
Соотношение домов	68,7	31,3	

Обнаружилось, что жители домов, рядом с которыми проходили концерты (вне зависимости от того, когда они были организованы – в январе или феврале) сильнее симпатизируют проводившему их кандидату и больше уверены в том, что он достоин депутатского удостоверения.

Вывод по индикатору. Принципы политического участия пермских горожан не включают в себя собственно политический компонент. Голосование на выборах для избирателей подобно ритуалу, привычному, но не слишком отрефлексированному действию. Возможна и другая стратегия, в рамках которой голос становится кратковременным и малоценным товаром, обмениваемым на похлебку, нехитрое развлечение или подарок. Иногда избиратели оценивают не только собственные выгоды, но и общую «социальную справедливость» действий кандидата. Политик будет тем симпатичнее избирателям, чем больше он себя проявит на этом поприще. Уровень активности, не подкрепленной материально, в иных политических акциях низок.

Индикатор 3: особое восприятие и принципы оценивания политиков избирателями. Использование количественных методов исследования наложило определенные ограничения на изучение восприятия политических фигур. В качестве основных показателей были взяты оценки деятельности политиков (преимущественно депутатов) и обоснования политической симпатии (т.е. готовности проголосовать) к кандидатам.

В избирательных округах города в исследованиях 2000-2001 гг. наблюдается удивительная однородность оценок работы депутатов разного уровня. Их средний балл – 2,9-3,2. Однако поставить оценку своему депутату смогли не более 57% избирателей (нижний порог – 5%) (см. таблицу 3.19).

ТАБЛИЦА 3.19

Оценка работы депутатов разного уровня
(в средних баллах и % от числа опрошенных)

Депутаты/исследование	Ср. балл.	% давших оценку
Государственной думы		
Июль 2000, м/р Гайва	3,3	35,8
Июнь 2000, Мотовилихинский район города	3,5	34,0
Законодательного собрания		
Июль 2000, м/р Гайва	3,2	48,5
Июнь 2000, Мотовилихинский район города	2,7	7,5
Апрель 2001, Орджоникидзевский район	3,3	31,8
Сентябрь 2001, Орджоникидзевский район	3,3	56,3
Городской думы		
Июль 2000, м/р Гайва	3,5	57,4
Июнь 2000, Мотовилихинский район города	2,9	5,2
Апрель 2001, м/р Гайва и Заозерье	3,2	20,7
Апрель 2001, м/р Левшино и Голованово	3,2	18,2
Сентябрь 2001, м/р Гайва и Заозерье	3,1	46,6
Сентябрь 2001, м/р Левшино и Голованово	2,7	28,4

Более позитивно к результатам работы народных избранников относятся женщины, избиратели со средним или неполным средним образованием, а также люди старше 50 лет. Оценки, поставленные депутатам Государственной думы, зависели в слабой степени от рода занятий респондента и его возраста. На оценки работы депутатов Законодательного собрания области на фоне других факторов несколько более повлияло мнение респондента о направленности изменений в жизни района (или социальное самочувствие), оценка им работы местной районной админи-

Н.В. Шушкова

страции и демографические характеристики респондента. Оценки работы депутатов Городской думы находятся в слабовыраженной зависимости от рода занятий респондента и его социального самочувствия; в некоторых исследованиях наиболее достоверный прогноз оценки работы депутата Гордумы можно было сделать по месту проживания респондента.

Обоснования оценок, поставленных работе депутатов, касались как самой работы (например, избиратели упрекали депутата, что он не замечает их нужд, или курирует только некоторые территории в своем округе), так и фигуры народного избранника («*целеустремленный*», «*у него родители хорошие*», «*трусоват, не общается с народом*»).

В исследовании 2005 года оценки работы депутатов остались невысокими и даже еще немного снизились, однако, в целом увеличилось число тех, кто был готов эти оценки ставить (см. таблицу 3.20).

ТАБЛИЦА 3.20

Оценка работы депутатов разного уровня

Исследование декабря 2005 года, м/р Гайва и Заозерье

(в средних баллах и % от числа опрошенных)

Депутаты/исследование	Ср. балл.	% давших оценку
Государственной думы		
м/р Гайва	2,8	41,7
м/р Заозерье	2,5	31,7
Законодательного собрания		
м/р Гайва	2,6	36,9
м/р Заозерье	3,0	33,3
Городской думы		
м/р Гайва	2,4	31,7
м/р Заозерье	2,1	11,7

В обоснованиях оценок прослеживается ранее обнаруженное совмещение результатов работы депутата и его личной привлекательности/ отсутствия оной в глазах избирателей, однако, используются эти две составляющие не универсально. Те из наших собеседников, кто ставил низкие (1-2 балла) оценки депутатам, в большинстве случаев (до 83% давших комментарии) обосновывали их ссылкой на плохую работу, или полное отсутствие такой работы. Вот некоторые из высказываний: «*перед выборами наобещают, а потом исчезают и не видно их*», «*всё сделают, чтобы прорваться, а потом – ничего*», «*стена стеной – не помог, когда к нему ходили*», «*решают только свои личные вопросы*», «*пользы никакой*», «*работы не вижу, даже забыла о нем*», «*для детей делает, а для нас – нет*», «*программы неплохие, но все в застое*», «*не касается меня, рабочего человека*». Респонденты, дававшие положительные оценки депутатам (4-5 баллов), зачастую ссылались на привлекательные личностные черты политиков и симпатию к ним (от 65 до 90%), а вовсе не на депутатские достижения. Они говорили: «*хороший человек*», «*достойный человек*», «*толковый*», «*есть в нем что-то человечное*», «*в помощи не откажет*», «*правильный мужик*», «*мне нравится*», «*наш, местный*».

Иными словами, когда избиратель говорит о «плохой работе депутата», скорее всего, мы имеем дело с некоторой рационализацией, попыткой сделать свое негативное отношение к депутату осмысленным, стремлением объяснить антипатию объективными фактами. Симпатия же, напротив, в таких основательных объяснениях и доказательствах с помощью положительных примеров не нуждается; нейтрально-хорошее отношение к политикам является нормой для пермского политического поля.

В таблице 3.21 приведены высказанные респондентами в двух исследованиях 2001 года причины симпатии к действующим депутатам и кандидатам в депутаты, объединенные в группы.

ТАБЛИЦА 3.21

Обоснование симпатии к кандидатам
в депутаты Законодательного собрания
Пермской области
(в % от числа сторонников)

Аргумент	Ноябрь 2001, м/р Гайва	Ноябрь 2001, центр города, Кандидат А	Ноябрь 2001, центр города, Кандидат Б
Личные качества (молодой, энергичный / грамотный, лидер)	16,5	33,3	25,0
Дела делает	26,6	9,8	13,1
Опыт	5,8	0,0	23,8
Устраивает его программа	0,7	21,6	0,0
Нравится мне, доверяю	14,4	17,6	11,9
Знаком с ним лично	36,0	15,7	23,8
Состою в его партии	0,0	2,0	0,0
Не знаю	0,0	0,0	2,4
Всего	100,0	100,0	100,0

Значительному числу избирателей для симпатии достаточно было просто *знать* кандидата. Политические симпатии в своей основе имели также личностную приязнь, политик должен был обладать привлекательными личными качествами и вызывать у окружающих доверие. В отношении действующих депутатов важными являлись аргументы об их активной деятельности или (в иной формулировке) опыте работы; кандидат в депутаты симпатичен обещаниями («нравится то, что он собирается сделать»). Женщины чаще перечисляли личные качества депутатов, а мужчины – их программу и знакомство. Для избирателей с высшим образованием были более важны личные характеристики, со средним – доверие и программа действий.

Основными аргументами в пользу победы того или иного кандидата в губернаторы выступали индивидуальные личностные характеристики претендента (см. таблицу 3.22).

ТАБЛИЦА 3.22

Обоснование симпатии к кандидатам в губернаторы Пермской области
(в % от числа опрошенных)

Аргумент	Ноябрь 1 2000, город	Ноябрь 2, 2000, город	Ноябрь 3, 2000, город	Ноябрь 4, 2000, город
Голос за конкретного кандидата				
Личные качества кандидата, его исключительность	18,8	25,7	33,3	22,5
Опыт, знание проблем, реальные дела	20,0	19,8	8,0	19,7
Известность, популярность, поддержка народа	10,0	11,3	11,5	15,8
Доверие, "я голосую за него"	9,8	12,7	21,7	14,7
Противопоставление негативного образа действующего губернатора и образа претендента	2,9	4,0	3,3	4,7
Интеллектуальные размышления	3,3	1,7	3,0	0,5
"Каждый должен быть на своем месте"	2,2	0,5	0,0	0,0
Ответ "не знаю"				
Не знаю кандидатов	3,6	2,0	1,3	0,0
Не определился, еще рано	3,8	2,2	0,8	0,0
Не ответили	25,6	20,2	17,0	22,2
Всего	100,0	100,0	100,0	100,0

Важность личных качеств кандидата («*смышленый, способный*», «*активный, деловой*», и даже «*хороший человек, не пьяница*») возрастала с повышением уровня образования избирателя, одновременно с этим падала значимость опыта работы претендента («*поднял город из руин за 4 года после Филя*[54]», «*сделал дороги*»[55]). Вторая по значимости группа аргументов – это лично испытываемые респондентом положительные чувства (доверие, симпатия) и известность кандидата («*много мелькает, дело видно*», «*город проголосует за него*»). Малозначимы – политическая программа, знание проблем области. Как следует из таблицы, по мере приближения к выборам, личные качества и доверие к кандидату становились все более весомыми аргументами.

Обоснования симпатии к кандидату в мэры, высказанные горожанами в том же исследовании, частично совпадали с аргументами, выдвинутыми в поддержку кандидата в губернаторы, но готовность их высказывать была меньше (см. таблицу 3.23).

ТАБЛИЦА 3.23

Обоснование симпатии к кандидатам в мэры г. Перми (в % от числа опрошенных)

Аргумент	Ноябрь 1 2000, город	Ноябрь 2, 2000, город	Ноябрь 3, 2000, город	Ноябрь 4, 2000, город
Голос за конкретного кандидата				
Личные качества	3,4	9,7	12,5	9,7
Дела, опыт работы	7,1	13,2	6,2	8,7
Знакомство, известность	4,0	3,7	3,5	4,5
Симпатия, доверие	4,0	11,0	13,7	10,5
Устраивает его политическая программа	0,0	1,7	1,0	4,5
Из команды Трутнева	0,0	3,5	1,8	2,3
Ответ "не знаю"				
Нет информации о кандидатах	20,1	11,8	8,2	7,7

---

54 Филь Владимир Емельянович (1945 - 2001). В 1990 – 1992 гг. – председатель исполкома Пермского горсовета; в 1992 – 1996 гг. – глава администрации города Перми.

55 В заслугу кандидату в губернаторы ставилась его активная деятельность на посту мэра областного центра, отличавшая его от предшествовавшего главы города.

Еще рано, не определились	17,6	7,3	7,0	6,3
Никому не доверяю	1,7	2,0	1,0	0,5
Ответ "нет достойных кандидатов "				
Не вижу достойных кандидатов	13,1	4,5	6,0	0,3
Трутнев – самый лучший, много сделал для города	4,0	0,0	5,3	1,7
Не ответили	25,1	31,7	33,9	43,3
Всего	**100**	**100**	**100**	**100**

Основным критерием выбора нового мэра, по ответам респондентов, являлись способность вызывать доверие и симпатию у избирателей («импонирует», «ближе к сердцу», «из народа»), личные качества кандидата («он такой мужчина, который может все»), а также его опыт работы («областью командовал»). Значимость опыта работы как аргумента за кандидата по мере приближения к выборам падала, а доверия – возрастала.

В начале избирательной кампании по выборам мэра областного центра осенью 2000 года чуть менее одной трети горожан считали, что достойной замены действующему мэру – Трутневу[56] – просто нет, еще две трети ответили, что «не знают, кто может его заменить». Стойких приверженцев мэра было больше в группах избирателей до 30-ти лет, людей интеллигентных профессий. Среди аргументов такой позиции преобладали нерациональные субъективные высказывания, свидетельствующие о любопытном феномене – слиянии в общественном сознании горожан должности мэра с образом Ю.П. Трутнева[57] (см. таблицу 3.24).

---

56 Фамилия «Трутнев» была в начале десятилетия знаковой для жителей областного центра. На выборах 2000 года он успешно выдвигался в качестве претендента на губернаторский пост, однако, для жителей города это означало, что они останутся без «хорошего руководителя». Об отношении высокостатусных групп к фигуре Трутнева уже на посту губернатора – см. ниже параграф «Патернализм в политическом поведении элиты».

57 Трутнев Юрий Петрович – министр природных ресурсов и экологии РФ, в 1996 – 2000 гг. – глава города Перми; 2000 – 2004 гг. – губернатор Пермской области.

ТАБЛИЦА 3.24

Обоснование ответа «никто не может заменить действующего мэра» (в абс. числах и % от числа опрошенных)

Аргумент	Октябрь 2000, город	
	Абс.	%
Действующий мэр имеет опыт, знает все, что нужно городу, все делает правильно	74	12,3
Действующий мэр умный, нравится, яркий лидер, молодой, подходит нам	47	7,8
Другие не смогут справиться, нет достойных, не те кандидатуры	34	5,7
Я знаю только действующего мэра	30	5,0
Всего	185	30,8

Высказывания были очень эмоциональными, содержательно они отражали личные качества действующего мэра (некоторые из них были приписанными), позитивные чувства и эмоции, им вызываемые (*«лучше мэра не надо»*, *«я его люблю, он много сделал»*). Высказывались также мнения о том, что выборы не нужны, лучше *«пусть Трутнев сам выберет преемника»*.

В исследовании 2006 года респондентов просили обосновать уже не симпатию к кандидату, а высказанную уверенность в том, что политик достоин стать депутатом думы. Изменение формулировки вопроса анкеты (от «Кто Вам симпатичен и почему?» к «Кто достоин стать депутатом и почему?») стало следствием модификации политического языка в прошедший период; все чаще о политиках и в СМИ, и в частных беседах стали говорить как о «достойных», подразумевая некоторое их превосходное свойство. Сформулированные респондентами аргументы в поддержку одной из кандидатур представлены ниже (см. таблицу 3.25).

Обоснование того, что кандидат достоин стать депутатом Городской думы г. Перми

Исследование начала февраля 2006, м/р Гайва

(в % от числа ответивших на вопрос)

Аргумент	Кандидат А	Кандидат Б	Кандидат В
Личные положительные качества	31,8	19,7	29,3
Наиболее известен	24,5	19,7	22,0
Положительные дела	20,0	26,8	12,2
«Свой», «наш»	14,5	1,4	9,8
Политические положительные качества	7,3	16,9	7,3
Мне так кажется	5,5	5,6	19,5
Необычная агитация	1,8	-	-
Окружающие хорошо отзываются	-	9,9	-
Всего	105,5	100,0	100,0

Примерно за месяц до выборов обосновали свое мнение о достойном кандидате от 10 до 26% опрошенных. Чаще всего в своих высказываниях респонденты ссылались на личные качества кандидатов («*мужественный, глаза честные*», «*образованный, умный*», «*молодой*», «*активный, открытый для народа*»), только для одной из кандидатур «дела» оказались весомее индивидуальных черт. Территориальная отдаленность микрорайона от центра города проявилась в том, что актуализировался такой признак кандидатов как «свой». Сравнивая аргументы в поддержку кандидата с теми, что высказывались в исследованиях начала десятилетия, видим содержательные изменения: избиратели перестали ссылаться на «опыт работы», под которым подразумевалась работа на любых руководящих должностях, на его место пришла «известность», знание политика многими людьми («*говорят о нем много*»), публичность его фигуры.

Вывод по индикатору. Оценка политическим акторам выносится

Н.В. Шушкова

в соответствии с долей попечительских действий (или действий, оцениваемых избирателями как попечительские[58]) ими совершаемых. Она зависит от того, в каком районе округа проживает избиратель, что позволяет говорить о клиентской лояльности, проявляемой в обмен на внимание политика к нуждам района.

Представления о политиках персонифицированы, отсутствует эталонный, целостный образ политика. Каждая из клиентских групп поддержки имеет собственное представление о необходимых политику чертах. Общим для них является то, что в образе политика демонстративное сострадание ближним должно подкрепляться набором ярких позитивных личностных черт. Их список для каждого политика настолько велик и рассогласован, что не возникает сомнений – это сконструированные личности. Созданием «правильной» личности занимаются и руководители предвыборных кампаний, и сами горожане, собирая для этих целей воедино разнообразные, привлекательные для них характеристики. Для победы над конкурентами, однако, необходимо еще вызывать у избирателей подкрепленное эмоционально доверие. Скучные политические программы жители города не приемлют, чем дальше, тем меньше ориентируются на прошлый опыт работы.

Индикатор 4: представления избирателей о задачах, решаемых местными политиками. Главными задачами мэра города (См. Табл. 3.26), сформулированными респондентами в исследовании 2000 года, являлись благоустройство города (сделать город чистым, ремонтировать дороги, наладить работу общественного транспорта), помощь пенсионерам, повышение благосостояния всех горожан и борьба с преступностью (так считали по 20-30% избирателей). Чуть менее важными в его работе представлялись жилищные проблемы (отремонтировать жилые дома, восстановить строительство), проблемы бюджетных сфер (образования и здравоохранения), частные проблемы благоустройства (осветить улицы, благоустроить дворы и детские площадки, улучшить снабжение водой),

---

58   В одном из исследований 2005-2006 гг. избиратели ставили в заслугу симпатичному им кандидату то, что он «сделал ручки в автобусах», тогда как кандидат просто поместил свою предвыборную рекламу на поручнях в общественном транспорте. Действие воспринималось жителями отдаленного микрорайона, вынужденными много времени проводить в поездках по городу, как «помощь, забота о нас».

144

помощь социально незащищенным, сохранение курса прошлого мэра и поднятие производства (5-12%). Такие задачи, как планирование бюджета города, выполнение бюджета, поднятие престижа Перми находились в конце списка (1-2%).

ТАБЛИЦА 3.26

Круг обязанностей мэра города
в представлении избирателей
(в абс. числах и % от числа опрошенных)

Аргумент	Октябрь 2000, город	
	Абс.	%
Сделать город чистым	185	30,8
Помогать пенсионерам	159	26,5
Ремонтировать дороги	132	22,0
Бороться с преступностью	80	13,3
Повысить благосостояние граждан	74	12,3
Наладить работу общественного транспорта	71	11,8
Отремонтировать жилые дома	54	9,0
Помочь образованию	54	9,0
Улучшить здравоохранение	45	7,5
Восстановить жилищное строительство	40	6,7
Благоустроить дворы и детские площадки	39	6,5
Поднимать производство, стабильную и без задержек зарплату	39	6,5
Помогать социально незащищенным, нуждающимся	35	5,8
Улучшить снабжение горячей и холодной водой	34	5,7
Осветить улицы	28	4,7
Продолжать начатое Трутневым	28	4,7
Воспитывать молодежь	25	4,2

Следить за торговлей, снизить рост цен, регулировать цены	24	4,0
Организовать досуг детей	22	3,7
Обеспечивать город теплом	15	2,5
Трудоустройство, борьба с безработицей	15	2,5
Обращать внимание на беспризорных детей и бомжей	11	1,8
Правильно планировать бюджет	10	1,7
Повышать престиж города	9	1,5
Решить национальные проблемы, ограничить въезд переселенцев в город	7	1,1
Проводить праздники	5	0,8
Развивать физкультуру и спорт	3	0,5
Всего	1243	207,1

Анализ двумерных зависимостей позволяет заметить, что каждая из социальных групп стремилась выделить среди задач, решаемых мэром, собственные, внутригрупповые насущные и перспективные проблемы. Например, людей старшего возраста беспокоили, прежде всего, помощь пенсионерам и другим социально незащищенным, а также проблемы чистоты города; людей среднего возраста – работа здравоохранения, ремонт дорог, подъем производства и стабильность зарплаты; молодых – проблемы с общественным транспортом, состояние образования.

Работа депутата (см. таблицу 3.27), по мнению жителей двух округов, выраженном в исследовании 2000 года, состоит в «знании интересов простых людей» (до 30%), «доступности для просьб людей» (20%) и решении конкретно-бытовых и частных проблем (в сумме более 25%). Лишь 19% избирателей формулировали ответы о том, что депутат должен «предлагать законопроекты», добавляя, что имеют в виду те из них, которые направлены на «облегчение нашей жизни», «чтобы простым людям лучше жилось».

Круг обязанностей депутата
в представлении избирателей
(в абс. числах и % от числа опрошенных)

Варианты ответа	Июль 2000, м/р Гайва		Июнь 2000, Мотовилихинский район города	
	Абс.	%	Абс.	%
Выполнять свои обещания	70	13,9	115	37,6
Знать интересы людей	146	28,9	85	27,8
Предлагать законопроекты, облегчающие жизнь людей	98	19,4	59	19,3
Быть доступным для простых людей	96	19,0	52	17,0
Заботиться о развитии района	79	15,6	36	11,8
Не давать увольнять людей, задерживать и сокращать зарплату	62	12,3	15	4,9
Бороться с коррупцией, преступностью, беззаконием	15	3,0	7	2,3
Контролировать деятельность администрации	13	2,6	8	2,6
Жить как простые люди	9	1,8	4	1,3
Повышать свой уровень образования	2	0,4	1	0,3
Заботиться о сносе ветхого жилья	0	0,0	7	2,3
Не ответили на вопрос	103	20,4	57	18,6
Всего	693	137,3	446	145,8

Депутат – фигура менее знакомая избирателям, чем мэр города, поэтому не все знают, каких результатов следует ждать от него: 1/5 опрошенных вообще не стали отвечать на вопрос, а многие из тех, кто делал высказывания, ограничивались общими словами. Тем не менее, в ответах отражена разница в опыте взаимодействия жителей разных округов (личного или опосредованного) с депутатами: если в одном из них требование «выполнять обещания» стояло на первом месте, то в другом приходило на ум отвечавшим значительно реже. Так же проявляются отличия в жизненных ситуациях жителей разных микрорайонов. Например, для одних актуально пожелание «не давай увольнять людей», для других – «решать проблему ветхого жилья».

В том случае, если респондентов просили назвать те черты, которые им нравятся и не нравятся в работе ими избранного депутата, то на вопрос отвечали менее половины избирателей, остальным депутат был просто не знаком (или они его не помнили) (см. таблицы 3.28 и 3.29).

ТАБЛИЦА 3.28

Привлекательные для избирателей черты работы депутата Законодательного собрания Пермской области (в абс. числах и % от числа опрошенных)

Варианты	Ноябрь 2001, Орджоникидзевский район города	
	Абс.	%
Дела делает	162	26,5
Знаю, нравится	29	4,7
Личные качества	27	4,4
Ничего	20	3,3
Опыт	2	0,3
Не знаю его	371	60,7
Всего	611	100,0

Те, кто знали деятельность своего депутата, больше всего ценили дела на благо народа: «работает с молодежью», «старается для пенсионеров что-то сделать», «оказывает спонсорскую помощь детским заведениям» и т.п. (до 32% избирателей).

Претензии к работе депутата высказали еще меньше респондентов (от 30 до 15% опрошенных), их содержанием стала низкая активность избранника, «плохая работа».

ТАБЛИЦА 3.29

**Непривлекательные для избирателей
черты работы депутата
Законодательного собрания Пермской области
(в абс. числах и % от числа опрошенных)**

Варианты	Ноябрь 2001, Орджо-никидзевский район города	
	Абс.	%
Плохо работает	110	18,0
Старается для себя	25	4,1
Просто не нравится	15	2,5
Отрицательные личные качества	4	0,7
Не знаю его	457	74,8
Всего	611	100,0

Итак, депутат должен «действовать», проявлять активность, причем такую, которая воплощалась бы в конкретных, заметных рядовому горожанину результатах (лучше всего, приносящих ему прямую пользу), тогда его работу оценят положительно.

Анализ советов действующим депутатам разного уровня, данных жителями отдаленного городского округа в исследовании апреля 2001 года, также дает возможность смоделировать круг их обязанностей в представлении избирателей. Группировки высказываний по депутатским должностям представлены в таблице 3.30.

ТАБЛИЦА 3.30

Советы действующим депутатам

Исследование апреля 2001 года, Орджоникидзевский район города (**группировки ответов на открытый вопрос**)

в зависимости от места работы депутата

Место работы депутата	Советы всем депутатам	Специфические
Депутат Государственной думы РФ	"заботиться о народе", "не воровать", "хорошо работать", "выполнять обещания", "общаться с народом", "побольше выходить в люди"	"разговаривать с людьми нормально", "выйти в народ", "лучше работать в Государственной Думе", "работать так же"
Депутат Законодательного собрания Пермской области		"больше появляться", "больше заботиться", "быть ближе к народу", "поменьше думать о себе, побольше о людях", "снести дачу, построить людям дома", "познакомиться с нашим районом", "обратить внимание на наш район"
Депутат Городской думы г. Перми		"быть понастойчивей, а то говорит нерешительно, неярко", "интересоваться проблемами людей", "выполнить то, что обещал на встречах", "лучше работать"

Избиратели давали как общие для всех депутатов советы, так и адресованные некоторым из них, однако, в обоих случаях формулировки советов предельно расплывчаты по содержанию. Ясно и отчетливо звучат только пожелания решить конкретные проблемы бытового характера, особые для каждого района, и просьбы о выполнении данных в ходе предвыборной кампании обещаний, касающихся жителей избирательного округа. При этом избиратели не достаточно хорошо соотносят существующие у них проблемы с должностным кругом обязанностей депутатов каждого из уровней законодательной власти. Например, решение одной и той же насущной проблемы ("освещение улиц") возлагается сразу же на депутата Государственной и городской дум, а также депутата Законодательного собрания Пермской области.

Сказанное выше обнаруживается и в ответах на вопрос: «Что делают названные Вами люди (т.е. помогающие тем, кому трудно)?» (см. таблицу 3.31).

ТАБЛИЦА 3.31

Люди, помогающие тем, кому трудно, и их дела

Исследование сентября 2001 года, центр города

(% от числа опрошенных)

Имена, должность	%	Поступки
Трутнев Ю., губернатор Пермской области	4,1	"ведет область, видны положительные результаты", "делал скидки пенсионерам в Универсаме", "льготы участникам чеченской войны", "начал преобразовывать город", "находится на своем месте", "дрова для пенсионеров", "работает хорошо", "относится хорошо, честный, нравится как человек", "благоустраивает город", "социальные проекты, помогающие людям", "поздравлял с праздником", "присылал матери поздравление с Днем победы", "привел в порядок дороги и освещение", "пытается сделать для народа что-то доброе", "ездит везде"
Неустроев И., депутат Законодательного собрания Пермской области	3,2	"в газетах пишут о благотворительных акциях", "столовая для пенсионеров, выступления на собраниях", "заботится о детях и пенсионерах", "поддержка малообеспеченных, социальные аптеки", "оказывает конкретную материальную помощь, а в нашем районе - никто", "для трудных подростков организовал школу, кормит пенсионеров", " бесплатное пиво, для детей – лошади", "помощь малоимущим продуктовыми наборами", "пожертвовал 5 тыс. на реабилитационный центр для наркоманов", "денежные премии школьным медалистам", "социальные аптеки", "помогает Индустриальному району", "помогает домам престарелых", "столовая для необеспеченных", "общественные пункты питания для бедных"

Кузяев А., депутат Законодательного собрания Пермской области, крупный бизнесмен	1,0	"помогает пенсионерам", "благотворительные акции ко Дню пожилого человека", "что-то делает", "помог мне построить АЗС", "решил какую-то проблему у пенсионеров", "посылал поздравления", "восстановление церкви в Курье, облагораживание родника"
Белоусов С., депутат Законодательного собрания Пермской области	0,8	"помогает пенсионерам – выдавал сахар и чай", "совет ветеранов, постоянно помогает", "поздравил с днем рождения", "председатель какого-то фонда", "помог школе №17"
Колбин А., кандидат в депутаты Законодательного собрания Пермской области	1,5	"социальную столовую сделал", "праздники какие-то для детей, колодец", "помог детям перед школой", "покрасил детский сад", "организовал фонд "ДЛ"", "начал делать колодец", "кормит", "собирает людей, предоставляет юриста", ""ДЛ" привели в порядок двор"
Каменев А., мэр города	1,1	"благоустраивает город", "назначает различные льготы", "облагораживает город", "старается продолжить дело Трутнева", "город чистит"
Аникина Н., депутат Городской думы	0,3	"помогает пенсионерам, малообепеченным", "всем помогает"
Анохин П., депутат Государственной думы РФ	0,2	"на встрече говорил, что перечисляет в детский дом"
Похмелкин В., депутат Государственной думы РФ	0,2	"помог области как депутат, для благополучия населения"
Не назвали	85,4	-

Горожане называли значительное число точечных благотворительных поступков популярных людей. Заметим, что в высказываниях редко присутствует оценка результатов их действий, акцент смещен на известность, публичность акций.

В исследовании августа 2006 года жителей нескольких микрорайонов просили вспомнить и назвать «добрые дела»[59] депутатов от их округов. Действия депутатов в разных территориях района были разными и по содержанию, и по интенсивности: где-то латали асфальт на дорогах, где-то косили траву на пустырях, где-то отоваривали старушек недорогими овощами (см. таблицу 3.32).

ТАБЛИЦА 3.32

Запомнившиеся «добрые» дела депутатов

Исследование августа 2006 года

(% от числа опрошенных в каждом микрорайоне)

Варианты ответа	Микрорайон			
	Гайва	Заозерье	Головано-во, Бумкомбинат	Лев-шино
Льготные автобусы	5,1	9,9	25,6	1,6
Благоустройство (дворы, освещение, вывоз мусора)	7,5	20,8	1,1	9,8
Детские площадки	1,4	1,0	2,2	9,8
Денежные вливания	2,1	5,0	2,2	-
Праздники, встречи	22,3	26,7	12,2	34,4
Подарки	4,1	9,9	2,2	3,3
Помощь социально незащищенным категориям	5,8	5,9	8,9	6,6
Ничего, нет таких дел	15,1	12,9	13,3	1,6
Не ответили	41,5	22,8	44,4	37,7
Всего	104,9	114,9	112,1	104,8

---

59 «Добрые дела» - еще одно новое выражение из актуального политического словаря, как правило, означающее те или иные виды прямой (иногда натуральной) помощи политика населению, чаще всего пенсионерам, но также и детям, подросткам, малоимущим и проч.

	ПДК	Январ-ский	КамГЭС	Моло-деж-ная
Льготные автобусы	12,5	-	-	4,2
Благоустройство (дворы, освещение, вывоз мусора)	10,0	-	-	16,0
Детские площадки	22,5	4,3	-	21,8
Денежные вливания	-	-	-	-
Праздники, встречи	40,0	8,7	3,8	23,5
Подарки	-	-	-	8,4
Помощь социально незащищенным категориям	12,5	8,7	11,5	18,5
Ничего, нет таких дел	7,5	9,6	11,8	10,9
Не ответили	20,0	73,0	72,8	22,7
Всего	125,0	104,3	100,0	126,0

На поставленный вопрос ответили в разных микрорайонах от 1/6 до 2/3 опрошенных. Высказывания дают возможность составить образ «народного депутата», привычный и для избирателей, и для самих политиков: своей работой он дополняет деятельность муниципальных и социальных служб, не забывая при этом развлекать «простой народ» и поддерживать тех, кому тяжело. Кандидаты в депутаты ориентируются во время предвыборных кампаний на этот образ как на эталон, пытаясь ему соответствовать по мере финансовых возможностей. Насколько приемлема такая трактовка депутатских обязанностей для избирателей, можно оценить по их отношению к «добрым делам» (см. таблицу 3.33).

ТАБЛИЦА 3.33

Отношение к социальным («добрым») делам депутатов

Исследование августа 2006 года

(% от числа опрошенных в каждом микрорайоне)

Варианты ответа	Микрорайон			
	Гайва	Заозерье	Голованово, Бумкомбинат	Левшино
Очень полезное, нужное и достойное дело	26,0	30,7	32,2	49,2
Самореклама, «показуха»	36,3	23,8	35,6	29,5
Занятие хорошее, но в целом бесполезное	2,4	5,9	1,1	8,2
Смотря, что они делают	11,0	8,9	6,7	1,6
Это работа в пользу бедных	0,7	2,0	2,2	-
Бесконтрольное расходование бюджетных средств	4,5	4,0	3,3	-
Не знаю, не задумывался об этом	19,5	24,8	20,0	11,5
Всего	100,0	100,0	100,0	100,0
	ПДК	Январский	КамГЭС	Молодежная
Очень полезное, нужное и достойное дело	75,0	21,7	26,9	53,8
Самореклама, «показуха»	17,5	8,7	7,7	22,7
Занятие хорошее, но в целом бесполезное	-	4,3	-	4,2
Смотря, что они делают	2,5	-	-	6,7
Это работа в пользу бедных	-	-	-	-
Бесконтрольное расходование бюджетных средств	-	-	7,7	-

Не знаю, не задумывался об этом	5,0	65,2	57,6	12,6
Всего	100,0	100,0	100,0	100,0

Жители района осознают, что политики совершают «добрые дела» не просто так, однако, это не мешает избирателям относиться положительно и к самим поступкам, и к человеку, их инициирующему и обеспечивающему финансово.

Итак, депутаты, как и другие представители власти, являются фигурами далекими, чужими, не готовыми выслушивать и решать проблемы людей; они не представляют народ, а возвышаются над ним. Поэтому на протяжении нескольких лет, по результатам исследований для избирателей, лица депутатов сливаются в одно. Вместе с тем, депутаты и другие лица по собственной инициативе осуществляющие социальную поддержку, заслуживают как минимум одобрения со стороны избирателей. Эта помощь, реально распространяемая только на отдельные группы, воспринималась и продолжает восприниматься как помощь для всех, общая помощь микрорайону/двору/дому/людям. Процент отрицательных реакций на подобную деятельность политиков весьма невелик.

Вывод по индикатору. Круг обязанностей политиков в глаза избирателей заполнен решением социально-бытовых, денежных, и зачастую сугубо частных проблем. Их считают ответственными и за работу городского транспорта, и за рост производства, и за сломанный и непочиненный вовремя холодильник. Забота о сирых и помощь *простым людям* (а именно к этой группе относит себя большинство пермских избирателей независимо от социально-экономического статуса) признаются главными политическими добродетелями. В общественном сознании горожан политик лишен политических обязанностей, ему могут простить партийную беспринципность (ее, скорее всего, даже не заметят), но не забывчивость по отношению к низовым нуждам избирателей. В этом смысле местный политик, депутат не мыслится как отдельная, самостоятельная фигура, его роль вспомогательная по своему характеру.

Индикатор 5: иерархия политиков. На вопрос о самых влиятельных, авторитетных людях в районе избиратели в начале десятилетия

в первую очередь называли мэра города, будущего губернатора области
– Ю. П. Трутнева (см. таблицу 3.34). Респонденты в исследованиях сами
называли фамилии, без подсказок со стороны интервьюера.

ТАБЛИЦА 3.34

Самые влиятельные люди в избирательном округе

(в абс. числах и % от числа опрошенных)

Фамилии	Июнь 2000, Мотовилихинский район города		Июль 2000, м/р Гайва	
	Абс.	%	Абс.	%
Трутнев Ю.	95	31,0	47	9,3
Игумнов Г.	32	10,5	18	3,6
Чумаченко Д.	-	-	35	6,9
Прохоров С.	-	-	29	5,7
Путин В.	8	2,6	3	0,6
Малышев Н.	5	1,6	-	-
Федоров В.	2	0,7	-	-
Другие люди (по 1 упоминанию)	17	5,6	33	6,5
Не назвали ни одной фамилии	147	48,0	340	67,3
Всего	306	100,0	505	100,0

Второе место делили известные во всем городе депутаты от данного округа, вице-губернаторы, мэр города. На третьем месте, как правило, оказывались пермские бизнесмены, политики общероссийского масштаба и местные (районные) начальники. Горожане с высшим образованием назвали в целом большее число разных фамилий, ответы остальных сосредоточены вокруг 4-5 фигур. Респонденты до 30 лет фамилии называли неохотно – среди них самая большая доля ответивших, что «не знают».

В начале первого десятилетия XXI века у пермяков сложилось четкое представление об иерархии политиков, причудливо сочетающее в себе в качестве статусных критериев должность, сферу интересов и экономический вес. На вершине пирамиды находился действующий глава области, именно он был призван оградить пермяков от повседневных жизненных неурядиц; за ним на разных ступеньках, сообразно рангу, следовали люди, считающиеся его помощниками. События следующих 6 лет способствовали разрушению некогда единой иерархии, исчезла вершина пирамиды, нижние ярусы остались. В исследованиях 2006 года среди влиятельных лиц района, микрорайона уже не называют фамилия губернатора и очень редко вспоминают мэра города (см. таблицу 3.35).

В таблице приведены фамилии, названные не менее 20 раз; процент посчитан от числа давших хотя бы один содержательный ответ на данный вопрос.

ТАБЛИЦА 3.35

Влиятельные люди Орджоникидзевского района г. Перми
Исследование августа 2006 года
(в абс. числах и % от числа опрошенных)

Варианты ответа	Абс.	%
Бурнашов А.	87	11,6
Плотников В.	27	3,6
Ширинкин М.	24	3,2
Смильгевич В.	20	2,7
Логунов В.	19	2,5
Дмитренко Д.	16	2,1
Шубин И.	10	1,3
Друзья, родственники, коллеги	21	2,8
Нет таких	60	8,0
Не ответили	468	62,2
Всего	752	100,0

На вопрос о влиятельных людях района (м/р, поселка) ответили немного меньше 40% опрошенных. Первое место принадлежит депутату, представляющему округ в Законодательном собрании Пермского края. Второе – одному из пермских политиков, записанных молвой в оппозицию власти, деловому патрону названного депутата. Дальше перечислены депутаты Городской думы, избранные жителями района, один из кандидатов в депутаты, руководители районообразующего предприятия. На последнем месте – мэр города.

Вывод по индикатору. Можно предположить, что разрушение привычных представлений горожан о единой иерархии политиков привело к усилению локальных привязанностей к хорошо известным местным действующим лицам. Властное пространство распалось на отдельные фрагменты, границы которых определяются активностью тех или иных участников политического действия. Чаще всего за фигурой наиболее близкого депутата не заметно его политического патрона.

Индикатор 6: связь между политиками и избирателями, функционирование каналов информации. Коммуникация предполагает не только контакты, но также и знание сторонами друг друга. В опросах можно было непосредственно изучить лишь канал «от избирателей – к депутатам», однако и этого достаточно, чтобы построить модель политических взаимодействий в городском пространстве. Респондентам задавался вопрос: «Назовите депутатов от Вашего округа, района». Ответы, полученные в исследованиях 2000-2001 гг., свидетельствуют о том, что о своих депутатах (их фамилии, должности) были осведомлены не более половины избирателей в целом (см. таблицу 3.36).

ТАБЛИЦА 3.36

Осведомленность избирателей о депутатах от своего округа
(в абс. числах и % от числа опрошенных)

Депутат	Июль 2000, м/р Гайва		Июнь 2000, Мотовилихинский район города		Апрель 2001, Орджоникидзевский район города	
	Абс.	%	Абс.	%	Абс.	%
В Государственной думе РФ	30	5,9	35	11,4	78	13,0

В Законодательном собрании ПО	192	38,0	2	0,7	135	22,5
В Городской думе	270	53,5	2	0,7	193	32,2
Неверные фамилии	13	2,6	17	5,6	56	9,4
Не знают ни одного из депутатов	172	34,1	261	85,3	309	51,5

От 3 до 9% жителей города ошибались и называли предшественников действующих депутатов. Знание депутатов Государственной думы РФ – от 6 до 13% в разных избирательных округах, депутатов Законодательного собрания Пермской области – от 1 до 38%, депутатов Гордумы – 1 до 53%.

Не улучшилось знание депутатов и несколько лет спустя (см. таблицы 3.37 и 3.38).

ТАБЛИЦА 3.37

Осведомленность избирателей о депутатах
(в абс. числах и % от числа опрошенных)

Депутат	Декабрь 2005, м/р Гайва		Декабрь 2005, м/р Заозерье	
	Абс.	%	Абс.	%
В Государственной думе РФ	32	6,2	3	5,0
Неверные фамилии	53	10,3	1	1,7
Не знают депутата ГД	429	83,5	56	93,3
В Законодательном собрании Пермского края	18	3,5	1	1,7
Неверные фамилии	41	8,0	4	6,7
Не знают депутата ЗС	455	88,5	55	91,7
В Городской думе	37	7,2	1	1,7
Неверные фамилии	109	21,2	10	16,7
Не знают депутата Гордумы	368	71,6	49	81,7
Всего опрошено	514	100,0	60	100,0

Исследование проводилось за 4 месяца до очередных выборов депутатов Городской думы. Правильные фамилии депутатов назвали от 2 до 7% опрошенных, причем не обнаруживается существенной разницы в знании депутатов разного уровня.

ТАБЛИЦА 3.38

Осведомленность избирателей

о депутатах от своего округа.

Исследование августа 2006 года,

Орджоникидзевский район города

(в абс. числах и % от числа опрошенных)

Депутат	Абс.		%	
В Государственной думе РФ	59		7,8	
Неверные фамилии	107		14,3	
Не знают депутата ГД	586		77,9	
Всего	752		100,0	
	Округ А		Округ Б	
	Абс.	%	Абс.	%
В Законодательном собрании Пермского края	27	5,0	9	4,3
Неверные фамилии	73	13,4	23	11,1
Не знают депутата ЗС	444	81,6	176	84,6
Всего	544	100,0	208	100,0

	Округ I		Округ II		Округ III	
	Абс.	%	Абс.	%	Абс.	%
В Городской думе	67	17,0	72	49,7	78	36,4
Неверные фамилии	170	43,3	5	3,4	6	2,9
Не знают депутата Гордумы	156	39,7	68	46,9	130	60,7

Всего	393	100,0	145	100,0	214	100,0

Высокие показатели знания депутатов Городской думы объясняются тем, что с прошлых выборов прошло 5 месяцев. Именно нешуточная борьба за депутатское кресло, развернувшаяся в округе I, ввела в заблуждение значительную часть респондентов, назвавших в качестве победителя не того кандидата.

При ответе на вопрос анкеты, респонденты, называя фамилию политика, часто добавляли к ней выражение «где-то»; иными словами, даже зная правильную фамилию, избиратели не могли однозначно отнести ее к тому или иному законодательному органу. В этом случае слово «депутат» имеет скорее обезличенное значение – как далекий от народа (а вовсе не выбранный им) бездушный чиновник. Каждый из политиков (или просто фигур, присутствующих в массовом сознании жителей района), в свою очередь, воспринимается сугубо индивидуально как носитель личностных черт, а вовсе не возложенных на него полномочий.

Проверочный вопрос, задаваемый в исследовании сентября 2001 года, «Что Вы можете сказать о своем депутате?» показал, что информированность респондента о депутате может ограничиваться знанием лишь его фамилии: ответ «ничего не знаю» дали от 29 до 74% избирателей. Среди тех опрошенных, кто дал содержательный ответ, от четверти до трети сказали «нормальный, но непонятно, что делает»[60].

Рассмотрим теперь активность и результативность коммуникаций «народ – власть». К депутатам разного уровня со своими проблемами обращались 3-5% избирателей (см. таблицу 3.39).

---

60 Респонденты давали депутату следующие характеристики: «не знакома, слышала, что помогает людям», «прошлый лучше был, были мероприятия в парке», «говорят, много себе цапает», «набивает карманы», «проворачивает свои дела на заводе», «я бы взорвала его виллу», «держится за свой карман», «холеные торгуют кабелем, а рабочим – гроши», «людям маленечко помогают», «ничего долго не делал», «поднимает Кабельный», «интересный», «прекрасный человек», «для детей делает много», «помогает всем, кто к нему обращается», «помогает, обеды организовывает, отоваривает, спасибо», «приезжал в садик, обещание выполнил», «делает нам добро», «хороший, мог бы сделать больше», «беспокоится немножко о пенсионерах», «старается», «слышно, видно», «в Заозерье много не делает», «давал конфеты детям, но не всем хватило», «пишут много, а сказать нечего», «один раз по 5 кг муки дали до выборов, а больше - ничего», «не посещает ЗС».

ТАБЛИЦА 3.39

Обращения избирателей
к депутатам своего округа
(в абс. числах и % от числа опрошенных)

Депутат	Июль 2000, м/р Гайва		Июнь 2000, Мотови-лихинский район города		Апрель 2001, Орджоникид-зевский район города	
	Абс.	%	Абс.	%	Абс.	%
Нет, не обращались	481	95,3	297	97,1	573	95,5
Да, обращались	24	4,8	9	2,9	27	4,5
Из них:						
Обращений к депутату Государственной думы РФ	0	0,0	4	44,4	6	22,2
Обращений к депутату Законодательного собрания Пермской области	14	58,3	0	0,0	4	14,8
Обращений к депутату Городской думы	10	41,7	5	55,6	14	51,9
К другим депутатам/статус депутата не установлен	0	0,0	0	0,0	3	11,1
Всего	505	100	306	100	600	100

Из-за небольшого числа обращений сложно достоверно оценить депутаты какого уровня более доступны для общения с избирателями; предположительно более открыты депутаты Городской думы. Результаты обращенийизбиратели оценивают так: в 37% случаев депутат помог решить проблему, в 56% – нет; остальные обращавшиеся за помощью не смогли дать однозначного ответа.

Избиратели также не могли однозначно охарактеризовать степень честности своих депутатов, верности взятым на себя обязательствам. В исследовании весной 2001 года на вопрос: «Выполняют ли депутаты свои обещания?» ответили менее 40% опрошенных (см. таблицу 3.40). Среди тех, кто дал ответ, от половины до 2/3 избирателей полагают, что депутаты свои обещания исполняют в полном или частичном объеме.

ТАБЛИЦА 3.40

Оценка выполнения данных депутатами обещаний

Исследование апреля 2001, Орджоникидзевский район

города (**в абс. числах и % от числа опрошенных**)

Вариант ответа	Депутат Госдумы РФ		Депутат ЗС ПО		Депутат Гордумы	
	Абс.	%	Абс.	%	Абс.	%
Выполняет все обещания	56	9,3	29	4,8	19	3,2
Выполняет некоторые	81	13,5	90	15,0	50	8,3
Не выполняет обещаний	70	11,7	114	19,0	54	9,0
Не ответили	393	65,5	367	61,2	477	79,5
Всего	600	100,0	600	100,0	600	100,0

В исследованиях 2005-2006 гг. респонденты, отвечая на вопрос: «К кому бы Вы обратились за помощью в трудной ситуации», ставили депутата на 6-7 место после родственников, коллег, начальства, и иногда даже после церкви.

Вывод по индикатору. Несмотря на сильную персонализацию политиков, и стремление представлять их в качестве близких и знакомых каждому избирателю людей, информация о депутатах крайне скудна, бессодержательна или неправдива. Политики не знакомы избирателю. Как правило, их фамилии забываются довольно быстро, если только СМИ не создают постоянных информационных поводов. Реальное взаимодействие политиков и избирателей является опосредованным и довольно коротким, инициированным «сверху». Однако в своих представлениях избиратели готовы обращаться, апеллировать к депутату и негодовать, если им кажется, что их не слышат и не замечают. Горожане утверждают, что «политик близок народу», но стараются не подвергать проверке это суждение.

Заметим, что в рассмотренных исследованиях не наблюдается

сильных, статистически весомых зависимостей между политическими действиями горожан и их социально-демографическими характеристиками. Ни пол, ни возраст, ни образование, ни род занятий в большинстве случаев не дают возможностей для достоверного прогноза политического поведения индивидов, включая высказывания по различным вопросам. Различия между разными группами горожан в отношении политики минимальны и укладываются в целом в патерналистские схемы.

Анализ данных, полученных в исследованиях, дал возможность реконструировать образ политического патрона, циркулирующий в массовом сознании. Какие-то из приписываемых политикам черт соответствуют действительности, какие-то – нет, но описанная избирателями модель поведения воплощается кандидатами в избирательных кампаниях довольно успешно. Они стремятся продемонстрировать понимание и заботу, совершая действия попечительского характера, выступить в костюме народного защитника, обнаружить эмоциональную, «человеческую» сторону жизни (конечно же, позитивного типа).

В чем же заключается патерналистская ролевая модель избирателя? Во-первых, в безмолствовании, сознательном или нет отказе от высказывания собственной политической позиции, оценки своих (или групповых) выгод/потерь от тех или иных политических решений. Безмолствование не означает отсутствие обсуждения политиков и их действий, если оно происходит в частной беседе, скорее, это неготовность формулировать собственные рациональные и обоснованные требования к политику. Во-вторых, в публичном бездействии, которое не затрагивает, однако, процедуру голосования. Голосование не выражает политической позиции либо из-за ее отсутствия, либо из-за невозможности ее реализовать через имеющиеся политические кандидатуры, поэтому не может быть отнесено к сфере активности. В-третьих, в примерке на себя одежд социально-обездоленных групп, предполагающую демонстрацию некоторого ущербного качества (от невозможности получить качественную медицинскую помощь до неспособности самостоятельно добраться из своего микрорайона до центра города). В таком костюме горожанин добровольно поддается на подкуп календариком, продуктовым набором, воскресным концертом, уборкой двора, т.е. всем тем, что ему либо не нужно, либо по силам самому.

Н.В. Шушкова

Патернализм в политическом поведении элиты

Рассмотренные выше патерналистские политические практики являются массовыми и по степени их стандартизации, и по численности, и по социальным позициям их участников. Для того, чтобы определить, какие модели политического поведения свойственны представителям высокостатусных социальных групп, воспользуемся данными экспертного опроса. Анализ интервью 2003 года позволяет сконструировать «элитистские» представления о политической фигуре действовавшего тогда губернатора и о структурировании политического поля его участниками. Представления, являющиеся отражением распространенных социокультурных установок элитных групп в этой сфере. Примененный ниже подход оставляет некоторые из индикаторов политического патернализма невостребованными (в частности, принципы политического участия), взамен более подробно представляя остальные. Этого, по моему мнению, достаточно для предварительной характеристики моделей политического поведения, сложившихся в среде региональной элиты в первую половину «нулевого» десятилетия.

Характеристика личностных и деловых качеств губернатора. Все опрошенные эксперты были готовы обсуждать личные и деловые качества губернатора области, правда, употребляя при этом лишь позитивные или нейтральные выражения. Высказывания не были эмоциональными, скорее, сдержанными и взвешенными. По словам респондентов, губернатор – человек скромный, «*не стремящийся к поступкам, которые бы там эпатировали публику*»[61]; однако, демонстрирующий «*очень хорошие деловые качества. Организаторские очень хорошие качества*»[62]. Эксперты солидарны друг с другом в том, что губернатор обладает значительными познаниями и умениями в экономической сфере («*деловой, наверное, у него стиль, конкрет-*

---

61 Интервью 1. Эксперт, представляющий правоохранительные органы, муж., строки 12-13.

62 Интервью 4. Эксперт, представляющий СМИ, жен., строки 12-13.

ный очень такой»[63]) и меньшими – в политической. Применяемый губернатором способ ведения дел характеризуется так: *«Стиль очень жесткий, очень жесткий. Если что-то не так, не нравится, то может вступить и в конфликт. То есть заявления проскакивают весьма жесткие»*[64]; именно такой стиль в их оценке является *«достаточно современным»*[65]. Вместе с тем, как подытожил один из экспертов, губернатор *«производит впечатление порядочного <...> человека, понимающего ситуацию, понимающего людей и сопереживающего им»*[66].

Итак, эксперты представляют личность губернатора как образцовую для современной экономики. Политика, а соответственно и политическая деятельность, находится, по их мнению, в подчиненном положении по отношению к хозяйственной и предпринимательской сфере поведения. Поэтому оправдана жесткость, директивность стиля управления, присущая главе области. Более того в этой директивности экспертам видятся признаки глубокого понимания губернатором человеческой природы, а также незыблемой компетентности во всех практических вопросах.

Характеристика подчиненных губернатора. Областная администрация – организация многоуровневая и многочисленная. Эксперты, однако, выражают мнение, что *«в ней очень мало политиков хороших, специалистов»*[67]. В команду губернатора или в «свиту», в «рабочих лошадок», эксперты записывают двух-трех заместителей главы области, тут же оправдываясь: *«Администрация, я думаю, что под Трутнева, это неразделимо. Там режим, скорее всего, авторитарный по подчинению»*[68]. То, что эксперты не назвали других важных фигур, подтверждает высказанное утверждение одного из них: *«... что касается тех, кто ниже, там вообще никого нет»*[69]. Все остальные работники администрации получили суровый вердикт: *«... инициатива и чиновник сегодняшний вот нашей администрации – это вещи не сопоставимые. Более того, их компетент-*

63 Интервью 1. Эксперт, представляющий правоохранительные органы, муж., строки 3-4.

64 Интервью 12. Эксперт, представляющий СМИ, муж., строки 9-11.

65 Интервью 8. Эксперт, представляющий СМИ, муж., строка 3.

66 Интервью 13. Эксперт, представляющий СМИ, муж., строки 15-18.

67 Интервью 4. Эксперт, представляющий СМИ, жен., строки 26-27.

68 Интервью 12. Эксперт, представляющий СМИ, муж., строки 26-27.

69 Интервью 4. Эксперт, представляющий СМИ, жен., строки 35-36.

ность удручающая»[70], а их деятельность была сведена к писарской: «*...в областной администрации ничего не могут сделать без программы. То есть им сначала надо программу разработать, а потом уже чего-то делать»*[71].

Областная администрация в глазах экспертов не имеет реального политического веса, все ее функции приписаны одному человеку. Работа чиновников представляется им бессмысленной, а они сами – лишь проводниками воли своего руководителя. Отмечается сильная централизация управления, все каналы замкнуты на губернаторе.

Оценка политики губернатора. Считая губернатора человеком деловым, эксперты высоко оценивают проводимую им политику, даже, несмотря на заметное отсутствие направленности «*нет, промышленной политики, экономической политики как таковой, как целой, сформированной, конечно же, нет»*[72]. Расшифровать то, из чего складывается губернаторская политика, эксперты не смогли: «*... попытки делаются. Результат, наверное, будет уже скоро. Сейчас над этим интенсивно работают»*[73]. Незнание конкретных действий экспертов не удручает, а, наоборот, дает основания для того, чтобы считать, что «*идет период проб и ошибок, идет своим путем»*[74], «*это все не просто, очень большая и кропотливая работа»*[75]. Действия губернатора популярны, как отмечают эксперты, среди большинства избирателей, он «*проводит такую политику, которая не дает возможности его врагам, противникам объединиться на одной платформе»*[76].

В текстах интервью сложно обнаружить детальный анализ деятельности губернатора, эксперты склонны к некритичным высказываниям о работе губернатора, имеющие положительную направленность. Незнание экспертами конкретных действий в рамках проводимой политики позволяет предположить, что на оценивание ими деятельности губернатора

70 Интервью 4. Эксперт, представляющий СМИ, жен., строки 69-71.
71 Интервью 8. Эксперт, представляющий СМИ, муж., строки 62-64.
72 Интервью 4. Эксперт, представляющий СМИ, жен., строки 48-50.
73 Интервью 13. Эксперт, представляющий СМИ, муж., строки 88-90.
74 Интервью 12. Эксперт, представляющий СМИ, муж., строка 22.
75 Интервью 13. Эксперт, представляющий СМИ, муж., строки 56.
76 Интервью 1. Эксперт, представляющий правоохранительные органы, муж., строки 85-86.

влияет общее позитивное отношение к его фигуре. Эксперты уверены, что главная цель губернатора – улучшить жизнь «простого народа», а его деятельность в целом характеризуется как «забота».

Место губернатора в политической иерархии. Эксперты единодушно признают подчиненные позиции всех основных политических акторов областного уровня одному человеку – губернатору. Такой вывод эксперты делали как на основе сравнения должностных позиций (и, по-видимому, связанным с этим неравенством подчинением): *«каждый конкретный член ЗС прекрасно понимает, **кто** он есть и понимает, кто есть губернатор»*[77]; так и апеллируя к личности губернатора: *«сильный лидер, как личность, а все остальные под него, в хвосте подстраиваются. И куда он, туда и они. То есть, что он сказал, так оно и будет»*[78]. Эксперты представляют пермское политическое поле как однозначно центрированное, присутствует уверенность, что *«на уровне области это все замыкается на фигуре губернатора»*[79](11, 36), что *«у него есть рычаги влияния»*[80]. По мнению экспертов, губернатор может столь же эффективно воздействовать и на экономические процессы в регионе: *«любой директор, любой руководитель бизнеса, даже в будущем депутат, все равно волей-неволей вынужден ориентироваться на губернатора»*[81], а также активно пользуется этой возможностью *«поддержка губернатора много значит, допустим...»*[82].

Часто употребляемое в местных СМИ, да и самими экспертами выражение «команда губернатора» – на самом деле не более чем эвфемизм. Вряд ли можно говорить о равноправии ее членов. Респонденты единогласно утверждают существование единственного центра в лице губернатора, которому подчинены все остальные политические и экономические акторы. Эксперты уверены в том, что губернатор обладает до-

---

77   Интервью 3. Эксперт, представляющий исполнительную власть, муж., строки 148-149. В цитате выделены интонационные ударения, сделанные в ходе интервью.

78   Интервью 4. Эксперт, представляющий СМИ, жен., строки 63-65.

79   Интервью 11. Эксперт, представляющий законодательную власть, муж., строка 36.

80   Интервью 13. Эксперт, представляющий СМИ, муж., строка 278.

81   Интервью 3. Эксперт, представляющий исполнительную власть, муж., строки 156-157.

82   Интервью 13. Эксперт, представляющий СМИ, муж., строка 343.

статочным потенциалом для того, чтобы корректировать позицию любого из них, независимо от организационной принадлежности и статусных позиций.

Взаимодействие обладминистрации и губернатора с бизнесом. Во всех интервью звучало мнение о том, что бизнес контролируется областной администрацией или лично губернатором: «*Пытаются [бизнесмены] подстраиваются под главу [обладминистрации]*» [83]; причем этот вариант взаимодействия признается легитимным обеими сторонами: «*Даже крупный бизнес сюда приходит, он предпочитает сначала договориться, какой-то договор заключить с администрацией, чтобы потом спокойно работать*»[84]. При этом контакты индивидуализированы, а информация о таких взаимодействиях достаточно закрытая, что позволило одному из экспертов заметить: «*Взаимодействие по-разному совершенно происходит. Никаких стандартных процедур здесь нет, и не бывает*»[85]. Это высказывание можно истолковать и по другому: каждому, кто хочет контактировать с властью, нужно найти индивидуальный подход к ключевой фигуре. Некоторые обобщения о взаимодействиях все-таки можно сделать: обладминистрация контактирует не со всеми бизнесменами: «*Помогают только тем, кто имеет доступ к ней. Или кому, тем бизнесменам, которые интересны, которые помогают отдельно взятым чиновникам или еще там кому-то*»[86]; конфликты провоцируются со стороны обладминистрации: «*… у областной администрации есть большие ресурсы воздействия как внешнего фактора на любое предприятие. Это различные проверки или, наоборот, преференции. То есть можно создать жизнь невыносимую*»[87]; чаще всего для воздействия на бизнес применяются не правовые (или находящиеся на грани легитимного) методы: «*… много других различных, и не всегда широко афишируемые методы, иногда это путем переговоров, которые не*

---

83   Интервью 12. Эксперт, представляющий СМИ, муж., строка 29.

84   Интервью 8. Эксперт, представляющий СМИ, муж., строки 120-122.

85   Интервью 2. Эксперт, представляющий законодательную власть, муж., строки 20-21.

86   Интервью 10. Эксперт, представляющий законодательную власть и бизнес, муж., строки 38-40.

87   Интервью 5. Эксперт, представляющий бизнес, муж., строки 73-75.

особо афишируются»[88]. Для экспертов не всегда понятен предмет взаимодействия власти с бизнесом, иногда они даже склонны принижать значение того, что предприниматель или хозяйственник получает от обладминистрации и подконтрольных ей структур: «*... в обмен на какую-то мнимую защиту от чего-то, каких-то преференций непонятных, в обмен получение каких-то больших финансовых средств или доли пакета акций*»[89]. Вместе с тем, респонденты склонны были оправдывать обладминистрацию, утверждая, что ее вмешательство в дела бизнеса *вынужденное*[90].

Эксперты отмечают *договорной* стиль взаимодействия обладминистрации с бизнесом. Суть таких контактов сводится к уступкам со стороны бизнеса в ответ на предупреждения и угрозы администрации. По отношению к экономическим субъектам действует принцип избирательности, обеспеченный их закулисными связями с чиновниками. Эти процессы, по сути, являясь незаконными, не получают осуждения в элитной среде, а рассматриваются как нормальные, естественные, конструктивные. Роль губернатора в большинстве случаев умалчивается, но его влияние на происходящие события и их одобрение подразумевается.

Взаимодействие обладминистрации и губернатора с ЗС ПО. Вопрос о взаимодействии областной администрации и Законодательного собрания области выявил разные мнения экспертов: одни считают, что это два самостоятельных органа власти, и потому они относительно независимы: «*Это две параллельные, независимые ветви власти [ЗС и областная администрация]. На самом деле никто не подчиняется. Просто у нас достаточно близкие позиции, вот и все*»[91]; другие, – что работа ЗС в значительной степени зависит от исполнительной власти: «*ЗС в основном контролируется областной администрацией, поэтому здесь, по сути, без труда проходят всякие законо-*

---

88   Интервью 1. Эксперт, представляющий правоохранительные органы, муж., строки 61-63.

89   Интервью 10. Эксперт, представляющий законодательную власть и бизнес, муж., строки 27-30.

90   Интервью 1. Эксперт, представляющий правоохранительные органы, муж., строки 47, 58. Интервью 13. Эксперт, представляющий СМИ, муж., строка 109.

91   Интервью 2. Эксперт, представляющий законодательную власть, муж., строки 86-89.

дательные инициативы»[92]. Последняя идея даже нашла свое выражение в экономической метафоре: «*Контрольный пакет ЗС принадлежит администрации области*»[93]. Заметим, что эта позиция многими экспертами, хотя и высказывается, но маскируется манерой выражения мысли: «*... со стороны администрации, скажем так, есть понимание проблем, которые перед нами [в ЗС] стоят, есть желание эти проблемы решать, исходя из тех условий, которые существуют, и тех возможностей, которые у них есть*»[94], или оправдывается: «*... всегда идет политика компромиссов, как я знаю, создаются комиссии, (...) в принципе, нет конфронтации, которая могла бы, явной конфронтации, чтобы допустим администрация была бы неправа полностью*»[95], «*если возникает спор, то ищем компромиссы. Полного соглашательства нет*»[96].

Эксперты описывают Законодательное собрание области как отдельный орган власти, однако, весьма зависимый от мнения представителей обладминистрации. Кроме того, эксперты отмечают, что депутаты ЗС стремятся сохранить добрые, бесконфликтные отношения с губернатором и его подчиненными, даже путем значительных уступок.

Степень влияния на политику других лиц, организаций, партий. Эксперты согласны друг с другом в том, что никакие органы государственной власти не могут сравниться с областной администрацией во влиянии на ключевые события в регионе: «*у муниципалитета никаких рычагов, которые могли бы помочь, посодействовать или повлиять*»[97], «*Федеральные структуры во многом, во многом действуют с оглядкой на областную администрацию. Так что все-таки ... лучше всего иметь хорошие отношения с областной администрацией*»[98].

92 Интервью 12. Эксперт, представляющий СМИ, муж., строки 66-67.
93 Интервью 10. Эксперт, представляющий законодательную власть и бизнес, муж., строки 72.
94 Интервью 1. Эксперт, представляющий правоохранительные органы, муж., строки 125-127.
95 Интервью 13. Эксперт, представляющий СМИ, муж., строки 235-238.
96 Интервью 9. Эксперт, представляющий законодательную власть, муж., строка 118.
97 Интервью 3. Эксперт, представляющий исполнительную власть, муж., строки 14-15.
98 Интервью 8. Эксперт, представляющий СМИ, муж., строки 127-129.

Респондентами было названо порядка десяти фамилий тех, кто влияет на пермскую политику. Одним из критериев для выделения таких людей стала близость к ключевой фигуре в политике: «*Ну, тот, кто имеет доступ к губернатору. Такой короткий и прямой доступ к губернатору и тот, кого губернатор открыто или не открыто поддерживает*»[99]; другим — связь с «*достаточно серьезными структурами*»[100].

Эксперты отмечают влияние на политику бизнес-структур, т.е. тех, кто «*платят большие деньги в бюджет, естественно, имеют право на какие-то приоритеты в общении с тем же губернатором, к примеру*»[101], к их числу отнесены владельцы нефтедобывающего и калийноперерабатывающего бизнеса. Однако, это влияние — латентное, дискретное и разобщенное, направленное на решение частных вопросов. Среди методов влияния — личное давление и прямое представительство интересов, когда: «*Пытаются влиять через выборы своих людей*»[102].

В интервью было названо несколько ассоциаций предпринимателей: НК «Сотрудничество», Торгово-промышленная палата, Гильдия добросовестных предприятий. Эксперты неоднозначно оценивали степень их влияния на политику, возможность отстоять свои интересы. Критики говорили: «*Эти ассоциации совершенно не эффективны, на мой взгляд*»[103], и «*[Те – Н.Ш.] которые считают, что влияют, есть, а реально влиятельных – нет. Таких-то много, а влиятельных нет*»[104]. Сочувствующие оправдывали: «*Я не могу сказать, что это «Сотрудничество» может как-то влиять, в серьезном отношении, но, по крайней мере, свои позиции оно высказывает и иногда находит отклик*»[105] и «*Проводят консультации, заявляют позиции. Все, пожалуй*»[106]. Один из экспертов так

---

99 Интервью 10. Эксперт, представляющий законодательную власть и бизнес, муж., строки 78-80.

100 Интервью 4. Эксперт, представляющий СМИ, жен., строка 189.

101 Интервью 1. Эксперт, представляющий правоохранительные органы, муж., строки 76-78.

102 Интервью 13. Эксперт, представляющий СМИ, муж., строка 168.

103 Интервью 12. Эксперт, представляющий СМИ, муж., строка 48.

104 Интервью 7. Эксперт, представляющий бизнес, жен., строки 33-38.

105 Интервью 4. Эксперт, представляющий СМИ, жен., строки 128-130.

106 Интервью 2. Эксперт, представляющий законодательную власть, муж., строка 50.

определил саму суть подобных организаций: «... *они проявляют себя не как общественная сила, а как какая-то бюрократическая сила, надстрой-ка, которая стоит над предпринимателями*»[107].

Политические партии также имеют небольшой политический вес в регионе. «*Не знаю, мне кажется, наши политические партии ни на что не влияют ...*»[108], – вот типичный ответ.

Ответы экспертов позволяют заключить, что на авторитет губернатора в пермской политике и за ее пределами, в иных публичных сферах, открыто никто не посягает. Более того, отсутствует даже скрытое противостояние. Вероятно, политические и общественные структуры в регионе имеют вид *этикеток* и выполняют иные, не свойственные им функции. Заметим, что изменение их деятельности связывается экспертами с избранием нового губернатора. Политическое и экономическое поле полностью контролируется губернатором, с добровольного согласия основных политических и экономических акторов.

Оппозиция губернатору. Эксперты единодушно отрицают возможность существования сильной и открытой оппозиции действующему губернатору: «*То есть в нынешней ситуации, мне кажется, что оппозиции у областной администрации нет, по крайней мере, серьезной. Раньше это было очень заметно*»[109], «*если она у нас есть, она так глубоко, что не поймешь: оппозиция это или нет (...) она просто молчит в силу ситуации, замерла просто, затихла, забыла, что она есть*»[110]. Причины этого эксперты видят в харизматических чертах личности губернатора: «*... есть такие фигуры, но у них, на самом деле, эти составляющие не равны: или политическая, или экономическая*»[111], а также в планомерном избавлении от конкурентов: «*... нелюбимых уже всех изгнали. От Быкова уже избавились, Булаев был, от него избавились, то есть от независимых*

---

107 Интервью 13. Эксперт, представляющий СМИ, муж., строки 186-188.

108 Интервью 4. Эксперт, представляющий СМИ, жен., строка 145.

109 Интервью 8. Эксперт, представляющий СМИ, муж., строки 263-265.

110 Интервью 10. Эксперт, представляющий законодательную власть и бизнес, муж., строки 10-16.

111 Интервью 9. Эксперт, представляющий законодательную власть, муж., строки 96-97

собственников»[112].

Итак, в публичном пространстве области мнения, альтернативные губернаторскому, отсутствуют. В этом смысле он обладает полной и безграничной властью слова, неподотчетной никому. Один из экспертов, будучи вовлечен в общий смысловой поток, усматривает в возможной оппозиции исключительно реакционность, противодействие прогрессивным нововведениям.

Проведенный анализ интервью позволяет утверждать, что патерналистская модель поведения, включающая в себя ориентацию всех сторон публичной (и, возможно, частной) жизни на единственного человека, чья фигура наделяется множественными возвышающими чертами и рассматривается как источник распределения всевозможных ресурсов, была в полной мере освоена областной политической и экономической элитой. При этом исполнение соответствующих – клиентелистских – ролей, соблюдение приличествующих ритуалов по отношению к власти не рассматривается ею сугубо в инструментальных терминах, а интернализированы в жизненные ситуации представителей этой группы. В «элитистском» варианте существуют отличия от патернализма большинства избирателей (среди них – стремление контактировать с главным патроном, идентификация себя как группы привилегированных клиентов, распространение «патронской» модели вниз – на своих подчиненных/избирателей и т.п.), однако, в целом, они являются развитием некоторых черт «массового» патернализма. В частности, нормативным для патернализма элиты, как и для патернализма избирателей, является присутствие соответствующей фигуры «отца», пригодной для формирования эмоционального образа. Нарушение этого правила стало ключевым для размывания сложившихся квазисемейных вертикальных моделей взаимодействия бизнеса и власти с назначением на должность губернатора области нового человека[113].

112   Интервью 4. Эксперт, представляющий СМИ, жен., строки 162-163.

113   См.: Лейбович О.Л., Шушкова Н.В. Кризисные формы политического патернализма в Перми // Российские элиты в условиях консолидации власти. Материалы Интернет-конференции. Пермь: РИО ПГТУ, 2006. С. 156-164.

Н.В. Шушкова

«Новый патернализм»: поведение избирателей в 2007 году

Количественные данные исследований 2000-2006 годов показывают повсеместное распространение политических практик и оценок, основанных на патерналистских принципах. Патернализм в политическом поведении горожан стал нормой, если и не воплощаемой каждым из избирателей в полной мере, то декларируемой большинством из них. Действия политических патронов в целом поддерживали сложившиеся нормы. Поворотным пунктом, положившим начало формированию нового образа политика, стала монетизация льгот. Часть местных политиков не только не поддержали пенсионеров – свой главный электорат – в их протестных высказываниях и акциях, но и начали публично – через газеты и телевидение – выражать антипопечительские взгляды. Они поучали избирателей, объясняя языком экономики целесообразность нововведений, они критиковали горожан за безынициативность и нежелание самостоятельно достигать материального благополучия[114]; то есть проявили чуждость, подчеркнули дистанцию, обозначили несходство статусов с рядовыми горожанами. Единое политическое пространство распалось. Изменения затронули и поведение избирателей. Данные, полученные в ходе фокусированных интервью, показывают некоторые параметры нового политического действия.

Избиратели стали подчеркивать свое политическое неучастие, характеризуя себя «аполитичными», «не интересующимися политикой». Несмотря на идентификацию себя в таком качестве, эти люди неплохо осведомлены о событиях местной политической жизни, замечают поступки депутатов, способны вспомнить факты из прошлого кандидатов, готовы давать им вполне обоснованные оценки: *«Мне этот человек известен. Обещания уже не помню, потому что как бы на эти выборы не ходил. Знаю, что практически вся его деятельность связана была со «Стройиндустрией» ... В принципе могу назвать его опытным полити-*

---

114 См. более подробно: Лейбович О.Л., Шушкова Н.В. Кризисные формы политического патернализма в Перми // Российские элиты в условиях консолидации власти. Материалы Интернет-конференции. Пермь: РИО ПГТУ, 2006. С. 156-164.

ком, вел социальную политику...»[115]. Дистанцирование от политики может быть вызвано неверно избранной кандидатами стратегией агитации: «...*может он хороший человек, и что-то сделал, но я ни за что не пойду за него голосовать. Ни за что, хотя я аполитична. Ну ладно, <...> может он бы со мной поговорил – мне бы рассказал, мне бы понравился, я, может, чему-то поверила. Но вот этим лозунгам - это же ужасно!»*[116]. Имеет значение и память о плохой работе избранных ранее депутатов: «*Я настроена негативно, у меня просто нет никакого желания на выборы ходить, потому что на это деньги такие уходят,... а выбираются «пустозвоны» одни»*[117].

Отрицательные отзывы о политиках обосновывались ссылкой на конкретные действия: «*Мутный он человек. Выступал против доплат, а сейчас реабилитироваться пытается. Как это он так быстро свое мнение поменял? А если не поменял, то как он может выступать на выборах и представлять интересы людей, если он сам против улучшения их благосостояния? Мне вот этот факт очень непонятен»*[118]; или бездействие: «*Ну вот, депутат Бойченко, мы ходили [к нему с вопросом – Н.Ш.] по этим подземным гаражам, которые просили не строить. Ну, тут действительно несоблюдение санитарных норм. Получается, мы сейчас живем в газовой пробке, ведь он не добился этого... <...> Сделал отписку, что тут уже давным-давно запроектированы эти гаражи»*[119].

Напротив, люди, считающие себя ответственными выборщиками, склонны отрицать необходимость довыборов в Законодательное собрание края, ссылаясь на то, что округ некоторое время вполне способен прожить без своего представителя: «*Зачем вводить нового человека, может быть уже там ограниченное количество времени – там 2 – 3 месяца, предположим. Зачем? Мне кажется, ущерба большого не будет*[120]», либо, предлагая заменить их недемократическими практиками: «*Я вообще-то считаю,*

---

115 Интервью 4. Мужчина, возраст от 30 до 50 лет. Работает. М/р Вышка 2.

116 Интервью 17. Женщина, старше 50 лет. Пенсионер, работает. М/р Садовый.

117 Интервью 3. Женщина, старше 50 лет, высш. образование. Пенсионер, работает. М/р Вышка 2

118 Интервью 6. Мужчина, возраст от 30 до 50 лет. Работает. М/р Вышка 2. .

119 Интервью 20. Женщина, возраст от 30 до 50 лет. Работает. М/р Садовый.

120 Интервью 19. Женщина, возраст от 30 до 50 лет. Работает. М/р Садовый.

что надо ... не типа выборами, <...> а назначением. Правда, было бы лучше»[121]. Сама процедура выборов также может трактоваться своеобразно: *«Проводятся довыборы, Яшина[122] будут выбирать...»[123]*.

Выборы, а, точнее предвыборная кампания, рассматриваются как «праздник для бабушек». Одни относятся к этому снисходительно: *«Конечно, хочется куда-то сходить. Мероприятия нужны больше пожилым людям. Молодежи мало ходит»[124]*; *«Бабушки стоят, смотрят. Особенно нравится, когда живая музыка. Мне приходилось мимо проходить, обычно не задерживаюсь. Но если вот гитары, духовые оркестры – вот это вот у бабушек находит отклик, у людей старшего поколения»[125]*. Другие – несколько отстраненно: *«Бабушек у нас завлекают тут разными проверками зрения, концертами, а мне это не интересно»[126]*. Кто-то даже поощряет: *«Я думаю, для бабушек это очень хорошее, как сказать, времяпрепровождение. По крайней мере, выйти из дома, сделать прическу и в люди выбраться. Ну, на них же в принципе все эти кампании и рассчитаны, потому что работающему населению не до этого»[127]*; *«Бабули да дедули со скуки помирают, а тут, если что хоть выйти можно, время провести, пообщаться, вопросы свои задать, проблемами поделиться!»[128]*. Сами пенсионеры знают, что концерты и праздники устраиваются «для них» и стараются не упускать возможность «выйти в люди»: *«Если этот концерт приехал к нам, нам это очень нравится. <...> Потому что, даже если куда-то купить билет, чтобы идти на концерт, для нас это уже по карману бьёт. А здесь нам бесплатно покажут, даже эти русские танцы спляшут. Нам это нравится. Хор даже вот этот русский споёт. <...> И, особенно, когда*

121 Интервью 18. Женщина, старше 50 лет. Работает. М/р Садовый.

122 Яшин Николай Арсеньевич – депутат Законодательного собрания Пермского края, в 2001 – 2007 гг. – вице-губернатор, советник, руководитель администрации Пермского края. Один из зарегистрированных кандидатов в депутаты в исследованном округе.

123 Интервью 11. Мужчина, возраст от 30 до 50 лет, высш. образование. Работает. М/р Городские горки.

124 Интервью 12. Женщина, старше 50 лет. Пенсионер. М/р Городские горки.

125 Интервью 2. Мужчина, возраст от 30 до 50 лет, высш. образование. Работает. М/р Висим.

126 Интервью 14. Женщина, возраст от 30 до 50 лет, высш. об разование. Домохозяйка. М/р Городские горки.

127 Интервью 16. Женщина, возраст от 30 до 50 лет. Работает. М/р Садовый.

128 Интервью 5. Женщина, старше 50 лет. Пенсионер. М/р Вышка 2.

дети выступают у меня даже и слеза выйдет»[129].

В рассказах о выборах неизбежно возникает и образ «пожилого агитатора». Некоторых «эксплуатация» политиками старушек задевает: «*Мне хочется сказать бабушкам: вас обирают, посмотрите как вы живете, а еще бегаете. Я понимаю, что им обещали за это небольшие деньги. Но мне кажется, наш человек плохо думает, что он делает и для кого он делает»*[130].

Еще более горожан возмущает реконструированное представление кандидатов о своем электорате: «*Перед этими выборами ведет такую кампанию, собирает пенсионеров через старшего по дому. Приносит билеты в цирк, и там тоже дают конфетку, картинку... Это отвращение вызывает. Концерт там, потом подарки: конфеты и бутылка вина. Зачем нас заманивать конфеткой? Так что это нечистоплотность. Для простых людей, нормальных - это отвратительно»*[131].

Многие из предвыборных акций однозначно определяются горожанами как подкуп: «*У него электорат кто? Пенсионеры. Вот им дал там по банке чего-нибудь. Или продал гнилых овощей. Я туда не подходил, но слышал, что бабка жаловалась. Вот его популизм. <...> Я принципиально не буду выбирать его. Мы люди достаточно, я считаю...»*[132].

Самые просвещенные и информированные горожане даже разговоры кандидатов об их будущей работе относят к этому запрещенному типу агитации: «*Вот вчера в библиотеке, тут, у нас, он выступал для пенсионеров. Обещал, наверное, опять много. Мне кажется, что это подкуп избирателей»*[133]; «*Все приходят, хвалятся... подкупают нас постоянно. Это вот у меня протест вызывает. У меня это просто вызывает протест»*[134].

Горожане не согласны сравнивать политиков только по той ин-

129 Интервью 7. Женщина, старше 50 лет. Пенсионер. М/р Запруд.

130 Интервью 14. Женщина, возраст от 30 до 50 лет, высш. образование. Домохозяйка. М/р Городские горки.

131 Интервью 13. Мужчина, старше 50 лет. Пенсионер, работает. М/р Городские горки.

132 Интервью 11. Мужчина, возраст от 30 до 50 лет, высш. образование. Работает. М/р Городские горки.

133 Интервью 6. Мужчина, возраст от 30 до 50 лет. Работает. М/р Вышка 2.

134 Интервью 17. Женщина, старше 50 лет. Пенсионер, работает. М/р Садовый.

формации, которую они о себе представляют во время предвыборной кампании: «*Конечно, там плохого не рассказывают, о недостатках своих никто не говорит. Но все равно знать надо, за кого голосовать. <...> Единственный минус, что говорят только хорошее, о своих каких-то промашках умалчивают*»[135]. Чтобы сделать обоснованный выбор, можно воспользоваться современными, не «карманными» СМИ, например, интернетом: «*Там-то уж напишут по всем правилам как хорошее, так и плохое*»[136]. Неприятие вызывает слишком активная агитация кандидата, не оставляющая избирателю возможности самому принять решение: «*... что-то типа газет, чтоб мы знали, какая у них программа. Но не так навязчиво. Мы уж сами будем решать. А то, давай за этого, только за этого*»[137].

Обоснованными будут оценки, опирающиеся на «программу» кандидата: «*Мое мнение непосредственно формируется, когда я вижу депутата, когда смотрю и слушаю его политическую кампанию, когда смотрю их дебаты...*»[138]. Более верный путь – следить за политической жизнью города и края все время, а не только перед выборами. Тогда избиратель способен сформировать собственное мнение: «*Это человек, который, ну так вот у меня ощущения по СМИ, который постоянно в Законодательном собрании инициирует какие-то странные там вопросы, которые, как правило, проваливаются. Человек, видимо немножко неуклюже так пиарится*»[139]; расставить участников предвыборной кампании по политическим статусам: «*Пусть избирается. Тем более они составляют оппозицию губернатору. Я считаю, что должен хоть кто-то оппозиционировать. Не всем же петь под одну дуду*»[140].

Новые принципы оценивания политиков меняют и требования к ним. Так, депутат должен «*контролировать, может быть рекомендовать что-то сделать*» исполнительным органам власти, городским службам,

135 Интервью 5. Женщина, старше 50 лет. Пенсионер. М/р Вышка 2.
136 Интервью 10. Мужчина, возраст от 30 до 50 лет. Работает. М/р Кислотные дачи.
137 Интервью 15. Женщина, старше 50 лет. Пенсионер. М/р Городские горки.
138 Интервью 6. Мужчина, возраст от 30 до 50 лет. Работает. М/р Вышка 2.
139 Интервью 2. Мужчина, возраст от 30 до 50 лет, высш. образование. Работает. М/р Висим.
140 Интервью 12. Женщина, старше 50 лет. Пенсионер. М/р Городские горки.

«потому что для этого забирают по 13% с каждого из нас»[141]; *«ста-раться организовать работу в своем районе, участке и т.д., чтобы люди, собственно говоря, жили в достойной системе»*[142] и не имели необходи-мости обращаться к нему с мелкими вопросами.

Однако в действительности новый образ политика-управленца не имеет той силы и убедительности, какая есть у политика-попечителя. Возможно, горожане просто сомневаются в способности отдельного че-ловека переменить, исправить бюрократическую систему. В интервью не-избежно звучали просьбы к депутатам и кандидатам, применялась шкала оценок, основанная на знании добрых дел, совершенным политиком. При-мер положительной характеристики кандидата: *«У меня к нему и знако-мые так сказать обращались…. так он слушать умеет. С проблемами не посылает!»*[143]. Цитата из интервью с собеседницей, высоко оценившей заботу политика о народе: *«Я знаю, что на Вышке там вот освещением занялся депутат. Я не помню фамилию. Это замечательно! Потому, что я туда – то езжу, в больницу к маме. Так там действительно было пло-хо с этим делом. Детские площадки тоже отлично! Потому что дворы у нас безобразные. И… видела, по телевизору показывали, что очистка берега реки была организована. Вот. И пенсионерки какие-то там сад разбивали. В общем, это на благо города. Я считаю, что это более про-дуктивная предвыборная кампания, нежели продукты по низким ценам. Это я "за"»*[144].

Чаще всего горожане ссылаются не на личную выгоду, а на то, что политик помог другим: *«… в школе вот ремонт провели. Это хорошо и спасибо им за это»*[145], *«… мы его работой очень довольны. Все, кто, что просили, не личные, я имею в виду, вот во дворе что-то, там пло-щадку или что-то, он занимался»*[146]. Отрицательную реакцию вызывает

141 Интервью 11. Мужчина, возраст от 30 до 50 лет, высш. образование. Работа-ет. М/р Городские горки

142 Интервью 14. Женщина, возраст от 30 до 50 лет, высш. образование. Домо-хозяйка. М/р Городские горки

143 Интервью 5. Женщина, старше 50 лет. Пенсионер. М/р Вышка 2.

144 Интервью 19. Женщина, возраст от 30 до 50 лет. Работает. М/р Садовый.

145 Интервью 9. Мужчина, возраст от 30 до 50 лет. Работает. М/р Кислотные дачи.

146 Интервью 12. Женщина, старше 50 лет. Пенсионер. М/р Городские горки.

несправедливость по отношению к обездоленным: «*Я не хочу голосовать за «Единую Россию». Она у нас отобрала льготы, которые мы ездили бесплатно... вот на трамвае. Вот старушка идет вся трясется, не может... с палкой, несет какие-то денежки. Они у нее в платке завязаны. Вот со мной на днях рядом сидела. Они рассыпались, собрать не может, плачет. Вот что это такое, зачем такое? Надо же считаться: или кто сейчас вышел на пенсию, или нашего поколения, именно пожилые*»[147].

В интервью наблюдается усиление символической дистанции между политиками и избирателями. Объяснения могут строиться по уже известной схеме: «мы его выбрали и он пропал»: «*Сегодня разговор шел, какие-то давать им поручения или депутатские наказы... это все ерунда. Он выберется и забудет все это или скажет, что решить невозможно*»[148]; либо политикам приписываются нехарактерные для простого человека свойства, например, служение: «*Он хороший. Он старался для людей. Но он сейчас в Москве. Москва забрала. Хороших-то забирают*»[149]. В первом варианте, скорее, выражено действительное отчуждение от политики вообще, во втором – напротив, включение в политику, которая символически соотносится с высшей, привлекательной сферой.

Одновременно в политические практики, принятые избирателями, вошли личные встречи с кандидатами, депутатами. Избиратели хотят видеть живого человека, как кажется, это повышает ответственность кандидата перед ними: «*Я думаю, что надо агитировать по телевизору, встречи, как-то так... Ну, вот плакат человека с его лицом. Ну как можно по нему информацию? Вот смотришь на человека, что он симпатичный? Какая у него челюсть? Так что ли? Человек же на работе находится. Они должны больше выступать, должны больше давать обещаний конкретных. И после того, как закончится его срок <...> должен отчитаться – вот я это, это, это сделал. <...> Вот каким образом Трутнев заработал баллы*»[150]. Иногда достаточно просто находится рядом с избирателями:

---

147   Интервью 15. Женщина, старше 50 лет. Пенсионер. М/р Городские горки. .

148   Интервью 11. Мужчина, возраст от 30 до 50 лет, высш. образование. Работает. М/р Городские горки.

149   Интервью 15. Женщина, старше 50 лет. Пенсионер. М/р Городские горки.

150   Интервью 11. Мужчина, возраст от 30 до 50 лет, высш. образование. Работает. М/р Городские горки.

«Вот в одно время, когда он баллотировался и уже был депутатом – это я видела реально, т.е. человек ходил как обычный, простой (смеётся) болельщик вместе со всеми – это раз. Второе, значит, он ...спонсировал проведение соревнований, поддерживал команду... Вот это я помню, т.е. это я видела реально, значит, реальные совершенно действия, вот»[151].

Избиратели ждут общения с самим политиком, замены, чаще всего, воспринимаются ими как попытка обмануть, пренебречь своим долгом: *«Мы сколько раз пытались несколько домов вот встретиться с ним [депутатом – Н.Ш.], и он никогда не приходил на встречу, а посылал только своих представителей. То есть он даже не удосужился узнать проблемы»*[152]; *«Мы вообще его не видели. Он личный прием сам не делал, там его команда принимала, а кому хочется идти к команде, чтоб потом через какое-то третье лицо ему передали»*[153].

От политика ожидают эмоциональных связей с избирателями, настоящих чувств, сложившихся в коммуникации с ними: *«Хотелось бы ... больше искренности, больше душевности какой-то. <...> То есть там как-то неприкрыто оболванивают, что-то там обещают, то есть какой то большей искренности, организованности хотелось бы. Понятно, что цель-то у них как бы одна, но, тем не менее, чтоб обманывали не столь явно»*[154].

Язык, которым избиратели описывают политиков, принятые эпитеты и способы выражения симпатии, отсылают к деревенским или домашним образцам: *«очень человечный»*, *«простой парень»*, *«всегда примет, поговорит»*, *«он как народный защитник»*, *«толковый, грамотный»*, *«вот, человек позаботился, хорошо, если это от души»*, *«он ни под чьим не под каблуком»*, *«я его очень люблю»*. Некоторые из интервьюируемых пытаются выстраивать свое представление о политике, используя традиционалистскую информацию: *«Я читаю: откуда он родом, из какой семьи... Это я читаю, вот. Дальше я вот не читаю... где он кончил, сколько*

---

151 Интервью 19. Женщина, возраст от 30 до 50 лет. Работает. М/р Садовый.
152 Интервью 20. Женщина, возраст от 30 до 50 лет. Работает. М/р Садовый.
153 Интервью 12. Женщина, старше 50 лет. Пенсионер. М/р Городские горки.
154 Интервью 2. Мужчина, возраст от 30 до 50 лет, высш. образование. Работает. М/р Висим.

он проучился, что он кончил, где работал – это я вот читаю»[155].

Итак, анализ интервью позволяет утверждать, что горожане отвергают образ политического патрона, реализуемый через «социальные акции», главными из которых стали концерты для людей старшего поколения, подарки (продуктовые и медицинские наборы, расцениваемые как «подачки»), распространяемые среди них же, а также «латание дыр» в городском коммунальном хозяйстве. Воспроизводство политиками этого образа ведет к тому, что горожане не идентифицируют себя в качестве избирателей, добровольно отказываясь от права выбирать в пользу пенсионеров, менее включенных в урбанизированное пространство, а, значит, сильнее верящих в искренность политических инсценировок. Вместе с тем, попечительские действия политиков, если они не сводятся к популистским акциям, востребованы всеми избирателями, не сложилось и нового языка для обсуждения политики и политиков.

Выводы

Пермская городская общность, ставшая объектом исследования, по своим основным социальным параметрам не является уникальной для российского социума. Политические процессы и ситуации, схожие с описанными выше, исследователи отмечают и во многих других регионах. Естественно, будучи зафиксированными как отдельные социальные факты, они не объединены под названием «политического патернализма», однако, особенности их проявления и функционирования позволяют это сделать. Поэтому выводы и гипотетические предположения, сделанные в исследовании, можно корректно распространить на широкое поле российской региональной политики.

Патернализм в начале 2000 годов являлся распространенной стратегией поведения в отечественном политическом поле. Он включает в себя как формы активного политического участия, так и традиционные, внеполитические по своему типу, модели поведения. Патернализм имел общесоциальный характер – он был в одинаковой степени присущ представите-

---

155   Интервью 7. Женщина, старше 50 лет. Пенсионер. М/р Запруд.

лям низших и средних слоев общества, и членам новых и старых элитных групп. Динамика политического поведения постепенно оттеснила патернализм в узкую сферу направленной социальной политики или адресных избирательных технологий; придав ему однозначную социальную прописку в группе людей третьего возраста. Однако ожидание попечительского действия, по-иному оформленного было характерно для представителей многих социокультурных групп горожан и в конце десятилетия.

Среди характерных черт патернализма в политике следует указать его достаточно высокую легитимность среди всех социальных групп. И рядовые избиратели, и буржуа склонны видеть в сложившемся на данный период времени варианте политического поля если не наилучший, то, по крайней мере, приемлемый порядок. Иные модели поведения как политиков, так и избирателей, хоть и появляются, но не получили до сих пор достаточного распространения. Горожане продолжают воспроизводить на индивидуальном и групповом уровнях советские традиции государственного попечительства, дополняя их элементами грубого экономического торга. Это причудливое сочетание позволяет патернализму сохранять свою традиционную привлекательность для социально-пассивных слоев населения и, одновременно, выглядеть достаточно современным и эффективным для продвинутых в экономическом отношении групп. Поэтому патернализм не скрывается, а, напротив, предъявляется во всем многообразии своих форм и видов.

Основным результатом распространения патернализма в политическом поле можно считать утрату последним его определяющего свойства. Речь идет о том, что становится некорректным говорить не только о типе политического действия, но и о политическом действии как таковом. Мы наблюдаем в городском пространстве множество разрозненных индивидов, осознанно или неосознанно стремящихся через участие в политических процессах решить индивидуальные (или, что встречается реже, отнесенные к групповым) проблемы экономического свойства. Их стратегии поведения, будучи неуклюжими, не приводят к желаемым результатам. В этом, по видимому, кроется источник некоторого отчуждения от политики, препятствующего ее становлению.

Сложно указать на референтную группу, инициирующую политический патернализм. Проведенные исследования позволяют утверждать, что патернализм в поведении элиты не всегда является инсценировочным. Социальные группировки, занимающие высокие статусные позиции, могут искренне принимать политическую ситуацию, в которой им отведены третьи роли при главном патроне в лице губернатора. Даже более того, приспособившись к ее недостаткам и преимуществам, они стремятся сохранить институциональные практики при смене главного действующего лица.

Патерналистский тип избирателя, распространенный в городской общности, неэффективен в исполнении своих основных обязанностей. Он не имеет достаточного политического веса (и, замечу, не стремится его получить), чтобы воплощать собственные политические пристрастия. Протестное поведение для него не свойственно, а ценностные предпочтения находятся в стадии формирования. В этих условиях политика вытесняется на периферию социального пространства, усугубляя атомизацию современного российского общества.

Примечания к 3 главе

Исследование № 1. Объект исследования – жители избирательного округа № 17 (м/р Гайва) по выбору депутатов городской думы г. Перми. Метод исследования – телефонное стандартизированное интервью. Дополнительный метод – квартирное интервью. Время проведения полевых исследований – 1-3 июля 2000 г. Выборка – квотная по демографическим параметрам, N = 505.

Исследование № 2. Объект исследования – жители избирательного округа № 17 (м/р Гайва) по выбору депутатов городской думы г. Перми. Метод исследования – телефонное стандартизированное интервью. Дополнительный метод – квартирное интервью. Время проведения полевых исследований – 7-8 октября 2000 г. Выборка – квотная по демографическим параметрам, N = 365.

Исследование № 3. Объект исследования – жители избирательного округа № 17 (м/р Гайва) по выбору депутатов городской думы г. Перми. Метод исследования – телефонное стандартизированное интервью. Дополнительный метод – квартирное интервью. Время проведения полевых исследований – 3-4 ноября 2000 г. Выборка – квотная по демографическим параметрам, N = 490.

Исследование № 4. Объект исследования – жители избирательного округа № 17 (м/р Гайва) по выбору депутатов городской думы г. Перми. Метод исследования – телефонное стандартизированное интервью. Дополнительный метод – квартирное интервью. Время проведения полевых исследований – 16-17 ноября 2000 г. Выборка – квотная по демографическим параметрам, N = 533.

Исследование № 5. Объект исследования – жители избирательного округа № 14 (Мотовилихинский р-он г. Перми) по выбору депутатов городской думы г. Перми. Метод исследования – телефонное стандартизированное интервью. Время проведения полевых исследований – 24-25 июня 2000 г. Выборка – квотная по демографическим параметрам, N = 306.

Исследование № 6. Объект исследования – избиратели г. Перми по выборам мэра города. Метод исследования – телефонное стандартизированное интервью. Время проведения полевых исследований – 21-22 октября 2000 г. Выборка – квотная по демографическим параметрам, N=600.

Исследование № 7. Объект исследования – избиратели г. Перми по выборам мэра города. Метод исследования – телефонное стандартизированное интервью. Время проведения полевых исследований – 4-5 ноября 2000 г. Выборка – квотная по демографическим параметрам, N = 581.

Исследование № 8. Объект исследования – избиратели г. Перми по выборам мэра города. Метод исследования – телефонное стандартизированное интервью. Время проведения полевых исследований – 11-12 ноября 2000 г. Выборка – квотная по демографическим параметрам, N = 600.

Исследование № 9. Объект исследования – избиратели г. Перми по выборам мэра города. Метод исследования – телефонное стандартизированное интервью. Время проведения полевых исследований – 18-19 ноября 2000 г. Выборка – квотная по демографическим параметрам, N = 600.

Исследование № 10. Объект исследования – избиратели г. Перми по выборам мэра города. Метод исследования – телефонное стандартизированное интервью. Время проведения полевых исследований – 24-25 ноября 2000 г. Выборка – квотная по демографическим параметрам, N = 600.

Исследование № 11. Объект исследования – жители избирательного округа № 15 (м/р Гайва, Левшино, Голованово, Заозерье) по выбору депутатов Законодательного собрания Пермской области. Метод исследования – телефонное и квартирное стандартизированное интервью. Время проведения полевых исследований – 31 марта – 1 апреля 2001 г. Выборка – квотная по демографическим параметрам, пропорциональная по месту проживания респондентов. N = 600.

Исследование № 12. Объект исследования – жители избирательного округа № 15 (м/р Гайва, Левшино, Голованово, Заозерье) по выбору депутатов Законодательного собрания Пермской области. Метод исследования – телефонное и квартирное стандартизированное интервью. Время проведения полевых исследований – 18-21 сентября 2001 г. Выборка – квотная по демографическим параметрам, пропорциональная по месту проживания респондентов. N = 602.

Исследование № 13. Объект исследования – жители избирательного округа № 15 (м/р Гайва, Левшино, Голованово, Заозерье) по выбору депутатов Законодательного собрания Пермской области. Метод исследования – телефонное и квартирное стандартизированное интервью. Время проведения полевых исследований – 18-20 ноября 2001 г. Выборка – квотная по демографическим параметрам, пропорциональная по месту проживания респондентов. N = 611.

Исследование № 14. Объект исследования – жители избирательного округа № 5 (Ленинской р-он г. Перми, Разгуляй, Закама, Курья) по выбору депутатов Законодательного собрания Пермской области. Метод исследования – телефонное и квартирное стандартизированное интервью. Время проведения полевых исследований – 15-18 сентября 2001 г. Выборка – квотная по демографическим параметрам, пропорциональная по месту проживания респондентов. N = 613.

Исследование № 15. Объект исследования – жители избирательного округа № 5 (Ленинской р-он г. Перми, Разгуляй, Закама, Курья) по выбору депутатов Законодательного собрания Пермской области. Метод исследования – телефонное и квартирное стандартизированное интервью. Время проведения полевых исследований – 15-17 ноября 2001 г. Выборка – квотная по демографическим параметрам, пропорциональная по месту проживания респондентов. N = 600.

Исследование № 16. Объект исследования – жители избирательного округа № 5 (Ленинской р-он г. Перми, Разгуляй, Закама, Курья) по выбору депутатов Законодательного собрания Пермской области. Метод исследования – телефонное и квартирное стандартизированное интервью. Время проведения полевых исследований – 28-29 ноября 2001 г. Выборка – квотная по демографическим параметрам, пропорциональная по месту проживания респондентов. N = 500.

Исследование № 17. Объект исследования – жители избирательного округа № 25 (м/р Гайва, Заозерье) по выбору депутатов городской думы г. Перми. Метод исследования – квартирное стандартизированное интервью. Время проведения полевых исследований – 8-11 декабря 2005 г. Выборка – квотная по демографическим параметрам, N = 577.

Исследование № 18. Объект исследования – жители избирательного округа № 25 (м/р Гайва, Заозерье) по выбору депутатов городской думы г. Перми. Метод исследования – квартирное стандартизированное интервью. Время проведения полевых исследований – 5-7 февраля 2006 г. Выборка – квотная по демографическим параметрам, N = 419.

Исследование № 19. Объект исследования – жители избирательного округа № 25 (м/р Гайва, Заозерье) по выбору депутатов городской думы г. Перми. Метод исследования – квартирное стандартизированное интервью. Время проведения полевых исследований – 24-26 февраля 2006 г. Выборка – квотная по демографическим параметрам, N = 400.

Исследование № 20. Объект исследования – жители избирательного округа, находящегося на территории Орджоникидзевского р-она г. Перми (Гайва, Заозерье, Голованово, Левшино, ПДК, Январской, КамГЭС, Бумкомбинат, Молодежная) по выбору депутатов Законодательного собрания Пермского края. Метод исследования – квартирное стандартизированное интервью. Время проведения полевых исследований – 26 – 30 июля 2006 г. Выборка – квотная по демографическим параметрам, пропорциональная по месту проживания респондентов. N = 752.

Глава 4. Эмпирическая модель образовательного патернализма

Вступление

Институт образования в современной России претерпевает значительные изменения: иной стала внешняя среда его существования, реформированию подвергаются и внутриорганизационные установления. В такие моменты элементы данной социальной структуры приходят в движение, меняется их соотносительная значимость, более заметными, доступными стороннему наблюдателю становятся определяющие черты конкретно-исторической формы института.

Институт образования привлекает внимание многих социологов, для его изучения используются самые различные методы и методики. Следует согласиться с мнением Г.Е. Зборовского, что неверно полагать образование в современном российском обществе застывшей, устоявшейся структурой: «... социальные общности и их взаимодействия определяют специфическое «лицо» образования, возможности его функционирования как социального института. С какими результатами не связывалась бы деятельность образовательных подсистем – положительными или отрицательными, за ними в любом случае стоят учащиеся, их родители и педагоги»[156]. На низовом уровне эти взаимоотношения всегда представлены в системе повседневных практик, составляющих и конструирующих институт. Современное образование, какой бы уровень – школьный, вузовский, или поствузовский мы не взяли, в России не может быть охарактеризовано как носитель однородных, однотипных моделей поведения. Изменения, происходящие в образовательных институтах, выражаются в появлении новых практик, сочетающихся с прежними, редактирующих или даже замещающих их.

---

156 Зборовский Г.Е. Образование: от XX к XXI веку. Екатеринбург. Изд-во Урал. гос. проф.-пед. ун-та, 2000. С. 38

Описание процедуры и техник исследования

Для изучения патернализма в образовательных институтах были применены множественные точечные исследования, объединенные методом социокультурного анализа рутинных образовательных практик. Эмпирической базой для исследования выступают данные включенного и внешнего наблюдения образовательных и сопутствующих им практик (например, обсуждения между коллегами-учителями образовательных проблем, спонтанные рефлексии происходящего и проч.), материалы неформализованных устных интервью[157], данные письменных фокусированных эссе[158] с участниками образовательного института. Временной период сбора эмпирических данных с 2001 по 2006 гг.

Единицами для наблюдения в средней общеобразовательной школе были прямые взаимодействия по линии учитель-ученик, в вузе – индивидуализированные социальные контакты вертикальной и горизонтальной направленности: студент – студент; студент-преподаватель.

Темами в беседах с участниками образовательного института стали технологии вертикального публичного социального взаимодействия в средних и высших учебных заведениях, дисциплинарные практики, применяемые в школе и вузе, влияние учебного заведения на социальную карьеру, образы преподавателей, учителей.

Письменные эссе были сфокусированы на вопросах, требующих сравнить школьные и вузовские повседневные образовательные практики, системы поощрения и наказания со стороны учащих и администрации,

---

157 Неформализованные устные интервью с участниками образовательного института: школьниками, их родителями, школьными педагогами, студентами, их родителями, преподавателями, выпускниками школ и вузов (37 интервью, из них 15 повторных). Часть используемых для анализа интервью со школьниками были проведены в рамках учебно-исследовательских работ, проходивших под моим руководством, учащимися 11 класса Лицея № 1 Мехряковой Натальей и Мухориным Александром.

158 Фокусированные письменные интервью (эссе) с выпускниками школ/ студентами первого курса технических специальностей одного из пермских вузов (51 интервью).

способах и интенсивности фиксирования успехов или неудач, выделение особых групп учащихся по отношению к учащим и др.

В качестве информантов в исследовании выступили педагоги и ученики разных средних общеобразовательных школ г. Перми, а также преподаватели и студенты вузов (преимущественно Пермского технического университета). Воздействие социального института проявляется и за его пределами, поэтому я обращаюсь также к анализу жизненных ситуаций сначала выпускников средних школ (на момент исследования – студентов первого курса вузов), а затем и выпускников вузов для того, чтобы уточнить сделанные выводы.

В тех случаях, когда это было необходимо, привлекались данные массовых опросов, проведенных пермскими социологами среди учителей, учеников, студентов.

Конечно, имеющиеся сведения являются скорее разнообразными, чем полными; вряд ли они могут дать репрезентативную картину школьной или вузовской жизни, но вполне пригодны для воссоздания характерных поведенческих проявлений патернализма. Использованные исследовательские техники не позволяют в достаточной мере проследить все аспекты образовательного патернализма: мы не можем сделать определенных выводов о ценностном и нормативном наполнении «скрытого учебного плана» в школах, также сложно оценить место патернализма в учительской субкультуре. Полученные данные не дают возможностей анализировать механизмы первоначального включения сторон в патерналистские сети или интерпретировать символьную систему, используемую в патерналистском взаимодействии, только формулировать соответствующие предварительные гипотезы. Факты, которыми мы располагаем – это формы проявления социального феномена в разных (экстремальных) ситуациях, позволяющие сделать некоторые предположения о технологиях и особенностях образовательного патернализма, способах поддержания патерналистской формы контактов.

Характеристика объекта исследования

Школа (а в последнее время все чаще и вуз в современном обществе представляет собой не только образовательное, но и воспитательное-учреждение. В процессе обучения учащимся предлагают освоить некие идеалы, приобщают к определенным культурным ценностям общества в целом или доминирующих в нем социальных групп и формируют лояльность по отношению к данному государству; иными словами весь процесс обучения направлен на социализацию нового поколения.

Для выполнения этих функций современная школа нередко обращается к образцам, заимствованным из патриархального семейного уклада. Среди них: требования к ученику о безоговорочном послушании и следовании установленным учителем образцам, оправданные заботой о благе учащихся; подчинение учеников учителям; исключительное право педагога на истину. «Трудно среди больших современных социальных институтов, за исключением тюрьмы, найти более патерналистский, чем школа»[159], – к такому выводу приходит Ч.Э. Финн, проведя социологический анализ ситуации в американских школах.

Любопытным является тот факт, что патернализм появляется и распространяется как раз в процессе становления современного типа школы. Обратимся к истории школы. Первоначально обучение в школе и детство не были связаны. «Классы» были дифференцированными по возрасту, непостоянны по составу. Желающий учиться взрослый мог присоединяться к детской группе, при этом первостепенное значение имел предмет (дисциплина), а не возраст учащихся. Школа не претендовала на управление всеми сторонами жизни ученика, его повседневная жизнь оставалась вне сферы контроля. Перелом происходит в конце XV – начале XVI вв., когда дистанция между преподавателями и школярами начала увеличиваться, первые становятся действительными управляющими учеников и получают право на телесные наказания. Дети все больше отделя-

---

159   Finn Ch. E. Jr. Paternalism Goes to School // The New Paternalism: Supervisory Approaches to Poverty, ed. by L.M. Mead. Washington, 1997. P. 222.

ются от взрослых, и понятие об их отличии начиналось с самого простого – объявления их недееспособными. В это время в европейских образовательных учреждениях «…осуществляется переход от норм, указывающих лишь основные правила морали и образа жизни, к *строгим правилам* на каждый день, от коллегиального типа управления к единоличному, от *сообщества* учеников и учителей к *жесткому правлению* последних»[160].

В современных российских учреждениях среднего образования мы обнаруживаем черты поздних средневековых школ: жесткую иерархию учителей и учеников, четкую регламентацию поведения внутри школы, контролирующую и воспитывающую роль классных руководителей, сочетающуюся с фактическим бесправием учеников. Педагог в современной школе не только передает знания, вводит в логику научного мышления, но и учит учеников определенному поведению. Эти образцы, как правило, взяты из корпоративной учительской культуры и скорректированы личным опытом.

Некоторое представление о социокультурных ориентациях российских учителей дает исследование среднего класса, проведенное лабораторией социологии ПГТУ. Показательным является отношение педагогов к новым формам экономического порядка. «Более половины [учителей] относятся к нему [рынку], как к неизбежной данности, к которой следует приспособиться, а каждый четвертый объявлял о своей четкой прорыночной ориентации. Вместе с тем, пятая часть опрошенных учителей настроена к рынку резко отрицательно, оценивая его с резко антикапиталистических позиций»[161]. Авторы монографии также отмечают, что в ценностных ориентациях учителей есть значимое противоречие. С одной стороны, для них представляются важными такие ценности как семья, материальный достаток, любовь, уверенность в завтрашнем дне; с другой же, – низкое значение имеют адаптивность, профессионализация, карьера, т.е. личностные качества, принципиально необходимые для успешного ры-

---

160   Арьес Ф. Ребенок и семейная жизнь при старом порядке. Екатеринбург. Изд-во Урал. ун-та, 1999. С. 178. Курсив мой – Н.Ш.

161   Тенденции и факторы формирования российского среднего класса (особенности современного учительства как социальной группы) / под ред. М.А. Слюсарянского. Пермь, ПГТУ, 2001. С. 112.

ночного поведения[162]. Эти данные позволяют заключить, что российские учителя слабо интегрированы в современные процессы развития экономической деятельности и стремятся соответствовать традиционалистским представлениям о моделях социального поведения. Все это не может не влиять на исполнение ими своих профессиональных обязанностей.

В российском высшем образовании все более заметными становятся черты кризиса, имеющего институциональную природу. Происходит вымывание прежних норм образовательных практик, ролевые рамки теряют свою определенность, ключевые участники института не могут с прежней определенностью обозначить свои статусы относительно друг друга. Что касается предназначения института высшего образования в большом институционально поле современной России, то можно проследить деформацию социальной функции этой структуры. Высшее образование, как неоднократно отмечали исследователи, больше не обеспечивает социальную мобильность обучающимся, не гарантирует ни овладение специальностью, ни карьерного роста, ни даже получения соответствующего места в структуре занятости[163].

Для многих своих участников вуз сегодня представляется «социальным убежищем», своеобразным буфером, смягчающим болезненные процессы, сопровождающие формирование новых социальных отношений преимущественно экономического типа[164]. Одновременно с этим высшее образование обладает притягательностью для значительного числа людей, в том числе принадлежащих к продвинутым социальным группировкам. Притягательная сила вуза распространяется сегодня и на его выпускников, желающих, по крайней мере, первые год-два после окончания оставаться в его стенах или быть символически связанными с местом учебы посредством заочной аспирантуры, соискательства и др.

---

162 См.: Тенденции и факторы формирования российского среднего класса... с. 113.

163 См. напр.: Шевчук Д. Модель общего равновесия на рынках высшего образования и труда. Почему растет спрос на высшее образование в России// Association for Studies in Public Economics. The 5th International Conference on "Public Sector Transition". 24-25 May 2002, St. Petersburg., 2002.

164 Подробнее см.: Лейбович О., Шушкова Н. На семи ветрах: институт высшего образования в постсоветскую эпоху // Журнал социологии и социальной антропологии. 2004. № 1.

Вузы становятся местом распространения новых нелегальных (или полулегальных) экономических практик. Знания здесь могут прямо обмениваться на деньги, переданные преподавателю; или такая система по инициативе администрации вуза может быть закреплена в негласных правилах образовательного учреждения: «Не ставить двойки коммерческим студентам, они приносят нам деньги».

В настоящем разделе речь идет о моделях поведения, избираемых участниками образовательного института в рамках предлагаемых им социальных ролей. Сразу же оговоримся, что термин «модель поведения» рассматривается здесь в смысле более широком, нежели просто способ действия. Мы считаем обоснованным включать в его денотат помимо конкретных технологий действования, преследуемые цели, актуальные ценностные ориентации, направляющие нормы, то есть то, что А. Шютц обозначает как «системы рационального действия»[165]. Модель поведения в этом случае упорядочивает окружающий индивида социальный универсум, выхватывая отдельные его элементы и придавая им главенствующее, или, наоборот, нулевое значение.

Патерналистские модели поведения в школе

Патернализм в отечественной школе проявляется в двух типах практик: символических, концентрирующих свой смысл за пределами собственно действия (например, имеющими конечной целью выражение и поддержание высокого социального статуса педагога) и функциональных, имеющих значимый операциональный результат. Первые являются отражением цеховой культуры и могут меняться вместе с ней; вторые существуют постольку, поскольку позволяют достичь поставленных прагматических целей, они определены в должностных инструкциях и зафиксированы в правилах. Естественно, что функциональные практики также могут включать в себя символические (презентационные) компоненты.

---

165 Шютц А. Смысловая структура повседневного мира: очерки по феноменологической социологии. М.: ФОМ, 2003. С. 181.

Обратимся к результатам исследования пермского социолога образования А. Зыряновой, касающегося корпоративной культуры современного пермского учительства. Для того, чтобы установить приоритетные элементы данной субкультуры в массовом опросе учителям школ, лицеев и гимназий задавался вопрос: «Кто из Ваших коллег-педагогов, на Ваш взгляд, заслуживает повышения зарплаты в первую очередь?»[166]. Иными словами, соотносительная ценность того или иного компонента определялась по его денежному эквиваленту. Были получены следующие ответы:

ТАБЛИЦА 4.1[167]

Компоненты корпоративной культуры педагогов

Кто из Ваших коллег-педагогов, на Ваш взгляд, заслуживает повышения зарплаты в первую очередь?	% от опрошенных учителей	% по потенциалу
Тот, кто стремится привить ученику высокую культуру, интеллигентность	63,3	Культурный потенциал
Тот, кто больше всего любит детей, заботится о них	27,8	
Тот, кто проработал большое количество лет	13,3	54,7
Тот, кто обладает самыми лучшими знаниями по предмету	23,3	Профессиональный потенциал
Тот, кто ищет новые формы работы, новатор	32,2	
Тот, кто умеет хорошо организовать учебный процесс, создать условия для работы других	25,6	27,3
Все должны получать одинаково	18,0	Потенциал отсутствует

Автор исследования приходит к выводу, что «большинство педа-

---

166 Исследование (2002) методом анкетного опроса среди педагогов пермских средних школ, выборка – гнездовая, N=158.

167 Зырянова А.В. Социальные условия формирования рыночного сегмента института образования (на примере средних общеобразовательных учебных заведений г. Перми). Диссертация на соискание ученой степени кандидата социологических наук. Пермь, 2003. С. 154. Таблица № 34.

гогов видят основную цель школы в воспитании, привитии культуры и интеллигентности»[168]. Предположим, что элементы корпоративной культуры, обозначенные в таблице как «культурный потенциал», могут быть интерпретированы как патерналистские. На самом деле «привитие ученику высокой культуры» означает, что педагог ставит себя в доминирующее, по сравнению с учеником положение, обладает единственным правом на истину, должен принудительно изменять состояние ученика. Пункт «любовь к детям, забота о них» соответствует позиции педагога, взявшего на себя роль родителя ребенка, осуществляющего эмоциональную поддержку и контроль над своим чадом. Третья составляющая – большой стаж работы педагогом – связан с принципом патриархального старшинства как возрастного, так и статусного. Заметим также, что в других вариантах ответов, гораздо менее популярных среди опрошенных педагогов, не содержалось отсылок к ученикам, педагог был представлен привлекательной, но изолированной фигурой. Таким образом, мы можем предположить, что значительная часть педагогического сообщества является носителем патерналистской формы учительской культуры, включающей в себя в качестве важного компонента особое отношение к ученикам.

Рассмотрим обнаруженные в исследованиях особенности школьных патерналистских презентаций, осуществляемых учителями (и, в некоторых случаях, администрацией учебных заведений).

Первой и наиболее заметной особенностью является *домашность* – варианты поведения учителя по отношению к ученику (и наоборот), копирующие (иногда полностью, иногда частично) родительские поступки по отношению к своим детям. Мы не имеем в виду перенос в школьную среду какого-то дополнительного типа взаимодействия; учителя и ученики, оставаясь в ролевых школьных рамках, совершают акты, подобные домашним: используют соответствующий тезаурус, жесты, и даже вступают в физический контакт. Как и в семье, последний может быть использован в качестве поощрения или наказания. «*Дисциплина, конечно, плохая. Ну, иногда даже их и по головке погладишь, и поворчишь на них, на учеников, по-домашнему, лишь бы только урок можно было вести*»[169]. «*Когда еще*

---

168   Там же.

169   Фокусированное интервью. Т., школьный учитель, жен., 39 лет.

маленькие были, в средних классах, некоторые учителя хорошим ученикам шоколадки дарили»[170], *«Девчонкам косы заплетали»*[171]. Студенческие эссе о школьных поощрениях и наказаниях содержат информацию о разветвленной практике битья[172]: «дергали за уши и волосы», «били веником», «били по голове указкой», «били учебниками и тетрадями». Случается и так, что наказываемый и наказующий меняются местами. *«Учителей нельзя бить, ... хотя у нас в школе, ну, у нас такой район, некоторые ученики прямо на уроке пытались* [так сделать – Н.Ш.], *ну, или лопату на уборке брали, и...»*[173] Наверное, к явлениям домашности можно было бы отнести и использование учеников для выполнения различных «хозяйственных дел»: мытье полов, окон, накрывание обеда в столовых, уборка школьной территории, – если бы они не были инициированы и закреплены в качестве обязательных практик администрацией учебных заведений. Все эти действия в глазах их совершающих имеют вполне рациональное объяснение – как случайные, эмоциональные «отклонения» от проверенных и эффективных педагогических техник.

Эта составляющая образа учителя принята другими участникам образовательного процесса - родителями школьников и учениками. В таблице представлены ответы на вопрос о школьных учителях[174], полученные А. Зыряновой в рамках уже рассмотренного выше исследования:

---

170   Фокусированное интервью. К., студент 1-го курса ПГТУ, муж., 18 лет.

171   Фокусированное интервью. Н., студент 1-го курса ПГТУ, жен., 17 лет.

172   Приводя список этих, вероятно, имевших место в действительности наказаний, я далека от желания представить учителей как тиранов, наказывающих невинных жертв. Наверняка, подобные действия в школах не являются ежедневными и совершаются только в ситуациях неконтролируемого тяжелого конфликта, когда обеим сторонам сложно сдержать свои эмоции. К тому же в словарном запасе школьников присутствует выражение «довести училку», обозначающее намеренные и осознаваемые действия учащегося, имеющие целью вывести педагога из состояния эмоционального равновесия, тем самым, разбавить скучные школьные будни, или вовсе сорвать урок.

173   Фокусированное интервью. М., студент 1-го курса ПГТУ, муж., 18 лет.

174   Исследование (2002) методом анкетного опроса среди родителей (N=836), студентов первого курса пермских вузов (N=578), студентов ССУЗов (N=214). Выборка – гнездовая.

ТАБЛИЦА 4.2[175]

Образ школьного учителя

Какие слова наиболее подходят для описания ... Ваших школьных учителей (для студентов)/Вашего ребенка (для родителей)?	Родители	Студенты
«добрые люди»	41,0	63,0
«профессионалы»	32,0	35,4
«культурные люди»	46,0	63,0
«мучители»	9,1	18,0
«вымогатели»	11,7	2,6
«посторонние»	15,8	12,9
«зануды»	2,3	19,0
иное	9,0	10,0

Помимо сделанного автором вывода о том, что «отсутствует большое напряжение внутри образовательного института»[176], так как позитивные характеристики педагогов преобладают над негативными, приведем и свои соображения. Очень низок процент тех респондентов, кто отмечал бы, что школьный учитель – «посторонний», очевидно, педагоги символически включены если не в узкий семейный круг, то, как минимум, в группу близких людей. Доминируют две характеристики – «добрые люди» и «культурные люди», свидетельствующие о значительной теплоте и возвышенности образа школьного учителя. Треть опрошенных в каждой из групп готова признать превосходство учителя в терминах компетенции, профессионализма. Любые действия педагога признаются большинством родителей и учеников правомерными, целесообразными, необходимыми; критично по отношению к педагогам настроено около одной пятой респондентов из каждой группы. Иными словами, присутствует значитель-

---

175 Зырянова А.В. Социальные условия формирования рыночного сегмента института образования (на примере средних общеобразовательных учебных заведений г. Перми). Диссертация на соискание ученой степени кандидата социологических наук. Пермь, 2003. С. 131. Таблица № 23.

176 Зырянова А.В. Указ. соч. С. 132.

ное легитимное статусное превосходство педагога над другими участниками образовательного процесса.

Представляется необходимым отделить от уже описанной другую особенность патерналистских презентаций – *интимизацию* (либо *приватизацию*). Под интимизацией в данном случае понимаются действия, направленные на огораживание группы (преимущественно учеников) от воздействий, прежде всего, педагогических, но, возможно, и шире – образовательных, социализационных и пр. со стороны других людей. *«Я занималась со своими детьми, у меня была группа, а потом пришел еще человек и привел своих, ну, я со своими долго работала, мы делали вместе ... проекты с детьми, а теперь, получается, он с ними вмешивается, это неправильно, зачем так делать?»*[177]. *«Если я знаю несколько дисциплин, то могу связать их воедино. А с кем-то не очень. Хоть я человек коммуникабельный, а работать с другим преподавателем..., <...> не люблю делить с кем-то ... свое вот это место...»*[178]. Интимизация может находить свое оправдание в том, что ученик «заброшен» родителями: *«Если родители отдали ребенка в хорошую школу или в хороший класс, то их, как правило, все остальное уже не заботит. Вот такой раскол в обществе»*[179]. Учитель страшится обнажения перед широкой публикой школьной жизни или школьных конфликтов: *«И когда он говорит: «Я не хочу», я детей вывела, я наорала на них. И потом только я поняла, ... я увидела, что вокруг меня стоят люди, они собираются, там, в основном профессура и студенты ГИТИСа... И вот они вокруг меня стоят и смотрят, и я так безобразно себя веду, кричу «Нет, ты пойдешь в театр!»*[180]. Заметим также, что интимизация на уровне класса воспроизводит сходные процессы в масштабе школы как организации, чья судьба во многом зависит от воли директора.

В вербальных презентациях школьных учителей присутствует *идея «благодарности общества»*: их труд связывается ими с самопожертвованием, которое должно быть компенсировано денежными вливаниями родителей в «общее дело» и вниманием учеников, даже поки-

---

177   Фокусированное интервью. Т., школьный учитель, жен., 39 лет.
178   Фокусированное интервью. Н., школьный учитель, жен., 50 лет.
179   Фокусированное интервью. П., школьный учитель, жен., 44 года.
180   Фокусированное интервью. А., школьный учитель, жен., 42 года.

нувших школу, к судьбе учителя. Приведем только один пример логики компенсации, подчеркнув интонационные выделения: «*…у нас учительница одна, математик, она главный методист района по математике, там, всеми признанная. Она сидела с детьми бесплатно на протяжении многих лет, занималась. Сейчас они в одиннадцатом классе, и она попросила их: «Не могли бы мы сделать этот потолок [в школьном классе – Н.Ш.]. Они сказали – «Нет, нам надо деньги копить, там, на образование». А быть благодарными учителю?! … я просто поражена вот этой невнимательностью*»[181]. Учитель вынужден и прощать скверные поступки учеников («*В них – учениках – надо видеть людей и к ним соответственно относиться и прощать им много, но в то же время и учить*»[182]), и снижать планку учебных требований («*Когда натыкаешься на это непонимание и нежелание учиться, и уже ощущение того, что ты им можешь дать только минимум какой-то*»[183]). Учителя в школах работают в интенсивном ритме («*Много дел с ноября, и я понимаю, что вот, я отработала. А небольшое количество уроков, оно, как-то вот уже ненормально*»[184]), и ожидают соответствующего отклика от учеников. Вчерашние школьники по-своему описывают этот факт: «*В школе учителя больше любили тех, кто рядом вертелся, там, доску мыл, подарочки приносил, ну, подхалимничал*»[185].

В поведении школьных педагогов ясно прослеживаются черты *статусности*. Школьные педагогические коллективы строго иерархичны; в качестве показателей статуса педагога могут выступать: определенные черты характера, опыт работы, имеющиеся награды и дипломы, победы учеников на олимпиадах и конференциях, ведение научно-исследовательской работы, умение обустроить и отстоять свой кабинет (класс), теплые отношения с директором или завучами, даже личный жизненный успех. То, что позволяется и прощается одним педагогам, находится под запретом для других. Для школьников учителя (если не брать во внимание управленческие должности) изначально равны между собой

---

181 Фокусированное интервью. Т., школьный учитель, жен., 39 лет.
182 Фокусированное интервью. А., школьный учитель, жен., 42 года.
183 Фокусированное интервью. Н., школьный учитель, жен., 50 лет.
184 Фокусированное интервью. П., школьный учитель, жен., 44 года.
185 Письменное эссе о вузе. С., студент 1-го курса ПГТУ, муж., 18 лет.

и дифференцируются по другим признакам: интересно ли на уроке, строго ли соблюдается дисциплина, («*Учителя вот хорошие, и с ними тоже приятно пообщаться... Один физик только чего стоит! Пообщаться очень интересно с ним!*»[186]); но все педагоги «выше» учеников. Именно дистанция – подчеркнутая и основанная на авторитете знаний – позволяет педагогам применять различные наказания к нарушителям порядка, не считаясь с их возрастом.

Очень часто школа для ученика – это место, где его наказывают: «*Утром ты просыпаешься и думаешь, что «блин, я не сделал* [домашнее задание – Н.Ш.], *опять в эту школу тащиться, я ничего не сделал, там ещё наорут на меня, опять это волнение перед уроками: а-а-а, не сделал! сейчас спросят, а-а-а, как страшно!*»[187].

Вообще наказания, как свидетельствуют сами школьники[188], применяются чаще, чем поощрения, а их список гораздо более обширен и детален. Система наказаний, следующая за провинностями учеников младших классах, – встать и выйти из-за парты, встать в угол, стоять в течение длительного времени – подобна семейным традиционалистским наказаниям, только побои телесные чаще всего заменяются символическими. К принудительным мерам также относится пересаживание ученика с одной парты на другую, чаще всего ближе к учителю, дополнительные трудовые обязанности (внеочередная уборка класса, генеральная уборка класса), требование более полного и детального ответа на простые вопросы (вызов к доске).

К числу привычных наказаний относится изгнание школьника с урока, которое страшно тем, что за стенами учебного класса он попадает под произвол других учителей. К этому же ряду относится и встреча с завучем, а чаще – с директором школы, ученик отвечает за свои поступки перед высшим, безжалостным, более строгим судьей. Страх перед дирек-

---

186 Фокусированное интервью на тему «Эмоциональный мир школы». А., учащаяся 11 класса, жен., 16 лет.

187 Фокусированное интервью на тему «Эмоциональный мир школы». Д., учащаяся 11 класса, жен., 17 лет.

188 Результаты количественной обработки неформализованных письменных ответов на открытый вопрос «Как в школе отмечали Ваши успехи и промахи?», данных студентами первого курса ПГТУ (51 человек).

тором школы обеспечивается значительным перевесом наложенных им взысканий и выдержанных «трудных разговоров по душам» над благодарным признанием учебных или иных заслуг. Особая разновидность наказаний, также встречающаяся в пермских школах, – это перевод ученика на некоторый, довольно длительный срок (2-3 недели) в параллельный класс с сопутствующими трудностями психологической адаптации.

Даже проведение контрольных работ может стать инструментом наказания. Для одних школьников контрольные и самостоятельные работы означают проверку знаний: «*Они нужны, чтобы понять: поняла я тему или нет*»[189], «*разминка, тренировка того, что уже было закреплено на уроке*»[190]; для других – тяжелое испытание: «*Они чересчур трудные, и я думаю, что они не нужны*»[191]; «***Нужны ли контрольные работы? Нет. Почему? Потому что нельзя списать***»[192].

Вызов родителей в школу (для беседы с учителем, классным руководителей, завучем, директором) как наиболее популярный способ наказания в случае особо тяжелых провинностей может быть интерпретирован как попытка педагогов восстановить полноту контроля над учеником. Любой поступок школьника, не соответствующий установленным для него учителями правилам, обращается к иной сфере жизни, не полностью охваченной школой – частной, приватной. Воздействие на ученика через его родителей, убежденных в авторитете учителя (или демонстрирующих это в присутствии детей), устанавливает единую область влияния школьного учителя, распространяя школьные нормы и за ее пределы, уничтожая автономные анклавы. С распространением современных средств связи канал давления на ученика через родителей используется все чаще. Даже за небольшой провинностью в классе может последовать немедленный звонок родителям. Кстати, иногда эта школьная практика оценивается учениками положительно: «***Контролируют ли родители твою учёбу?***

189   Фокусированное интервью на тему «Учебные практики старшеклассников». Е., учащаяся 10 класса, жен., 15 лет.

190   Фокусированное интервью на тему «Учебные практики старшеклассников». И., учащаяся 11 класса, жен., 16 лет.

191   Фокусированное интервью на тему «Учебные практики старшеклассников». П., учащийся 11 класса, муж., 16 лет.

192   Фокусированное интервью на тему «Учебные практики старшеклассников». А., учащийся 11 класса, муж., 16 лет.

Конечно. С «классной» разговаривают. И, хотя мне иногда достаётся, я считаю, что это очень хорошо. Это значит, что родителям не наплевать на тебя»[193].

Родительские собрания – еще один способ закрепления дистанции между учителем и школьником. Пересказ детям речи педагога на родительском собрании[194] или иная, репрессивная реакция родителей на услышанное в школе, осуществляемая в домашней обстановке[195], демонстрирует весомость учителя, легитимирует в глазах ученика накладываемые на него наказания. Так, например, первоклассник расстраивается не столько по поводу оценки, поставленной учителем, а из-за реакции родителей: *«Я вспомнила первое разочарование! Меня мама ругала за «тройку». Я же вообще не понимала: что за оценки? что это такое? Ну, три и три, ничего такого. Я помню, как она меня ругала, <...> я помню, что мы ходили гулять, и я чуть не ревела там, такая расстроенная была»*[196].

Можно спорить о степени осознанности другой патерналистской практики, часто осуществляемой учителями. Речь идет о дополнительной градации внутри класса путем выделения «любимчиков». Школьники всегда готовы показать пальцем на ученика, пользующегося особым доверием и приязнью педагога. Образование – процесс формализованный, но он совершается людьми, привносящими в него личностные, неформальные черты: *«Честно говоря, учителя объективны не всегда и не ко всем. У всех учителей есть любимчики и ... как бы их назвать... не любимые»*[197]. По мнению учеников, одинаковые шансы стать «любимчиками» имеют те, кто «хорошо учится», «побеждает на олимпиадах», «любит пред-

---

193 Фокусированное интервью на тему «Учебные практики старшеклассников». С., учащийся 11 класса, муж., 17 лет.

194 «Что для тебя родительское собрание – радость или мука? - Конечно же, радость». Фокусированное интервью на тему «Учебные практики старшеклассников». Е., учащаяся 10 класса, жен., 15 лет.

195 «Что для тебя родительское собрание? - Конечно, мука. Почему? - На нём родители узнают о моих двойках, и дома мне достаётся». Фокусированное интервью на тему «Учебные практики старшеклассников». П., учащийся 11 класса, муж., 16 лет.

196 Фокусированное интервью на тему «Эмоциональный мир школы». Д., учащаяся 11 класса, жен., 17 лет.

197 Фокусированное интервью на тему «Учебные практики старшеклассников». М., учащаяся 10 класса, жен., 16 лет

мет», «всегда готов отвечать», «предлагает темы для обсуждения» и те, кто льстит учителю, «делает подарочки», «беспрекословно подчиняется», «подхалимничает», «постоянно крутится возле учителя»[198]. Сокращение дистанции между учителем и его любимчиками возможно – через передачу некоторых несложных функций, разрешение присутствовать на отдельных ранее недоступных церемониях, допуска в лаборатории и т.п. Однако равноправие здесь неприемлемо. В частности, школьники указывают, что любимчикам не следует «спорить с учителем, доказывая свою точку зрения», «указывать учителю на промахи», а, напротив, уважать его и быть «предельно вежливым»[199].

Учитель может демонстрировать и подчеркнутое отчуждение от ученика, нарушающего дисциплину или небрежно относящегося к учебе: *«Отвечаешь ли ты у доски? Нет. И тебя даже не вызывают к доске? Нет. Они сами знают, что я ни фига не отвечу»*[200].

Еще одной особенностью патерналистских презентаций является *забота о судьбе учеников*, учителя не ограничивают свою работу узким участком предмета, а стремятся отвечать за успешность будущей жизни своих учеников. И здесь учителя, как правило, прибегают к небольшому набору инструментов, чаще всего им становится приобщение к высоким образцам культуры и искусства. *«Я уже во все театры со своими детьми сходила, больше не знаю, куда их и водить. Вот, в "Оперу" мы всегда хорошо ходили»*[201]. *«Детей надо приучать, ну, лучше с маленького возраста, чтобы они чувствовали, тогда вырастут, и будут ценить, это уже будет их, собственное»*[202]. *«Ну, мне бы не хотелось, чтобы мои дети, как это... стали дельцами»*[203]. Успех учеников чаще всего связывается с заслугами учителей: *«... я просто убилась с детьми, ... они неплохо сдали этот экзамен, но это,*

---

198 Высказывания взяты из письменных эссе о школе студентов 1-го курса ПГТУ.

199 Высказывания взяты из письменных эссе о школе студентов 1-го курса ПГТУ.

200 Фокусированное интервью на тему «Учебные практики старшеклассников». В., учащийся 10 класса, муж., 16 лет.

201 Фокусированное интервью. А., школьный учитель, жен., 42 года.

202 Фокусированное интервью. П., школьный учитель, жен., 44 года.

203 Фокусированное интервью. Н., школьный учитель, жен., 50 лет.

на самом деле, я прекрасно понимаю, что это только мои собственные усилия ...»[204].

Наконец, последнее, на что следует обратить внимание – это *преобладание устных договоренностей* в коммуникациях между учителями и администрацией школы, учениками, их родителями, другими лицами, вовлекаемыми в учебные ситуации. Действия сторон обеспечены личным соглашением даже в том случае, если по данному поводу есть официальные предписания и нормы. «*...одна [коллега-учительница – Н.Ш.] ушла в N-ю школу и она договорилась конкретно с директором, что она придет на эту работу и будет получать совершено конкретную сумму денег. Она удовлетворена, это совершенно точно»*[205]. «*Если можешь с родителями учеников договориться, что они сами будут ремонт делать, то это хорошо, директор не против»*[206].

Успех презентации зависит от того, насколько схожи интерпретационные модели актеров и их зрителей. В нашем распоряжении имеются свидетельства самого близкого круга участников-наблюдателей, вчерашних школьников. Их реакции на действия учителей позволяют заключить, что расшифровка поведенческой информации идет по иным правилам, нежели ее кодировка. Ученики становятся «кривым» зеркалом осуществляемых презентаций. Они способны воспринять значительную часть предъявляемых идей, но помещают их в совершенно иное смысловое поле. Конечно, школьники признают высокий статус учителя и ориентируют на него свое поведение, хотя бы внешне: «*... произвести первое впечатление на учителя, наверное, это было самое главное...»*[207]. Однако домашность, интимизация превращают школу в «необязательный» социальный институт: «*Школа – это, в первую очередь, развлечение, а потом уже учёба»*[208], «***Что ты делаешь на уроках?*** *Я общаюсь с одноклассниками. Только на информатике и ещё паре предметов я конспектирую информацию. За то,*

204 Фокусированное интервью. М., школьный учитель, жен., 48 лет.

205 Фокусированное интервью. М., школьный учитель, жен., 48 лет.

206 Фокусированное интервью. Т., школьный учитель, жен., 39 лет.

207 Фокусированное интервью на тему «Эмоциональный мир школы». А., учащаяся 11 класса, жен., 16 лет.

208 Фокусированное интервью на тему «Эмоциональный мир школы». А., учащаяся 11 класса, жен., 16 лет.

что я общаюсь, мне влетает»[209]; в котором исполнители меняются ролями: «*... в школе не ты бегаешь за учителями, чтобы что-то сдать, а они за тобой»*[210], «*... это им, учителям, важна посещаемость»*[211], «*... тебя обязательно тянут до конца»*[212].

Помимо системы наказаний, школой выработана не менее разветвленная система исправлений. Учитель может обозначать действия как негативные, но это проступки, за которые легко заработать прощение: «***Ты когда-нибудь расстраивался из-за невыполненного домашнего задания? Нет, никогда не расстраивался. Да и зачем расстраиваться, если можно исправить двойку за невыполнение домашнего задания?!»***[213]. Учителя, не готовые «повернуть время вспять», при этом осуждаются: «*Я бы уволил некоторых учителей, которые, по моему мнению, слишком строги»*[214].

Идея «благодарности общества», преобладание устных договоренностей грубо перерабатывается в понятные рыночные принципы («*заинтересованность самих учителей в твоей успеваемости»*[215], «*можно халявничать, а в конце четверти немножко поучиться и все будет нормально»*[216]), и даже идею бартерных сделок.

Внимание учителей к будущему учеников заставляет последних сомневаться в сегодняшней социальной компетентности школьных педагогов и даже в их профессионализме («*... в школе такие предметы, что они тянутся и тянутся из года в год, сплошная зубрежка»*[217]). Указанные интерпретации довольно устойчивы и имеют тенденцию к воспроизводству в иных, не школьных, пространствах.

Наблюдения, касающиеся презентационных практик в школе, по-

209 Фокусированное интервью на тему «Учебные практики старшеклассников». О., учащийся 11 класса, муж., 16 лет.

210 Письменное эссе о школе. М., студент 1-го курса ПГТУ, муж., 18 лет.

211 Письменное эссе о школе. Л., студент 1-го курса ПГТУ, муж., 17 лет.

212 Письменное эссе о школе. О., студент 1-го курса ПГТУ, муж., 17 лет.

213 Фокусированное интервью на тему «Учебные практики старшеклассников». М., учащийся 11 класса, муж., 16 лет.

214 Фокусированное интервью на тему «Учебные практики старшеклассников». М., учащийся 11 класса, муж., 16 лет.

215 Письменное эссе о школе. А., студент 1-го курса ПГТУ, жен., 17 лет.

216 Письменное эссе о школе. Д., студент 1-го курса ПГТУ, муж., 17 лет

217 Письменное эссе о вузе. П., студент 1-го курса ПГТУ, муж., 18 лет.

зволяют высказать предположение: в парном диалоге «учитель-ученик» заметны эмоциональные и смысловые барьеры. То, что для педагога кажется естественным и органичным (забота, апелляция к чувствам детей и проч.), для учащихся является чуждым и навязываемым, а также полем для спекуляций, способом уклониться от исполнения образовательных обязанностей.

Распространение патерналистских практик в современной школе подкрепляется тем, что ученик – особенно в младших классах – действительно ребенок, считающийся неспособным учесть долговременные последствия своих действий. Однако, ограничивая самостоятельность учащегося, школа мешает освоить ему социальные технологии рационального и свободного общества, препятствует его взрослению. Таким образом, содержание обучения вступает в противоречие и с интересами общества, организованного по индустриальному образцу, и с интересами самого ученика, который ожидает, что его научат эффективным социальным практикам («выучиться, чтобы потом найти достойную, хорошую работу»[218]). Все это позволяет предположить, что: «Главная цель школы – воспитание приспособленцев, подчиняющихся власти школьной системы»[219]. Отечественные общеобразовательные учреждения не только составлены из традиционалистски ориентированных педагогов, но и способствуют ретрансляции патернализма в молодежную культуру.

Патерналистские модели поведения в высшей школе

Высшее образование в российском обществе перестало производить образцы (эталоны) поведения и стало их заимствовать. Этому процессу способствует то, что вузы занимают приниженное, по сравнению с другими учреждениями, положение, проявляющееся, в том числе, в по-

218 Фокусированное интервью на тему «Учебные практики старшеклассников». А., учащийся 11 класса, муж., 16 лет.
219 The High School Revolutionaries / ed. Libarle M., Selifson T. New York, 1970. P. 20.

литике финансирования государственных образовательных учреждений и в принципах исчисления заработной платы обучающим сотрудникам в учреждениях частного типа. На привнесение в вузовскую среду инородных практик влияет снижение его престижности. Наконец, принадлежность к вузу вызывает ряд ассоциаций, включающих в себя «бедность», «никчемность», «неустроенность» и т.п. Вот одно из типичных описаний человека, принадлежащего к высшей школе: *«Его одежда поношенная и внезрачная. Он всклокоченный, невыспавшийся и бледный, т.е. незагорелый»*[220]. Это слова студента-первокурсника (орфография сохранена), написанные им после недельного знакомства с вузом, отражающие, скорее всего, убеждения людей, не интегрированных в образовательный институт; это мнение, усвоенное в большом обществе и отражающее подлинный статус преподавательских профессий и института, их поддерживающего.

Если вуз как институт не может с достаточной убедительностью представлять свои правила и иерархию, то новые члены привносят в него собственные, уже устоявшиеся представления о порядке и нормах взаимодействия, усвоенные в рамках других институтов. Речь идет об индивидуальных/групповых патерналистских презентациях, происходящих в вузовском пространстве. Эти практики, характеризующиеся определенной степенью единства, позволяют представлять (неважно, осознанно или нет) некий «образ Я» в повседневной реальности, соотнести предъявляемый образ с позициями и статусами других участников социального действия.

Проследим каналы, по которым патернализм проникает в высшие учебные заведения. Патернализм в вузе может быть следствием различных деформаций корпоративной культуры преподавателей, либо привноситься новыми членами из иных, но сходных по некоторым внешним признакам устойчивых ситуаций. Нами был изучен преимущественно второй из этих вариантов при предположении, что источником для копирования является школьная среда.

Когда вчерашний школьник становится студентом, он попадает в совершенно не знакомую ему институциональную среду. Сведения, которыми он обладает о вузе, неполны, противоречивы, зачастую просто не

---

220 Письменное эссе о вузе. Н., студент 1-го курса ПГТУ, муж., 17 лет.

верны. Уставов вузов студенты, как правило, не читают. Они не знают, кто такие ректор, декан, куратор группы, староста; если им знакомы эти слова, то о содержании обязанностей каждого из этих лиц они даже не догадываются. Им не понятно, почему в школе предметы длились годами, а сейчас прохождение одного учебного курса может составлять от половины семестра до максимума – двух. Новостью является то, что из учебного заведения могут отчислить – раз и навсегда. «*Чтобы во всем этом разобраться, надо годика два поучиться сначала*»[221], - заключает вчерашний школьник. Многие – в течение первого года обучения – продолжают называть преподавателей «учителями», лекции и семинары – «уроками»; воспроизводить вольные школьные практики – сбегать группками с ненавистных предметов (например, физкультуры), списывать друг у друга контрольные, расчетные и курсовые работы, прятать у нелюбимых сокурсников сумки и тетради для конспектов, даже устраивать небольшие потасовки в коридорах во время перерывов. Правила поведения в вузе им тоже не ясны: нужно ли надевать особую одежду и носить сменную обувь, и что будет, если этого не делать; можно ли не ходить на занятия, и какое наказание ждет прогульщика, до какой степени свободно следует вести себя во время занятий; на самом ли деле нужно исполнять учебные работы в срок и полностью и т.д., и т.п.

Самая главная трудность, с которой сталкивается вчерашний школьник, – это усложнение социальных контактов внутри вуза по сравнению со школой. В вузе нет единого образца взаимодействия «преподаватель – студент/студенческая группа», способы этой связи сильно дифференцированы и сложно структурированы. «*В школе все было просто, понятно, за что наказывают, за что хвалят. А в вузе я уже почти год, и все никак не могу понять – одному преподу нравится одно, другому – другое. С одним можно спорить, с другим лучше молчать и кивать. Почти никто не хвалит*», – жаловался один из хорошо успевающих и дисциплинированных студентов-первокурсников[222].

Действительно, преподаватели более свободны в выборе способа взаимодействия со студентами, варианта самопрезентации нежели школь-

221 Письменное эссе о вузе. Р., студент 1-го курса ПГТУ, муж., 18 лет..

222 Письменное эссе о вузе. А., студент 1-го курса ПГТУ, муж., 18 лет.

ные учителя. Это проявляется, начиная от стиля проведения занятий, способа преподнесения учебного материала, заканчивая предпочитаемым тезаурусом, жестами, одеждой. Новичку сориентироваться в этом многообразии непросто. Объяснения тем или иным поступкам преподавателей следует искать в корпоративной культуре, закрытой от посторонних, и, тем более, от студентов-первокурсников. В соответствии с ней, преподаватели являются в своих глазах носителями абсолютных знаний, высших ценностей, безупречной морали. Для оценки своего статуса они применяют, в первую очередь, внеэкономические критерии. Именно это позволяет ему без сомнений в собственной правоте оценивать студента как материал для тщательной и всесторонней обработки.

Вопросы статуса являются актуальным для преподавательской корпоративной культуры, преподаватель стремится дистанцироваться от студента, установить четкую демаркационную линию. Он предъявляет подопечным лишь отдельные, наиболее успешные стороны своей личности, тем самым, увеличивая и подчеркивая статусные различия. Конкуренция студента с преподавателем бессмысленна: правила соревнования, устанавливаемые в вузе, значительно отличаются от общесоциальных. Да и сам образ, конструируемый преподавателями, не всегда схож с «простым человеческим»: отстраненность от бытовых и житейских тем, бескомпромиссность, нетерпимость к личностным слабостям студентов, нечувствительность к просьбам и мольбам о снижении учебных и дисциплинарных требований.

Поддержание высокого статуса преподавателя предполагает вероятность осуществления равноправного диалога строго в научном сообществе, достаточно замкнутом, представленном на факультетском (кафедральном) уровне «научным кланом». Эмоциональная функция такого клана состоит в снятии гнета изоляции, связанного с поиском и хранением эзотерического знания. С помощью своего клана возможно и более успешное осуществление карьеры. Т. Шефф пишет: «… демонстрация своей принадлежности к банде и клану может естественным образом дополнить или даже заменить … талант и ум. Явная и многократная демонстрация верности этим группам может быть чрезвычайно полезна…»[223]. Студентам

---

223   Scheff T. J. Academic Gangs//Crime, Law, and Social Change. 1995. V. 23. P.159.

в эту область вход заказан.

Социологи образования часто отмечают «сакральность» фигуры учителя, проводя параллели со жрецами и шаманами. Учитель для того, чтобы обучать должен осуществлять свою власть над подопечными – и делать это не только в пределах школы. Преподаватель становится, по выражению И. Иллича, «хранителем, проповедником и врачом»[224] в том смысле, что он передает знания, обучает собственной морали и убеждает ученика подчиняться своей привычке, своему видению истин и своему чувству правоты.

Высшее вузовское начальство для новичка-студента представлено обычно преподавателями; чем более грозным и требовательным является преподаватель, тем выше оценивается его статус («*Я не могу никому больше сдать этот зачет, только ей, потому что она – старший преподаватель на кафедре. Но у меня с ней конфликт, так что, наверное, выгонят*», – так объясняла свои трудности студентка 1-го курса[225]). Административная лестница выглядит упрощенной, одновременно появляется распределение студентов по годам обучения. Студент V курса в глазах других студентов по статусу приравнен к преподавателю: ему позволяется находиться в помещении кафедры, он знаком почти со всеми лекторами, и дает им оценку, его не принуждают к ежедневному посещению занятий, он ведет индивидуальное научное исследование. Первокурсник свой статус либо не определил вовсе, либо определил как самый низкий по сравнению со всеми другими участникам и института высшего образования.

Для новичка, желающего включиться во внутривузовскую среду, есть два варианта. Первый – изучить формальные принципы организации учебного заведения и попытаться разузнать о неформальных нормах и правилах, а для этого осуществлять многочисленные коммуникации с незнакомыми людьми в незнакомой обстановке, методом проб и ошибок выстраивать собственную успешную стратегию поведения в роли студента. Второй – применить, приспособить к новой ситуации уже имеющиеся знания о системе обучения, полученные в школе. Нельзя сказать, что второй вариант намного проще первого: от студента, решившего использовать

224 См. Illich I. Deschooling Society. Harmondsworth: Penguin, 1973. P. 46-50.
225 Фокусированное интервью. А., студент 1-го курса ПГТУ, жен., 19 лет.

213

патернализм в качестве способа реализации студенческой роли, требуется совершить процедуру «отзеркаливания» учительских патерналистских презентаций. Школьный патернализм продуцируется и поддерживается в большей степени учителями, чем учениками. Если же студент избирает соответствующий способ поведения, то «приватизировать» поле взаимодействия с преподавателями он должен самостоятельно; то же относится и к признанию (или демонстрации этого признания) особого значения человека, несущего знания, в обществе и к готовности делить своих сокурсников на «любимчиков» и «аутсайдеров».

Студент осуществляет культурную инсценировку, позволяющую «…как можно быстрее найти выход из их нынешнего неопределенного и неустойчивого положения [через – Н.Ш.] обретение внешних признаков идентификации…»[226]. Будучи осознанной, эта модель поведения может быть озвучена в формуле: *Грамотно выстраивать отношения с каждым преподавателем, постоянно над этим работать, тогда, может быть, и получится»*[227]. Вряд ли в такой ситуации можно наблюдать сложные, разветвленные патерналистские практики; как правило, они осуществляются в примитивных формах. Если в школе учитель сам рассказывал о своей нелегкой доле, то преподавателя надо разговорить нехитрыми наводящими вопросами «за жизнь»: «А как Вы стали ученым?», «Что Вы изучаете?», «Чем еще занимаетесь, кроме обучения нас, неразумных?»; жаловаться ему на суровость и несправедливость других преподавателей («Вы ведь тоже были студентом?»), в перерыве небольшой группой продолжить и то, и другое. Если в школе учитель апеллировал к чувству уважения к более старшим и мудрым, к самой школе, и необходимости ей помогать, то в вузе студенты с радостью оповещают преподавателей о готовности спонсировать всевозможные учебные проекты, предлагают обменять деньги на оценки, при этом, слегка опасаясь разгневать «начальство» низкой суммой. Если в школе учителя после некоторых сомнений сами снижали требования к отстающим ученикам, то в вузе снисхождение приходится выпрашивать лично, привлекая иногда «группу поддержки» – родственников вплоть до пятого колена, или знакомых, работающих в том же вузе.

226 Ионин Л. Социология культуры. М.: Логос, 1998. С. 216.
227 Письменное эссе о вузе. О., студент 1-го курса ПГТУ, муж., 19 лет.

Напомним, что студент, инсценирующий патерналистскую роль, вряд ли убежден на самом деле в значимости высшего образования; его отношение к обучающим практикам остается, по-прежнему, школьным[228]. Вуз «укрывает» своих студентов от большого общества, оправданной учебой отсрочкой от немедленной производственной деятельности, конкуренции на рынке труда; а также продлением уже ставшей привычной «необременительной учебы» в сложившейся статусной организации. Использование патерналистской модели поведения студентами обосновано в том смысле, что обеспечивает поддержку со стороны «старших», вместо сложной конкуренции с ними. С другой стороны, нельзя не указать на факторы, препятствующие использованию патерналистской модели студентами. Прежде всего – это совпадение по времени процессов адаптации к внутренней среде вуза и освоения в полной мере достаточно рационализированной городской культуры. Поступление в вуз подводит черту под домашней и школьной жизнью, способствуя появлению и новых потребностей (соблазнов), и новых способов их удовлетворения. Социальная практика вчерашнего школьника усложняется и за счет подражания неизвестным ему ранее способам действия сокурсников, и благодаря новым индивидуальным задачам рыночного типа. Собственно, вуз как социальный институт ни содержанием своей деятельности, ни декларируемыми принципами не может помочь студенту социализироваться в городском пространстве. Статус обучения в вузе для студента довольно низок: «*На мой взгляд культурные люди нанимают индивидуальных преподов и увлекаются литературой, что студент себе позволить не может и поэтому пользуется <u>общественными благами</u>*»[229] (орфография и пунктуация сохранены, подчеркивание мое – Н.Ш.). Положение преподавателей в большом обществе хорошо описывается словом «бюджетники», а, значит, вне стен учебного заведения их суждения ничего не значат и не могут служить примером для воплощения молодым поколением. Для студента, на самом деле, нет достаточных жизненных оснований, чтобы

---

228 В этом смысле примечательны свободные ответы первокурсников на вопрос о функциях высшего образования. Почти всегда в них присутствует вариант «получить знания», «учиться», и очень редко «освоить профессию», «получить высококвалифицированную работу».

229 Письменное эссе о вузе. М., студент 1-го курса ПГТУ, муж., 17 лет.

преодолевать выстраиваемую преподавателями дистанцию. Адаптация к вузу воспринимается им как препятствие для «взрослой жизни». И поэтому патерналистские способы исполнения роли студента актуализируются ситуативно, в критические моменты обучения в вузе; в остальное время студент применяет гибридные варианты действий, в которых можно обнаружить что-то механически перенесенное из школьной жизни, что-то из уличной, что-то из рыночной, что-то из развлекательной культуры.

Слабость института высшего образования проявляется и в том, что новички на самом деле выбирают из трех вариантов действия. Студент-первокурсник не всегда осваивает роль студента, в каком бы виде – обычном или патерналистском – она не трактовалась. Он действует по правилам и нормам, освоенным в дворовой среде, или шире – современной молодежной культуре. Он не признает действующую внутри института систему статусов, не чувствителен к наказаниям, не способен расшифровать сложно сконструированные знаки одобрения или опасности, выработанные постоянными участниками института. Контакты с такими студентами в рамках неизменных институциональных норм для преподавателей и административных работников вуза являются потенциально напряженными, если последние не станут спонтанно, сознательно, или даже по указанию начальства деформировать правила взаимодействия в сторону их упрощения и исключения конфликтов. От преподавателя в современном вузе требуют, чтобы все без исключения студенты освоили соответствующую учебную дисциплину, его заставляют брать на себя ответственность за групповую и индивидуальную успеваемость, от него ждут корректировки недостатков воспитания студентов, советуя при этом снижать контрольные планки, упрощать содержание курса, удерживать коммерческих студентов. Чтобы соответствовать этим ожиданиям, учитель высшей школы начинает применять патерналистские правила в отношениях со студентами: вникает в подробности частной жизни студентов, не позволившие им присутствовать на занятиях, в срок сдать исследовательскую работу, подготовиться к экзамену; соглашается с малой важностью своего учебного курса; снисходительно относится к дисциплинарным шалостям и т.д. Это роль «доброго, понимающего папы». Он проявляет заботу о судьбе учеников, оценивают правильность их выбора, переживают о бесплодности своих усилий: «*У нас явно учатся не те... ребята. Из группы почти 60 человек, ну хорошо, 50 человек, от силы на своем месте 3-4-5 человек. Остальные... Нет, понятно, мы не можем отказать, как у нас говорят – они хотят учиться, значит, могут учиться. Но что-то тут все равно не правильно устроено. Не правильно. Это видно по тому, что буквально же единицы работают по специальности*»[230]. В более простом варианте – гордятся своими достижениями, выходящими далеко за рамки вузовского образования: «*К нам пришли студенты, они даже читать не умели! Я с ними работала, научила их и читать, и главные идеи выделять из текста, сначала по абзацам, потом и в целом*»[231]. Патернализм в такой поведенческой трактовке преподавателей отличается от патернализма школьных педагогов. Например, многие студенты считают, что у преподавателей есть свои любимчики, однако, им мало известно то, по каким критериям преподаватели выделяют тех или иных членов группы: «*... как стать "любимчиком" - не знаю, хотелось бы, но не знаю как*»[232], «*... к некоторым студентам лучше относятся, наверное, из-за знаний, но сильно высовываться не надо*»[233].

В корпоративной культуре вузовских преподавателей, напротив, заложены черты «папы сурового»: требующего абсолютного подчинения и признания высшего статуса, сознательно создающего барьеры для доступа к знаниям и к себе, строго карающего любые отступления от установленного им порядка.

Вопросы статуса и дистанции между разными участниками института для преподавателей традиционно важны; в начале XX века Т. Веблен отмечал, что «... ученые слои во всех общностях... являются ярыми сторонниками этикета, статуса, соблюдения субординации, рангов и званий...»[234].

Второй способ исполнения роли намного более привлекателен, в том числе и тем, что позволяет сохранять статусную дистанцию со студентами, и зачастую преподаватели используют именно его. На таких «пап»

230 Фокусированное интервью. А., преподаватель вуза, муж., 56 лет.
231 Фокусированное интервью. О., преподаватель вуза, жен., 30 лет.
232 Высказывания взяты из письменных эссе студентов 1-го курса ПГТУ.
233 Высказывания взяты из письменных эссе студентов 1-го курса ПГТУ.
234 Веблен Т. Теория праздного класса. М.: Прогресс, 1984. С. 337.

студенты тихо жалуются: «*... мы учимся быть более дисциплинированны-
ми, в школе на это мало внимания обращали*»[235], «*... не выполняешь задания – «до свидания», или даже «прощайте»*»[236], «*... спрашивают больше,
чем давали на лекциях, за тройку надо сильно напрячься*»[237], «*... преподаватель думает, что студент сам должен учить все*»[238], «*... они к студентам относятся – «Я тебя не знаю, и знать не хочу!»*»[239], «*... безразличие,
никому не нужен*», «*очень строгие правила у всех*»[240].

Основными определяющими чертами вузовского патернализма,
таким образом, можно считать высокую избирательность взаимодействий
и связанное с ней разделение студентов на близких «подопечных» и дальних «родственников». По отношению к близким, допущенным к личност-
ному контакту студентам, действуют патерналистские школьные правила,
но в упрощенном виде (например, за выдающийся поступок вместо осво-
бождения от многочисленного рода повинностей, присущих обучению в
школе, студент вознаграждается снижением учебной нагрузки). Взаимодействие со студентами, оказавшимися в дальнем круге, выстроено по
схеме «бросающего родителя», в которой повышенная требовательность
сочетается с постоянными испытаниями (к разряду сложных ситуаций
относятся – вход в аудиторию после опоздания, защита лабораторных и
исследовательских работ, сдача зачета, получение допуска к экзамену) и
скупыми вознаграждениями. Преподаватель во втором случае выступает
в роли опекуна-надзирателя.

Использование патернализма в качестве способа исполнения
роли и студента, и преподавателя в социальном институте высшего образования обеспечивается незначительной технологичностью обучения. Вуз
сегодня не выпускает профессионалов, специальные сведения, передаваемые студентам в процессе обучения, зачастую либо устарели, либо сугубо
теоретичны[241]. В таких условиях ценность информационных обменов не

235 Высказывания взяты из письменных эссе студентов 1-го курса ПГТУ.
236 Высказывания взяты из письменных эссе студентов 1-го курса ПГТУ.
237 Высказывания взяты из письменных эссе студентов 1-го курса ПГТУ.
238 Высказывания взяты из письменных эссе студентов 1-го курса ПГТУ.
239 Высказывания взяты из письменных эссе студентов 1-го курса ПГТУ.
240 Высказывания взяты из письменных эссе студентов 1-го курса ПГТУ.
241 См. напр.: Кабацков А. Офисный мир и высшее профессиональное техниче-
ское образование //Антропология профессий. Сб. науч. ст. Саратов: Научная книга, 2005.

высока, и они могут заменяться различными ритуализованными практиками, в том числе, патерналистскими.

Серьезным стимулом для актуализации патернализма в образовательном институте является неразборчивость вузов в наборе новых членов. Пытаясь стать экономически эффективными, вузы сознательно снижают барьеры для абитуриентов, впуская в свои стены молодых людей, не готовых и не стремящихся стать членами этого социального института. Пришельцы, руководствуясь собственными смыслами и технологиями, способствуют повышению неопределенности внутри института, дальнейшему разрушению внешних границ, значительному усложнению функциональных процессов.

С другой стороны, некоторой части своих выпускников вуз обязан закреплению патерналистских моделей поведения. Речь идет о специалистах с высшим образованием, которые остаются внутри вуза, или поддерживают с ним символическую связь, позволяющую уклониться от конкурентной борьбы на рынке труда со своими сверстниками и старшими коллегами. Для этого используются разнообразные каналы: поступление в аспирантуру как очную, так и заочную; получение второго образования, учеба на курсах повышения квалификации; работа на низкооплачиваемых должностях внутри вуза, не относящихся к полученной специальности; и, наконец, стремление к преподавательской деятельности. Перечисленные варианты, за исключением предпоследнего пункта, можно было бы объяснять наличием у указанной группы ценности высшего образования и экспертных знаний. Но модели поведения, практикуемые недавними выпускниками на рынке труда, позволяют в этом усомниться.

Н.В. Шушкова

Выводы

Институт образования, как любой общественный институт, складывается из системы определенных ролей и статусов. Они имеют давнее происхождение и в настоящее время, несмотря на некоторые изменения, сохранили свои прежние черты.

Современное школьное образование воспроизводит семейные традиционалистские образцы. Среднему образованию это свойственно в большей мере, чем высшему. В вузе патерналистские практики представляются не столь изощренными и многогранными, как в школе, что ни в малейшей степени не влияет на их действенность как внутри указанных институтов, так и за их пределами. Образовательный патернализм деформирует личностные качества студентов: помимо неизбежной унификации, он подавляет инициативу и способность к независимому анализу и оценкам. Одновременно ставятся препятствия для получения и усвоения новых знаний. Патерналистский стиль в образовании не приемлет партнерские роли. Ученик, пытающийся перейти в режим диалога, ставит себя вне этой системы, исключающей критическое к себе отношение.

Источники образовательного патернализма следует искать в учительской и преподавательской корпоративных культурах, но не только в них. Его принятию также способствуют статусное разделение общеобразовательных школ по экономическим позициям их учеников и наблюдаемая деградация российской высшей школы как отдельного социального института, утрата им своих основных функций (канала социальной мобильности, обучения профессиональному мастерству и т.д.). Эти изменения в большей степени накладывают отпечаток на тех участников образования, кто дольше и сильнее включен в институциональный порядок.

Патернализм успешно осуществляет функцию поддержания институциональной структуры институтов среднего и высшего образования, при этом не в коей мере не решая и не способствуя решению стратегических целей этих институтов.

Образовательный патернализм замаскирован сильнее, нежели политический, более тотален, нежели производственный. Можно предположить, что учебные заведения как пространство, в котором апробируются

220

и усваиваются патерналистские модели поведения, выступают одним из каналов ретрансляции патернализма в современной российское общество. Человек, участвовавший в воспроизводстве патернализма в образовательных институтах, и в дальнейшей своей социальной практике будет повторять несамостоятельные, квазисемейные модели поведения, искать покровителя, защитника, заступника; заключая с ним сделку, получать поддержку в обмен на отказ от собственных гражданских прав.

Представляется, что использование понятия «патернализм» применительно к социальным процессам, связанным с образованием, позволяет интерпретировать повсеместное стремление к получению высшего образования (первого, второго, третьего) по неопределенным специальностям, а также социальную апатию среди молодежи, не приемлющей либеральные, демократические идеи, так же как и рыночные рациональные практики.

Н.В. Шушкова

Глава 5. Патернализм в контексте институциональных теорий

Вступление

Представленные в предшествующих разделах эмпирические данные охватывают широкий круг социальных явлений: от трудовых отношений и политического участия до процессов обучения. Содержательным элементом, объединяющим их, выступает патернализм, зафиксированный благодаря предложенной системе индикаторов. Замечу сразу, что проведенные исследования не могут претендовать на полную репрезентативность относительно разнородных социальных процессов, происходящих в современном российском социуме, в первую очередь из-за территориальной локализации в одном городе. Имеющиеся результаты других исследований позволяют говорить о схожести, но не идентичности явлений: различаются и условия бытования патернализма, и конкретные формы его воплощений в поведении[242]. В рассмотренных исследованиях патернализм тоже имеет не одно лицо, он достаточно вариативен в своих проявлениях, может быть даже зависим от доминирующих характеристик того поля, в котором он существует. Во всяком случае, представить себе без улыбки депутата, выстраивающего свое поведение по аналогии со школьным учителем, сложно; но переклички между манерой поведения политика и заводского начальника обнаружить нетрудно, точно так же, как между наставлениями начальника цеха своим рабочим и высказываниями преподавателя, обращенными к нерадивым студентам.

---

242 См. например, обобщения, сделанные на основе изучения политического пространства г. Сызрань (лето 2004 г.). Восприятие горожанами политического действия носило более выраженный празднично-карнавальный характер; патерналистские модели поведения практиковались и избирателями, и политиками, однако, выстраивались они по несколько иным образцам. Шушкова Н. Политика в городском пространстве: попытка осмысления // Городские миры. Опыт гуманитарного исследования: моногр. Под ред. О.Л. Лейбовича и А.Н. Кабацкова. Пермь: РИО ПГТУ, 2006. С. 49-65.

Несмотря на то, что индивиды в исследованиях представали как исполнители совершенно разных социальных ролей, включенных в разные институты и контексты, в их поведении, их высказываниях, сильнее или слабее, проявлялось некоторое сходство. Для индивидуальной реализации ролей они выбирали одну и ту же модель – патерналистскую. Патерналистская ролевая модель воплощалась работниками предприятия «Нефть», избирателями и политиками Перми на выборах, преподавателями и учащимися в стенах школ и вузов. Эта модель, описываемая определенным конечным набором характеристик, соотносилась со статусами индивидов внутри институтов, закрепляла существующую иерархию ролей, и, чаще всего, увеличивала дистанцию между индивидами, определяемыми как носители моделей «клиента» и «патрона». Зафиксированная стабильность проявлений патернализма в поведении, организующее влияние на действия индивида, основанное, в том числе и на иерархическом упорядочении активности, дают основания охарактеризовать патернализм как устойчивый комплекс или институт. В социологической теории[243] принято считать, что цель институтов состоит в групповой реализации социальной потребности. Структура института обычно представлена иерархическим упорядоченными ролями, правилами и нормами, организующими поведение членов института, санкциями, поддерживающими сложившийся порядок действия, средствами, необходимыми для достижения цели. Рассмотрим эти элементы применительно к патернализму.

Начало института; цели, достигаемые в патернализме

Патернализм рассматривался в исследованиях как элемент внутри других структур. Он имеет собственную специфику, но в социальной действительности не может быть отделен в своем существовании от тех контекстов, в которые он включен; такое различение возможно только в рамках теоретизирования. Патернализм проявляется в реальности в виде

---

243   Щепаньский Я. Элементарные понятия социологии. М.: Прогресс, 1969. С. 95-98.

особых практик, сопутствующих выполнению индивидом какой-либо роли, либо используется им в качестве ролевой модели. Это означает, что патернализм обнаруживается в ситуациях уже готового взаимодействия. Под готовым взаимодействием понимается не столько актуальное, совершаемое взаимодействие, сколько обстоятельства, способствующие коммуникации между индивидами, или предполагающие их. Готовым взаимодействием, например, можно считать выборы и период агитации, предшествующий им; при этом в число взаимодействующих индивидов будут включаться и избиратели, и политики, и представители контролирующих учреждений, и агитаторы; коммуникации могут быть ориентированы как вертикально, так и горизонтально, происходить как непосредственно (на встрече избирателей с кандидатом, при обсуждении в семье, на работе кандидатур), так и опосредованно (через рекламно-политические материалы). Готовое взаимодействие не означает автоматическое включение индивида в коммуникации помимо его сознания или воли, напротив, от последнего требуется усилие по вступлению во взаимодействие (в рамках приведенного примера – как минимум знакомство с материалами листовки, поддержание разговора о политике со знакомыми или незнакомыми людьми); однако, оно предоставляет индивиду готовые детализированные схемы и информацию о ходе коммуникации со всевозможными партнерами, исходе этих контактов.

Взаимодействующие индивиды, если речь идет о большом количестве людей, складываются в группы, отражающие сходство их целей, интересов, избираемых средств, некоторых качеств. Готовое взаимодействие заранее номинирует индивида определенным образом в соответствии с теми возможными действиями, которые он способен совершать в рамках некоторой ситуации. Индивид, как правило, соглашается с этой номинацией, идентифицируя себя с некоторым статусом, обнаруживает других индивидов, обозначенных сходно, образует с ними номинальные (например, ученики школы) или реальные группы (группа одноклассников). Еще большую определенность взаимодействию придает выделение других индивидов, исполняющих дополняющие роли, определение статусного соответствия между этими ролями (директор школы – педагог – ученики – обслуживающий персонал школы). Проблема заключается в том, что готовые взаимодействия не имеют однозначного предполагаемого и всеми принимаемого результата. Индивид, включаясь в готовое взаимодействие, имеет некоторые личные ожидания относительно его конечного итога, но вопрос о его достижении в коммуникации не всегда решается положительно. Некоторые индивидуальные цели вообще не могут быть достигнуты, а для реализации других индивиду приходится выходить за рамки, предписанные готовым взаимодействием, налаживать со своими партнерами дополнительные контакты на новых, особых условиях.

Готовое взаимодействие – это аналог социального института, не выполняющего свои функции; это оболочка, формирующая коммуникацию, но не позволяющая добиться основной цели. Социальный институт может оказаться в таком положении по нескольким причинам. Он находится в стадии становления, поэтому единый унифицированный ансамбль ролей, статусов и норм еще не сложился, индивиды выполняют свои действия с большой степенью свободы, не всегда согласуясь друг с другом, т.е. институт еще не стал эффективным, как, например, средневековая школа начала XV века, в которой еще не произошел переход от одновременного преподавания к прогрессивному методу разделения учеников на классы. Институт может быть импортирован в иную социокультурную среду и не соответствовать традиционным представлениям членов общества о целях и порядке действия, существовать скорее в области публичной риторики, чем в повседневной реальности, порождать протесты или просто невнимательность к новым правилам поведения, как, например, декларируемые, но слабо функционирующие рыночные институты в современной России. Существует и другая возможность: институт может перестать быть актуальным в новых, изменившихся условиях (советский блат в новейшее время), либо начинать заметно уступать в статусе другим институтам, тогда индивиды, освоившие ранее институциональные нормы, начинают их нарушать, институт переживает кризис. Несмотря на слабость, такие институты организуют взаимодействие, а, значит, и объединение людей в определенных ситуациях, подавая неверные сигналы о возможных итогах взаимодействия.

С позиции индивида ситуация выглядит таким образом: ему кажется, что его партнеры по взаимодействию его обманывают, либо, что он находится не на своем месте, неправильно идентифицировал институт, подходящий для осуществления желаемого. Степень неопределенности во взаимодействиях увеличивается, индивид не только сам начинает пробовать новые способы действия, но и не может с необходимой достоверностью предсказывать действия других. Если на этом этапе коммуникация с другими индивидами по определенному поводу не прекращается, например, из-за полностью осуществленной рефлексии, результатом которой становится ясное осознание неэффективности конкретного института и нахождение нового поля действий, то обнаруживаемые пробелы в организации взаимодействия начинают заполняться по некоторой, относительно простой схеме. В исследованиях эта схема имела вид патернализма.

Патернализм предоставляет своим носителям простые – по сравнению с институциональными – рецепты действий, с четкими нормативными предписаниями, требующие меньших затрат на их реализацию с идентифицируемым результатом взаимодействия. Студенту, выбирающему патерналистскую ролевую модель в коммуникациях с преподавателями, с большой вероятностью удастся пройти учебные курсы и получить соответствующие отметки. То есть поступки индивида, или их ансамбль, каждый раз оправдываются достижением цели, эта цель предельно конкретизирована и не отделена значительными отрезками времени от совершения действия. Избиратель-патерналист получает чистый двор или заасфальтированную дорожку уже сегодня, задолго до выборов. Патернализм довольно четко распределяет роли участников коммуникации, приписывая каждому ограниченную область активности, тем самым повышая согласованность их действий. Руководитель-патерналист может быть уверен в исполнении его производственных указаний в том виде, в котором они были сформулированы, без редакции и исправлений.

Если сопоставить результаты, достигаемые индивидами, практикующими патернализм с институциональными целями, то между ними сложно поставить знак равенства. Так, участие в концертах, устроенных кандидатом, слабо соотносится с идеей демократических выборов и представительства власти; коллекционирование отметок не означает получение образования, даже идеально контролируемый работник становится непродуктивным в необычной, внештатной ситуации. Патернализм позволяет индивидам персонализировать институт, привнести в него собственные, зачастую противоречащие этому институту ожидания, добиться их признания и осуществления. Чем больше индивидов прибегают к подобной модели поведения, тем больше институт утрачивает некогда определенные очертания.

Целедостижение в патернализме обнаруживает ряд особенностей. Партнеры по взаимодействию преследуют цели, относящиеся к разным областям человеческой практики, поэтому для получения результатов индивиды обмениваются разнотипными ресурсами. Патерналистски выстроенная коммуникация между мастером и рабочим для первого означает уверенность в выполнении его подчиненным любого производственного задания, а для второго – ощущение безопасности, сохранения трудовой занятости, иногда и смягчения репрессий. Взаимодействие не всегда приводит к достижению ожидаемого результата, даже если индивид полностью придерживался ролевой модели. Некоторые цели, организующие патерналистское взаимодействие, по своему характеру таковы, что могут быть достигнуты только в символическом виде, другие – настолько обширны, что доступной является только их часть. Так, продуктовый набор от политика – лишь знак заботы о «простых людях», но не проявление настоящей заботы о них.

Итак, патернализм позволяет индивидам избежать неопределенности в повседневных готовых взаимодействиях, порожденных слабыми институтами. При этом он не является идеальной схемой ни для индивидов, ни для институтов. Индивиды зачастую получают эрзацы ожидаемого. Институты расшатываются, еще больше увеличивая пространство внутренней неопределенности.

Патернализм, обнаруживаемый в поведении индивидов в современном обществе, обладает рядом черт. Для патернализма характерен диффузионизм: патерналистские конструкты распылены в обществе, проникают в разные его сферы. Патернализм не претендует на универсальность в качестве единственной ролевой модели, он может быть совмещен в поведении индивида с другими вариантами поведения в иных социальных полях. Патернализм, как правило, проявляется тогда, когда в реальности имеет место неравенство, очень сильные различия во власти (или обладании другими ресурсами) между участниками взаимодействия. Кроме того, он способствует закреплению существующей иерархии между участниками, принадлежащими к разным социальным стратам и группам, усилению дистанции между ними.

Патерналистские практики предполагают личную лояльность, включают в себя сильный элемент межличностных, индивидуальных обязательств; последнее зачастую делают патернализм «неофициальным», ставят под вопрос его легитимность в рамках действующих законов. Патерналистские взаимодействия в значительной степени персонализированы и эмоционально окрашены. Правила и обязательства сторон очень редко находят свое выражение в договорной, устной или письменной форме. Патерналистские схемы упрощают действия, заменяют сложные современные поведенческие конструкции их традиционалистским, грубым подобием.

С. Айзенштадт и Л. Ронигер отмечают внутренние противоречия патерналистских взаимодействий, соединяющих в себе «(а) неравенство и властную асимметрию с заметной взаимной солидарностью, выраженной в терминах личной идентификации, межличностном сочувствии и обязательствах; (б) потенциальное принуждение и эксплуатацию с добровольными отношениями и взаимными обязательствами; (в) обоюдные обязательства, солидарность или взаимность между клиентами и патронами с некоторой неофициальностью, полулегальностью таких отношений»[244]. Замечу, что патернализм не всегда полулегален: в обществах, доминирующими структурами которых выступают семейные организации, подобные коммуникации будут легитимны.

Патернализм обладает достаточной автономностью от общесоциальных целей и ценностей. Он предлагает своим участникам альтернативные варианты общественного обустройства, заимствованные из более ранних обществ. Вместе с тем, патернализм успешно «вписывается» в сложные социальные структуры современных обществ благодаря способности к мимикрии. Он достаточно гибок, чтобы принимать приемлемые в данном сообществе формы.

Патернализм не всегда существовал в распыленном виде, по-

---

244   Eisenstadt S.N., Roniger L. Patron, clients and friends. Interpersonal relations and the structure of trust in society. Cambridge, 1999. P. 49.

зволяющем ему проявляться в самых разных взаимодействиях. Современная форма патернализма имеет своих вполне определенных исторических предшественников, существовавших обособленно от иных коммуникаций. Именно от них он унаследовал основные содержательные характеристики.

Исторические источники современного патернализма

Каковы основания сохранения и воспроизводства патернализма в индустриальном обществе? Английский политолог Р. Холм уверен, что ответ следует искать в нескольких направлениях. Он пишет: «Тем, что поддерживает патернализм столь долго в Англии, является комбинация конституции и культуры, которые сошлись вместе, чтобы создать систему управления людьми, которая в лучшем ее виде работает для людей, но никогда не нуждается в их собственных усилиях»[245]. Для существования патернализм должен иметь источники в культуре и жизненном строе данного общества. Обратимся, прежде всего, к элементам культуры, поддерживающим патернализм. К социологическому методу наиболее близок подход Б. Малиновского, утверждавшего, что «…культурный процесс, включающий в себя материальный субстрат культуры (т.е. артефакты), связывающие людей социальные узы (т.е. стандартизированные способы поведения) и символические акты (т.е. влияния, оказываемые одним организмом на другой посредством условных рефлексов), представляет собой нечто целостное»[246]. Культурно-исторические источники патернализма можно обнаружить через рассмотрение сложившихся в российском обществе традиций и циркулирующих верований, разделяемых норм и общепринятых ценностей.

Замечу, что в современном отечественном научном дискурсе существует точка зрения о тотальности патернализма. Так, Т.Ф. Ермоленко,

245 Holme R. After Paternalism // The Political Quarterly. Vol. 63. N. 4. October-December. 1992. P. 404

246 Малиновский Б. Функциональный анализ // Антология исследований культуры. Т. 1. Интерпретация культуры. СПб.: Университетская книга, 1997. С. 687.

автор монографии «Патернализм в России: опыт культурно-исторического анализа», полагает, что патернализм является неизменным и необходимым элементом российской культуры. И, хотя в качестве эмпирической базы для исследования взят небольшой отрезок – вторая четверть XIX века, автор обращается к более раннему периоду «традиционной России», чтобы сделать гипотетическое предположение: «Обусловленные природно-климатической средой, вписанностью в систему локальных природно-хозяйственных условий, патерналистские черты закрепились в крестьянской культуре русского народа, патернализм стал аксиомой, культурным архетипом, закрепленным в российском характере и реализующимся на подсознательном уровне»[247]. Для Ермоленко процесс формирования архетипа не выглядит сложным, для его появления достаточно лишь связного сосуществования определенных элементов культуры и параметров окружающей среды в течение некоторого, относительно длительного, периода. Заметим, что К. Юнгу (цитируемому в тексте монографии) и его последователям механизмы возникновения архетипа представляются иначе и не столь ясно. Спорным также может считаться отождествление крестьянской и российской культуры. Принципиальным является иной, методологический аспект: если мы объявляем патернализм архетипом, то, во-первых, патернализм не может образовывать сложных *социальных* конструкций, ядром которых он бы являлся; во-вторых, необходима прерывистость, архетип для своего закрепления должен быть *оборванной* социальной практикой; в-третьих, он должен спонтанно, неосознанно возникать лишь в ситуациях личных и культурных *катастроф*; а, значит, данное явление выходит из области научной рефлексии как таковой и социологического анализа в частности.

Более продуктивным представляется взгляд на патернализм как непременный элемент культурного наследия, аргументы в пользу которого находит Т.Ф. Ермоленко на примере николаевской России. Элемент, повторимся, не константный, а до некоторой степени варьируемый.

Патернализм связывается исследователями с появлением особых вертикальных отношений в семейных и родственных группах в ранних

---

247 Ермоленко Т.Ф. Патернализм в России (опыт культурно-исторического анализа). Ростов н/Д.: Изд-во Рост. ун-та, 1999. С. 21.   .

типах обществ. Как отмечает X. Ньюби: «В английском обществе обычный термин для обозначения традиционного способа властвования – патернализм, включающий в себя различные типы традиционной власти (по М.Веберу): *patriarchalism, patrimonialism, gerontocracy*»[248]. Однако будет неверным считать, что в любом обществе, где в семейных организациях существуют патриархально-авторитарные черты, патернализм должен присутствовать как непременный вид социальной организации. М.Н. Афанасьев высказывает точку зрения, что «следует говорить об изначальном синкретизме "публичной" власти и "частного" патроната»[249]. Патронат, как он доказывает, вырастает из потестарных отношений родства. Такая связь копирует семейную – отца и сына, чем больше у «патрона» родственников – молодых мужчин, – тем выше его престиж и положение в своей группе. В самом деле, первые формы общественной связи (в исторической перспективе) были квазисемейными; но чем сложнее становится общество, тем труднее находить эффективные аналоги в локальных фамильных практиках. Родственные отношения достаточно быстро становятся лишь одним из типов связи во множестве социальных полей. Одновременно патернализм утрачивает черты простой межличностной связи, эволюционирует в обособленные социальные практики.

Традиционные семейные уклады, тем не менее, сохраняют свою притягательность. Не один социальный мыслитель попался в эту ловушку, провозглашая идеальным типом общественной устройства тот, который будет подобен патриархальному. Можно выделить, по крайней мере, две причины живучести подобных представлений. Первая – ностальгия по «старым добрым временам», когда и человеческая природа была лучше, и отношения между людьми теплее, дружественнее; ностальгия, характерная по преимуществу для образованного сословия. Изменяющееся общество, в котором по формуле Адама Смита «каждый человек – торговец», порождает соответствующую реакцию. Так, немецкий социолог Ф. Теннис за десятилетие до конца XIX в. противопоставляет холодному обществу более древний («теплый») социальный порядок: «Общность стара, а

248 Newby H. Paternalism and Capitalism // Industrial Society: Class, Cleavage and Control / Ed. By R. Sease. London, 1977. P. 63.

249 Афанасьев М.Н. Клиентелизм: историко-социологический очерк. Часть 1. // Полис. 1996. № 6. С. 101.

общество ново – и по сути своей, и по имени. <...> Всякая похвала деревенской жизни всегда указывала на то, что общность между людьми там более крепка, в ней больше жизни: общность есть устойчивая и подлинная совместная жизнь, общество же – лишь переходящая и иллюзорная»[250].

Вторая причина кроется в области морали в ее прикладном аспекте – объяснение социального неравенства и оправдание существующих способов правления (как правило, достаточно жестких). Дж.Ст. Милль приводит семью в качестве аналогии типа социальной структуры, который он хотел бы видеть воплощенном в обществе. Он пишет: «Отношения между богатыми и бедными должны быть только частично основаны на власти авторитета; они должны быть любезными, моральными, и сентиментальными; нежная опека с одной стороны, почтительное и благодарное отношение – с другой. Богатые должны быть в *loco parentis* бедным, руководя ими и ограничивая их подобно детей»[251]. Процитированное утверждение сильно перегружено нравственными смыслами, однако, от нас не должно ускользнуть истинное значение фразы. Ее суть коротко выразил Ф. Бастиа: «...покровительственная и колониальная системы составляют лишь две стороны одной и той же теории»[252].

Хотя «семейная» риторика имеет достаточную популярность, доверяться ей при отыскании культурных начал патернализма было бы неверным, если только не рассматривать реально существующие связи. Так, например, К.Д. Кавелин констатирует, что в современной ему крестьянской среде (сер. XIX в.) для обозначения социальных отношений приняты термины родства: «Помещика и всякого начальника они называют *отцом*, себя – его *детьми*. В деревне старшие летами зовут младших – *робятами, молодками*, младшие старших – *дядями, дедами, тетками, бабками*, равные – *братьями, сестрами*»[253]. Использование семейных номинаций уже не означает подобия самих отношений, но Кавелин считает,

250 Тённис Ф. Общность и общество. Основные понятия чистой социологии. СПб.: Фонд «Университет»; Владимир Даль, 2002. С. 11-12.

251 Mill J.S. Principles of Political Economy. Vol. II. Boston, 1848. PP. 319-320.

252 Бастиа Ф. Экономические софизмы, или хитрые уловки, разоблаченные сторонником свободной торговли. М., Челябинск: Социум, Экономика, 2002. С. 88.

253 Кавелин К.Д. Взгляд на юридический быт древней России // Кавелин К.Д. Наш умственный строй. Статьи по философии русской истории и культуры. М.: Правда, 1989. С. 15.

что «...*когда-то* все и неродственные отношения действительно определялись у нас по типу *родственных*, по началам *кровного* старшинства или меньшинства»[254]. Бесспорно, что общество современного типа строится на иных, внесемейных связях. Поэтому и семейные, родственные отношения, также претерпевшие ряд изменений, уже достаточно длительное время не являются ретранслятором патернализма в большое общество.

Истоки современного патернализма следует искать в традиционном обществе европейского типа, имеющем ряд специфических характеристик. Согласно историко-культурным исследованиям А.Я. Гуревича, культура и, соответственно, общество традиционного типа, могут быть описаны категориями иерархии, религиозности, преобладанием личных неформальных отношений над обезличенными формальными. Средневековое общество разделено на множество социальных групп, находящихся между собой в строгой упорядоченной иерархии. Социальная мобильность очень низка. Все социальные контакты носят публичный характер и осуществляются по зафиксированным в обычае нормам. Культурные формы опираются на традицию.

Все эти моменты учитываются в патерналистской модели поведения. Она является квинтэссенцией традиционалистской культуры. Картина мира средневекового человека включала в себя в качестве основной фигуры Бога—отца (как высшего сеньора), подчинение и служение которому рассматривались как необходимость. Человек по отношению к Богу—отцу себя видел «сыном». Миряне могли осуществлять «власть-силу» при условии, если их контролирует церковная «власть-авторитет»[255]. Бог—отец и бог—сын выполняют попечительские (патронажные) функции по отношению к верующим. Как зеркальные отражения, мы видим отношения в сельской общине, цехе, между рыцарем и его сеньором. Здесь и индивид, принадлежащий, прежде всего, большой (патриархальной или племенной) семье, предписывающей ему и собственность, и ответственность, и коллективные действия. Здесь и рыцари, испытывающие принуждение со стороны «senior» (самого старшего), но следующие также порыву своего сердца, порождающие необходимое чувство любви (т.е. кровного родства)

254   Кавелин К.Д. Указ. соч. С. 16.

255   Дюби Ж. История Франции. Средние века. От Гуго Капета до Жанны д'Арк. 987-1460. М.: Международные отношения, 2000. С. 120.

с помощью символических жестов. Несущая конструкция этой морали – лояльность и преданность.

Сравнивая каролингскую эпоху и античность, Ж. Ле Гофф пишет: «…основой нравственности стала верность, вера, которые надолго заменили греко-римские гражданские добродетели. Античный человек должен был быть справедливым, средневековый же – верным. Злом отныне стала неверность»[256]. Принимая эти добродетели, человек демонстрирует определенную зависимость, причем зависимость личного свойства. «Средневековая» свобода реализовывалась лишь в состоянии зависимости, где высший гарантировал низшему уважение его прав. От могущества покровителя зависела степень свободы «его» человека. В роли самого могущественного покровителя выступал Бог.

В средневековом обществе широко распространена практика «службы», она может быть обнаружена как в должностных структурах, так и в личностном пространстве. Понимание службы в традиционном обществе при этом сильно отличается от современного. Французский историк Ф. Арьес констатирует: «Само понятие «прислуживать» еще не перешло в разряд низких занятий. <…> Факт нахождения в зависимости от другого человека не имел еще унизительного характера, как сегодня. Почти всегда человек кому-либо «принадлежал». Книги по искусству нравиться XVI–XVII веков, такие как «Придворный», советуют «частному дворянину», то есть неродовитому, хорошо выбрать себе хозяина и постараться заслужить его милости. Общество состояло еще из системы «зависимостей»»[257]. Услуги не считались товаром, для них не было принятых денежных эквивалентов, поэтому слугам не платили, а *вознаграждали* «не столько из справедливости, сколько из жалости к более незащищенному существу, – точно такое же чувство испытывали и к детям»[258].

Могущественные патроны не только оказывали материальную поддержку своим подопечным, но и участвовали (с использованием силового давления) в парадигмальных и методологических спо-

---

256 Ле Гофф Ж. Цивилизация средневекового Запада. М.: Издательская группа Прогресс, Прогресс-Академия, 1992. С. 52.

257 Арьес Ф. Ребенок и семейная жизнь при старом порядке. Екатеринбург: Изд-во Урал. ун-та, 1999. С. 396.

258 Арьес Ф. Указ. соч. С. 397.

рах между учеными. Так, по свидетельству Ф. Даубарна, в конце XVI
– начале XVII века наблюдалось сильнейшее противостояние между
«установившейся властью Колледжа [имеется ввиду Лондонский вра-
чебный колледж, основанный в 1581 г. в Англии – *Н.Ш.*], которую тот
использовал для давления на ортодоксальную медицину Галена и неформальной системой патронажа при дворах Елизаветы I и Джеймса I,
которые поощряли продвижение тех практиков, чье лечение основы-
валось на натуралистской философии Парацельса»[259]. Положение усу-
гублялось тем, что многие члены Колледжа находились одновременно
в «превосходных клиентских связях» с представителями королевских дворов Англии и Европы. Однако именно патронаж стал «тем проводником,
благодаря которому неортодоксальные методы лечения изменили образ
врачей и врачевания»[260].

В работе не ставится цель определить, что было первоначальным
образцом этого типа отношений: духовно-церковные или общинные и
клановые связи. Неважно являлись ли эти религиозные отношения про-
екцией действительных отношений в цехе, сельской общине или в некой рыцарской корпорации или, напротив, «общинные» отношения были
взяты из религиозных моделей связи церкви и мирян, и уже затем усвое-
ны рыцарями и сельчанами. В данном случае важнее другое – возникает
представление о сообществе как патриархальной семье с присущей ей
иерархией и соподчинением. Произошедшее укрепление кровных уз, как
и появившиеся иные формы межчеловеческих отношений и зависимости
(вассалитет, сеньория и бан, деревенская община), отвечают потребности
людей традиционного общества быть *защищенным* от внешней среды (не-
честного, слабого государства, опасного соседа, да и просто невзгод повседневной жизни).

Схожие явления можно обнаружить в России, взяв в качестве объекта рассмотрения несколько более поздний и длительный период. Тему
патроната в России исследовал С.М. Соловьев, который утверждал, что за-
клад – это вступление в защитную зависимость, стремление слабых войти
в зависимость от ближайших сильных с целью найти у них защиту и по-

---

259 Dawbarn F. Patronage and power: the College of Physicians and the Jacobean
court // British Journal for the History of Science. 1998. № 31. P. 2.

260 Dawbarn F. Op. cit. P. 19.

кровительство; стремление, издревле присущее человеку[261]. «Во все продолжение древней русской истории, – пишет С.М. Соловьев, – мы видим стремление менее богатых, менее значительных людей закладываться за людей более богатых, более значительных, пользующихся особыми правами, чтобы под их покровительством найти облегчение от повинностей и безопасность»[262]. Обычай «задаваться» означал вступление в частную защитную зависимость, под чье-либо покровительство и не имел отношения к денежному закладу. Действительное же его положение могло быть близким к холопству. Основной причиной распространения патроната в России Н.П. Павлов-Сильванский считал экономические и административные льготы патронируемых людей по отношению к государству (освобождение «заложившихся» от налогов, более мягкий суд и административная ответственность), своеобразная «независимость от государственных властей зависимых людей привилегированных землевладельцев»[263].

Попытка реконструировать вертикальные «служилые» отношения в России XVII в. была предпринята Г.Ю. Семеновой. В светской литературе того времени описание общественной системы невозможно без обозначения четкой иерархии чинов. Дальнейший анализ литературных источников (в частности, Повести о начале патриаршества) вскрывает комплекс связей между *господами* и *холопами*, основанный на патриархальных представлениях: «Подчиненное положение холопов объясняется их простотой, худородностью и малоумием, склонностью к уходу от праведного пути в жизни. *Меньшие люди* считаются дворянами разбойниками, разрушителями нормального порядка, поэтому задача господ, как людей умных и великодушных, удержать их от этого. <...> Без руководства со стороны *лучших людей* народ («простецы») безусловно, станет на путь греха или может быть использован злодеями в неправедных целях»[264]. Согласно письменным свидетельствам современников, взаимные обязательства го-

---

261   См. об этом подробнее: Соловьев С.М. Публичные чтения о Петре Великом // Соловьев С.М. Сочинения: В 18 кн. Кн. 18. М., 1995. С. 78-79.

262   Соловьев С.М. История России с древнейших времен. Т. 4. Кн. I. М., 1963. С. 1214–1215.

263   Павлов-Сильванский Н.П. Феодализм в России. М.: Наука, 1988. С. 403.

264   Семенова Г.Ю. Психология служилого сословия в России XVII века по повестям и сказаниям о Смутном времени // Вестник МГУ. Сер. 8. История. 1993. № 2. С. 19. Курсив мой – Н.Ш.

спод и их слуг, аскриптивный приниженный статус холопов, представление о необходимости защиты последних (не только физической, но и духовной), – все эти элементы патерналистского института воспринимаются как *фоновые*, соответствующие нормальному состоянию российского общества XVII в.

Особым, символически нагруженным отрезком отечественной истории является время правления Петра Великого[265]. Оно служит вдохновителем множества культурных инсценировок, современная эпоха пестрит отсылками к ней. Его можно считать основным источником государственного патернализма в России. По мнению Е. Анисимова, именно в петровскую эпоху «... был сформулирован образ разумного, видящего за далекие горизонты монарха – отца Отечества, народа. В «Правде воли монаршей» Феофан Прокопович доходит до парадоксального, на первый взгляд, но логичного для системы патернализма вывода о том, что если государь всем своим подданным «отец», то тем самым он «по высочайшей власти своей» и своему отцу «отец»»[266]. Ломка традиционного образа жизни и привычного закрепления благ за общинами, сословиями, корпорациями - приводит к «служилому государству» (Б.Н. Чичерин). Служба престолу становится, в определенной мере, функцией всех подданных.

Появление государственного патернализма в рассматриваемый период представляет известный интерес в связи с изменившимся пониманием индивида. По мнению К.Д. Кавелина, имело место разрушение прежнего порядка вещей: «...он упадал и разрушался даже в гражданском быту; и в нем стало высказываться *начало личности*. Юридические отношения начали брать верх над кровными, родственными»[267]. Еще рано говорить о появлении гражданских добродетелей, но фрагментация общества, обособление индивидов уже имеют место. Обычаи и нравы постепенно теряют свою силу, и требуется новый агент, который смог бы определять и регулировать имущественные и личные отношения между членами семей

---

265 См. напр.: Успенский Б.А. Historia sub specie semioticae // Успенский Б.А. Этюды о русской истории. СПб.: Азбука, 2002. С. 78-88.

266 Анисимов Е. Время петровских реформ. Л.: Лениздат, 1989. С. 53.

267 Кавелин К.Д. Взгляд на юридический быт древней России // Кавелин К.Д. Наш умственный строй. Статьи по философии русской истории и культуры. М., 1989. С. 57. Курсив мой – Н.Ш.

и родов. Таким агентом становится государство. Оно берет на себя охра-нительные и наставнические функции по отношению к своим гражданам, одновременно лишая их части личных прав и свобод.

XIX век отечественной истории показывает нам развитие этих тенденций. С одной стороны, происходит дальнейшее становление граж-данской культуры; даже по отношению к детям, наиболее бесправным и приниженным членам традиционного сообщества, начинают применяться особые, уважительные формы взаимодействия. Как отмечает Ю.М. Лот-ман: «В этом культурном мире [к. XVIII – н. XIX вв. – Н.Ш.] складывалось особое детство. Детям не только стали шить детскую одежду, не только культивировались детские игры – дети очень рано начинали читать»[268]. Конечно, приведенное высказывание верно, прежде всего, для дворянско-го жизненного уклада, но и в крестьянской культуре происходят некоторые изменения. Так, народник Н.М. Астырев, определяя специфику сибирской общины, отмечал: «Здешний мир крестьянский, «общество», лишено даже тени идеализации <...> Здесь не услышишь несколько туманных, но тем не менее волнующих душу народолюбца выражений «мир – ве-ликий человек», «с миру по нитке», «мирская слеза». Само слово «мир» здесь, кажется, совсем неизвестно: оно обыкновенно заменяется словом «обчество»[269]. Начинается процесс превращения крестьянской общины из важнейшего для выживания института традиционного общества в нечто иное, по своим свойствам схожее с формальными объединениями.

С другой стороны, последовательно увеличивается роль государ-ства в регламентации образа жизни его граждан. Согласно исследовани-ям Н.Г. Суворовой, реализуемая в это время политика государственного патернализма была направлена на «...*консервацию патриархальных тра-диций* в сибирском крестьянском обществе и *замещение* уже утрачен-ных (или еще не сложившихся) механизмов общественной поддержки и опеки»[270]. Эти государственные мероприятия имели своей целью сохра-

---

268 Лотман Ю.М. Беседы о русской культуре: Быт и традиции русского дворян-ства (XVIII - начало XIX века). СПб.: Искусство, 1996. С. 62.

269 Астырев Н.М. На таежных прогалинах. Очерки жизни населения Восточной Сибири. М.: тип. Д. И. Иноземцева,, 1891. С. 108.

270 Суворова Н.Г. Патерналистская политика в государственной деревне Сибири в первой половине XIX века // Материалы IV Всероссийской науч.-практ. конф. «Сибирская

нение платежеспособности крестьянского хозяйства и предупреждение пауперизации, в конечном счете, фискальные интересы казны. Сельское мирское сообщество выступает преимущественно податной единицей, в существовании которой заинтересовано скорее не составляющие его индивиды, а государство в лице чиновничества и помещиков. Правила внутреннего структурирования сообщества и взаимодействия его членов между собой и с государством формулируются доминирующим актором. Такая ситуация позволила Р. Пайпсу заметить: «Характер его [сельского населения – Н.Ш.] отношений с чиновничеством и интеллигенцией можно уподобить во всех смыслах, кроме расового, отношениями между коренными жителями Африки и их колониальными властями»[271].

Патерналистские практики, подобные государственным, осуществляют предприниматели по отношению к своим работникам, находя мотивацию своих действий в распространенном в рабочей среде пьянстве, вольном толковании трудовой дисциплины, низкой адаптивности недавних крестьян к городским условиям жизни. Керов В.В., описывая влияние конфессиональных факторов на примере Морозовских мануфактур, пишет: «Хозяин, несмотря на лучшие условия жизни, не чувствовал себя ни в бытовом отношении, ни духовно иным, чем рабочие его фабрики. Общинному характеру распределения прибыли вполне соответствовала патриархальная патерналистская система: руководители промышленных общностей-предприятий считали, что *кормят* своих рабочих»[272]. Подобная заботливость присутствует также и в системе штрафования. «Добиться безукоризненного товара», - по убеждению Т.С. Морозова, - было возможно, только применяя наказания и взыскания. Поступая так, предприниматели шли вразрез со старообрядческой верой, считавшей такие наказания ради прибыли грехом. По свидетельству очевидцев, Тимофей Саввич часами отмаливал грех штрафования, но оставался «самодуром»,

деревня: история, современное состояние, перспективы развития». Омск: Изд-во ОмГАУ. 2002. С. 59. Курсив мой – Н.Ш.

271 Пайпс Р. Русская революция. Часть первая. М.: Российская политическая энциклопедия, 1994. С. 104-105.

272 Керов В.В. Морозовские мануфактуры: конфессиональные факторы формирования и развития системы взаимоотношений предпринимателей и рабочих (XIX - начало XX в.) // Морозовские чтения. 1995. С. 67.

что в целом соответствовало патриархально-авторитарным взаимоотношениям в семье и в общине»[273]. Любопытно, что средства от штрафов использовались на нужды самих рабочих.

Железкин В.Г., обращаясь к теме патернализма в уральской промышленности, доказывает, что металлургические предприятия, созданные первоначально с ориентацией на европейский опыт (вольнонаемный труд, денежные выплаты, сдельщина), постепенно становятся аналогами феодальных владений. Он пишет о положении предприятий в XIX в.: «Аналогия с сельскохозяйственным имением заключалась в наличии крупной земельной собственности при заводах, прикрепленности работников, сложности хозяйства при его полунатуральном характере, схожести управленческой структуры округа с вотчинным и поместным аппаратом управления»[274]. Патернализм здесь связан в значительной степени с проблемой занятости. Чтобы удержать квалифицированных работников на заводах, государство предоставляло им разнообразные льготы, имевшие, по сути, характер сословных прав.

Ставшие рабочими сельские жители интенсивно интегрируются в новую для них культурную среду, становятся горожанами и принимают на себя все соответствующие этому статусу атрибуты, в число которых входят социальная, экономическая и политическая активность. Знакомство с множеством архивных данных позволяет В. Розенбергу заключить, что: «Промышленные рабочие России привыкли к борьбе за свои интересы с предпринимателями и государственными чиновниками. Новые документы говорят, что борьба эта вряд ли приостановилась после перехода власти к большевикам[275],

---

273   См. Рябушинский В.П. Русский хозяин //Рябушинский В.П. Старообрядчество и русское религиозное чувство. М.: Иерусалим, 1994. С. 129.

274   Железкин В.Г. Государственный социальный патернализм в уральской промышленности XIX века // Модернизация в социокультурном контексте: традиции и трансформация. Сб. науч. статей. Екатеринбург, 1998. С. 81.

275   Для уточнения общей картины приведем данные из архивных источников: «Согласно информации Отдела Статистики Труда Петроградского губпрофсовета, в период с июня по сентябрь 1922 г. около 1030 конфликтов с участием 14 тыс. рабочих, были предложены на рассмотрение областного совета профсоюзов только в Петрограде. Только 125 из этих конфликтов имели место на частных предприятиях. За 4 месяца произошло 29 забастовок, из которых 11 имели место в июне, 9 – в июле, 5 – в августе и 4 – в сентябре.

хотя репрессивная деятельность нового правительства часто помогала ему уводить «рабочий активизм» из общественного поля зрения»[276]. По его мнению, механизмы протеста (опоздания на работу, невыход на работу, замедление производства) были частью профессиональной адаптации российских рабочих как до, так и после октябрьской революции. Рабочие активно отстаивали свои права, применяя адекватные и эффективные формы протеста. Основной тематикой конфликтов являлись низкая зарплата, задержки в ее выплате, плохие условия труда, найма и увольнений, норм выработки, производственные проблемы (перебои в поставках материалов, топлива на предприятия), бюрократизация[277]. Тяжелое экономическое положение нового государства порождает дополнительное недовольство рабочих по поводу нехватки продуктов, предметов первой необходимости. Вопрос о том, кто является собственником предприятия и стоит по другую сторону конфликта – частный предприниматель или государство – был для них второстепенен.

Стачки и забастовки рабочих стали настоящей угрозой новой советской власти по экономическим и политическим причинам. Самой радикальные меры были применены для подавления волнений рабочих Путиловского завода в Петербурге, начавшихся 8 марта 1919 г. Сначала выдвигаемые рабочими требования носили сугубо экономический характер: выдать запоздавший хлебный паек; днем позже акция приобретает черты политического действия. Ответные шаги госчиновников включали идеологическое и силовое воздействие: «… всем бастовавшим было отказано в праве именовать себя рабочими. И здесь зашли уж слишком далеко:

В забастовках принимало участие 10189 рабочих; 13871 рабочих дней было потеряно; 28 забастовок было на государственных предприятиях, только 1 забастовка – на частном заводе. Тринадцать забастовок закончились в пользу рабочих, в 4-х случаях рабочие проиграли, остальные конфликты были разрешены путем компромиссов». Приведены по: Трудовые конфликты в советской России 1918–1929 гг. Антология. М.: Издательство: Едиториал УРСС, 1998. С. 12-13.

276   Розенберг В. Формы и способы рабочего протеста в России, 1918-1929 гг. // Трудовые конфликты в советской России 1918–1929 гг. Антология. М.: Издательство: Едиториал УРСС, 1998. С. 14-15.

277   См. напр.: Стопани А. Еще об особенностях наших забастовок // Антология социально-экономической мысли в России. 20-30-е годы ХХ века. М., 2001. С. 643. Шнейдер И. Конфликты в области труда в гор. Харькове за первую четверть 1920 года // Там же. С. 638-639.

путиловцев, еще не столь давно бывших объектом чуть ли не ритуального поклонения, не стесняясь объявили сбродом контрреволюционеров и буржуазии. Во-вторых, для прекращения «волынок» использовали войска, не уповая особо на агитационные листовки»[278]. Эти шаги властей привели к затуханию волнений на Путиловском заводе, но с 14 марта как ответная реакция начинаются митинги, собрания комитетов, стачки на других заводах города. Ситуация опять разрешается силовым воздействием.

Постепенно вырабатываются более эффективные способы нейтрализации конфликтных ситуаций. Меняется терминология: «В советское время в документах, наряду со стачками, стал фигурировать такой термин как «трудовые конфликты», под которыми понимались незабастовочные столкновения рабочих и их профсоюзных организаций с администрацией предприятий. Число конфликтов в сотни раз превышало число стачек (забастовок)»[279]. Профсоюзы наделяются дополнительными функциями – разрешать проблемы рабочих до их перехода в открытый конфликт. Советская власть пытается придать забастовкам и рабочим волнениям некапиталистический вид, представляя их как *семейные* ссоры, бытовые неурядицы, неизбежные, но стихийные и малоосознанные, тем самым, принижая их действительный социальный статус. Государство выступает при этом как сильная сторона, готовая *заботиться* о благе рабочих, со вниманием отнестись к их нуждам. Патерналистская политика, как и в случае с крестьянскими общинами, используется первоначально большевистской властью сугубо инструментально для разрешения насущных вопросов, а затем превращается в культурный эталон отношений государства и его граждан-подданных, воспроизводимый на всех уровнях власти. Результатом такой политики стало сохранение множества традиционных социальных форм в советском обществе.

Новые формы патернализма, в которых патрона представляет государство, не отменяют, в принципе, прежних вариантов личного попечительства. Патернализм в годы советской власти существовал и в виде покровительства, материальной помощи облеченных высокой властью

---

278   Яров С.В. Горожанин как политик. Революция, военный коммунизм и НЭП глазами петроградцев. СПб.: Дмитрий Буланин, 1999. С. 39.

279   Кирьянов Ю.И. Литература о трудовых конфликтах // Трудовые конфликты в советской России 1918–1929 гг. М., 1998. С. 29.

политиков отдельным ученым и людям искусства. Н. Мандельштам, жена поэта в «Воспоминаниях» пишет: «В 30 году ... со мной разговорилась жена Ежова: «К нам ходит Пильняк, – сказала она. – А к кому ходите вы?» Я с негодованием передала этот разговор О.М. [Осипу Мандельштаму], но он упокоил меня: «Все ходят. Видно, иначе нельзя. И мы «ходим». К Николаю Ивановичу [Бухарину]» ... Всеми просветами в своей жизни О.М. обязан Бухарину»[280]. Можно говорить о персонифицированной патерналистской традиции большевизма, представленной двумя главными фигурами – В.И. Ленина и И.В. Сталина. Если Ленин представлен в социальной мифологии советской эпохи как «дедушка», то Сталин – «грозный отец». Персонификация стала одной из процедур перевода социалистической доктрины на язык, доступный большинству населения[281].

Фигура правителя возвышается над подданными, она – в противовес *простым людям* – яркая, необычная, исполненная значительности. Непосредственный контакт с ним невозможен, он максимально удален от обычного человека. Более того, фигура вождя сакральна. В 1935 г. о Сталине было написано: «Это человек, который заботится обо всем и обо всех, который создал то, что есть и создает то, что будет. Он спас. Он спасет»[282]. Любое действие гражданина соотносится с этой возвышающейся фигурой. Вот как представляет этот процесс О.Л. Лейбович: «Люди сознательно, а спустя некоторое время и инстинктивно, настраивают свою систему нравственных координат сообразно с властной потребностью. Их оценки становятся текучи, суждения переменчивы, мнения неустойчивы. Сознание напоминает *детское*: оно полностью зависимо в вопросах, касающихся властной компетенции»[283]. Более того, внешние обстоятельства также рассматриваются в соотношении с ней. «Мистификация властных функций и отрицание роли любых объективных обстоятельств приводят к созданию мира, в котором возможны только две причины любых явлений:

---

280 Мандельштам Н.Я. Воспоминания. М.: Согласие, 1999. С. 134.

281 См. Лейбович О.Л. Реформа и модернизация в 1953-1964 гг. Пермь: ЗУУНЦ, 1993. С. 29.

282 Писатели мира о Сталине // Новый мир. 1953. №4. С. 151.

283 Лейбович О.Л. Реформа и модернизация в 1953-1964 гг. Пермь: ЗУУНЦ, 1993. С. 55.

или воля государя, или, в редких случаях, – козни врагов»[284].

Верховный правитель являлся духовным пастырем, единственно верно представляющим перспективы общественного развития, ведущим человечество к счастью. Оригинальные философские тексты разносились на отдельные простые суждения, лозунги, цитаты. Произведения К. Маркса, Ф. Энгельса, а затем и В. Ленина должны были объяснить все мироустройство и однозначно разрешить основные вопросы человеческого существования. В этом смысле они принимали вид катехизиса. *Политика разъяснялась* народу, обратная связь была ненужной. Попытки диспута жестко подавлялись. Политические позиции граждан были определены раз и навсегда – по подобию верховного правителя.

Десталинизация привела к обезличиванию партийной верхушки и возвышению статуса партии как таковой. Теперь «…власть определяет для всех иерархию ценностей и ни с кем не собирается советоваться по данному поводу»[285]. Патерналистская традиция послесталинского периода проявляла себя в социальной политике государства. «Хрущевская оттепель» – время ограничения экономических свобод советских граждан до их полного исключения. Экономическая независимость, самостоятельность, предприимчивость клеймятся. «В экономической сфере граждане имели единственное право – работать на государственных предприятиях. Всякая индивидуальная хозяйственная деятельность пресекалась»[286]. Одновременно падает авторитет партии и существующей власти. Легитимность советской власти требовала подкрепления и получила его благодаря государственной социальной политике патерналистского типа.

Последний период советской истории, начавшийся 50-е годы XX века, В.В. Радаев характеризует как «патерналистский социализм»[287] – период размягчения иерархических порядков казарменного этапа, переход

---

284 Гозман Л., Эткинд А. Культ власти. Структура тоталитарного сознания // Осмыслить культ Сталина. М.: Прогресс, 1989. С. 351.

285   Лейбович О.Л. Указ. соч., С. 153.

286   Лейбович О.Л. Реформа и модернизация в 1953-1964 гг. Пермь: ЗУУНЦ, 1993. С. 153.

287   См. Радаев В.В. Социальная стратификация в советском обществе // Радаев В.В., Шкаратан О.И. Социаль-ная стратификация. М.: Аспект Пресс, 1996.

от прямого принуждения гражданина государством к социальному обмену между ними. Стал возможен своеобразный торг: взамен на уважение и повиновение нижестоящих групп вышестоящие предоставляют им материальные блага, услуги. Потребность в лояльности (народном признании) государство реализовывало через предприятия, обеспечивая всем трудоспособным гражданам минимальный уровень заработной платы и стопроцентную занятость. И то, и другое не зависело от личных и профессиональных качеств работника, от его трудового вклада. Занятость зачастую была пожизненной или даже «наследственной» (феномен *рабочих династий*). Внешние социальные риски компенсировались надежным тылом – предприятием. Связь с местом работы не прекращалась даже с выходом на пенсию – практиковались различные виды социальной помощи от «родного» предприятия. Да и индивидуальный социальный статус складывался из личных статусных характеристик (образование, партийная принадлежность, квалификация и т.д.) и места предприятия (корпорации) внутри производственной системы.

Нарисую картину обычного *советского предприятия*: зависимость рабочих в виде места в яслях-детсаде, дачном кооперативе, очереди на квартиру, матпомощи от профсоюза, возможность «унести» с предприятия; значимость при распределении благ определяется во многом личными связями, принадлежностью к «своим»; продвижению наверх способствуют исполнительность; четкое деление на управленцев и рабочих[288]. Обладающее широкими материальными возможностями предприятие становилось центром городской жизни, формируя вокруг себя особое поле, оно удовлетворяло социальные потребности не только собственных работников, но и местного сообщества. Предприятие становилось «вторым домом», а трудовой коллектив – «большой семьей». Начальник занимался не только и не столько производственными вопросами – он решал нетрудовые проблемы своих подчиненных. Вместе с тем, непосредственный руководитель – и рабочие это понимали – был нижним звеном в ие-

---

288 См. Неофициальные отношения на советском предприятии. Приложение 1 // Афанасьев М.Н. Клиентелизм и российская государственность: Исследование клиентарных отношений, их роли в эволюции и упадке прошлых форм российской государственности, их влияния на политические институты и деятельность вла-ствующих групп в современной России. М.: МОНФ, 2000. С. 173–175.

рархии «попечителей». Главным «дарователем» являлось государство в лице партии. Ее надлежало благодарить, ей следовало служить. Формой такой благодарности было непременное участие в выборах и единодушное голосование за «правильного», выдвинутого и одобренного партией кандидата.

Итак, патернализм с изменением общества претерпел ряд деформаций. Из межличностных, закрепленных, персонализированных отношений он превратился в некоторую систему действий, избирательно применимую в коммуникациях с разными людьми. Место патрона может быть занято некой безличной организацией. Если в традиционной культуре патернализм выглядел естественным поведенческим воплощением представлений человека о мироустройстве, то в современности его применение связано с некоторыми сознательными ограничениями активности.

Патернализм варьирует в зависимости от:

1. Типа общества, в котором существуют патерналистские практики (архаичное, традиционное, индустриальное, постиндустриальное);

2. Полей взаимодействия, внутри которых они конструируются (политическое, экономическое, социальное, культурное и т.д.);

3. Степени распространенности патернализма (все общество, отдельные поля, отдельные случаи);

4. Степени формализации патернализма (межличностные связи, организационные взаимодействия);

5. Состава участников (группы, индивиды);

6. Социокультурных свойств участников (социальные, политические, экономические, культурные статусы индивидов, классовая принадлежность);

7. Варианта освоения и использования патерналистских правил (полный, частичный, фрагментарный);

8. Степени жесткости и обязательности патерналистских норм;

9. Задействованных ресурсов (властных, экономических, материальных, культурных, символических и т.д.).

Можно назвать несколько исторических культурных оснований патернализма в современном российском обществе. Готовым образцом для современной реконструкции выступает патриархальная традиция. Современная патерналистская модель поведения воспроизводит те черты, которые были свойственны семейно-клановым отношениям в традиционном обществе. Набор патерналистских ролей – «отец–сын», «патрон–клиент», – остается неизменным. Отсюда следуют и основные отношения между сторонами, которые включают в себя пары «попечительство–лояльность» и «забота – подчинение».

Свой вклад вносит и советская традиция социальной опеки государством своих граждан, реализуемой через предприятия. Член общества в немалой степени ориентировался на систему распределения льгот и привилегий, предусматривающую некоторый гарантированный минимум, не зависящий от социального и трудового вклада каждого человека. Государство настойчиво вмешивалось также в приватную и семейную сферы, разрушая их, приписывая себе их функции. Чрезмерное участие государства в жизни своих граждан воспринималось как норма. В результате сложилась особая культурная модель, включающая в себя общинные компоненты и неэкономический тип трудовых отношений[289].

Традиционалистские структуры начинают играть особую роль в эпохи значительных общественных перемен. Обращение к ним связано, по видимому с тем, что они уже пройдены, изучены и доказали свою эффективность, возможность организовать социальную практику относительно простыми и ясными для всех ее участников методами. Разрыв прежних социальных связей приводит индивидов к стремлению восстановить ткань социальных взаимодействий, опираясь на наиболее старый культурный пласт – родственные связи. В этом случае следует согласиться с мнением М.Н. Афанасьева о том, что патернализм в современном обществе дает «*убежище*: он отвечает потребности индивидов в защите от нарастающего отчуждения и давления анонимных социальных механизмов»[290]. Использование индивидами патерналистских практик еще более увеличивает адаптационный лаг между появлением новых, адекватных современ-

---

289   См. результаты исследования: Берто Б., Малышева М. Культурная модель русских народных масс и вынужденный переход к рынку // Биографический метод: история, методология и практика. М.: ИС РАН, 1994. С. 106-127.

290   Афанасьев М.Н. Клиентелизм и российская государственность... М.: МОНФ, 2000. С. 82.

ности норм и моделей поведения и их принятием.

Структура патернализма: роли и нормы

Патернализм предполагает существование роли «отца», «патера», «патрона» и роли «ребенка», «клиента». Эти роли находятся в иерархической упорядоченности, роль «отца» имеет высший статус, роль «ребенка» – низший. Это линейная структура. Кроме того, существуют роли «старших детей» (или «младших патронов»), находящихся на ступень ниже «родителя», но выше «просто детей». Такую структуру можно назвать пирамидальной.

Эти ролевые ансамбли, будучи довольно стабильными по своей структуре, имеют самые разнообразные воплощения. Среди характерных черт современного российского патернализма можно назвать неопределенность, незакрепленность его проявлений и связанную с этим множественность форм бытования. Патернализм не осознается в виде отдельного социального конструкта его участниками и сторонними наблюдателями, что означает, в частности, возможность каждый раз заново устанавливать правила взаимодействия. В отличие от предшествовавших типов патернализма, в актуальном его варианте отсутствует доминантная трактовка, всеми признанный образец, служащий каркасом для всех проявлений. В соответствии с российскими культурными традициями его участниками используются несколько схем, среди которых можно обнаружить и царские жалования, и советское попечительство, и новые менеджерские методики.

Организующие нормы в патернализме выстроены по патриархальному семейному принципу, претерпевшему современные деформации. Обозначу распространенные в российском обществе трактовки нормообразующих элементов патернализма.

Преобразуется идея старшинства: тогда как традиционное понимание старшинства включает в себя оценку жизненного опыта индивида и соотносит с этой оценкой его социальное положение, в настоящее время достаточно простого положительного различия в статусах между индивидом, подходящим на роль отца, и тем/теми, кто принимает роль клиента. Патроном в современных условиях становятся акторы, обладающие обширными экономическими, политическими, властными, административными ресурсами или неограниченным доступом к ним. К высокому статусу или должности затем извне приписываются необходимые индивидуальные качества: обладание определенными знаниями (высшей компетентностью), ориентирование в текущей ситуации, способность к определению и решению существующих и возникающих проблем наилучшим для группы клиентов образом. Эти представления могут патроном поддерживаться и развиваться, а могут и игнорироваться.

Верность, остающаяся значимой в современном обществе при высокой персонализации патерналистских взаимодействий, трактуется новым, особым образом. В актуальном варианте она предполагает соблюдение установленных (гласным или негласным образом) норм и правил исполнения роли по отношению к конкретным индивидам, то есть своего рода субъективацию патернализма. Соблюдение патерналистских норм и правил в настоящее время имеет пределы, совпадающие с границами ситуаций. В этом смысле можно говорить, скорее, о переходящей или распределенной «лояльности», допускающей существование одновременно нескольких патронов или нескольких клиентел, рядоположенных или собранных в иерархические лестницы.

Доверие принимает вид демонстративного отношения. Стороны в современном патерналистском взаимодействии устанавливают устные, либо негласные контракты. Такая форма контрактов, с одной стороны, обусловлена низкой легитимностью патернализма в обществе, с другой, казалось бы, предполагает высокий уровень уверенности как патронов, так и клиентов в обоюдном соблюдении выдвинутых ими условий. Однако на полное выполнение обязательств обе стороны серьезно не рассчитывают, что отражается в уже указанном изменении трактовки верности, а также дискретном характере взаимодействий. В этих условиях индивиды, вовлеченные в патерналистский институт, доверие по отношению друг к другу скорее разыгрывают, чем действительно испытывают.

Ответственность также не является обязательным элементом современного отечественного патернализма. Обе стороны принимают во внимание некоторую условность даваемых обещаний.

Изменение этих несущих конструкций патернализма имеет ряд важных последствий, в частности, им утрачивается возможность внушать своим участникам чувство уверенности, упорядочивать окружающий индивида социальный мир, а, значит, снижается его привлекательность.

Забота в настоящих условиях распадается на три несвязанных с ней типа действий. В первом варианте – это оказание клиентами тех или иных услуг патрону и предоставление клиентам доступа к определенным благам, перераспределение ресурсов в пользу клиентов. Во втором – это вербальные практики, «забота в лозунгах», обещания, носящие заведомо декларативный, условный характер. Третий вариант «заботы» – сознательное ограничение патронами активности клиентов в некоторых важных сферах; ограничение, влекущее за собой негативные изменения в состоянии клиентов.

Изменяются условия для патерналистского контроля, а, значит, и само его понимание. Как и прежде, контролирующие функции принадлежат патронам или индивидам, исполняющим роль отца; он применяется по отношению к клиентам, или индивидам, исполняющим роль ребенка. Современные патроны стремятся расширить область своего контроля, включив в нее кроме социального поля, в котором совершается взаимодействие, другие, автономные индивидуальные социальные сферы. Контроль над «целостным» индивидом имеет источники в низовой рыночной культуре, когда превосходство в экономических статусах дает возможность пренебречь иными социальными позициями. Однако воплощение этого стремления на практике, наталкивается на ряд препятствий, наиболее серьезным из которых можно считать раздробленность и частичность индивидов в индустриальном обществе. Есть и технические трудности: отслеживать и влиять на отдельные действия клиентов, имеющие непосредственное отношение к патрону, легче и эффективнее, чем пытаться осуществлять общий контроль над всеми их поступками. Система санкций, элементами которой являются исключение, увольнение, остракизм и игнорирование неподвластных индивидов, строго говоря, имеет значение только для одного из социальных полей индивида. Можно заключить, что распространенным является такой вариант контроля, при котором в сферу его реального действия попадает ограниченное социальное поле, но в символьном выражении он выступает как полный и тотальный.

Иерархия ролей в современном отечественном патернализме выступает как модель для упорядочения внешних социальных позиций индивидов и представляемых ими групп. Она служит инструментом для демонстрации на личностном уровне разницы в недавно приобретенных, но еще не легитимированных ближним и дальним окружением, не закрепленных в культурной традиции статусах.

Претерпевают изменение временные характеристики патернализма. Если в традиционном варианте патерналистские взаимодействия предполагали длительность, постоянство связей с неизменными нормативными рамками, то актуальное состояние демонстрирует дискретность коммуникаций и изменчивость их условий. Контакты актуализируются по мере необходимости, их инициатором могут выступать как патроны, так и клиенты.

Правила исполнения патерналистских ролей могут быть закрепленными или свободными относительно конкретных индивидов. В разных патерналистских взаимодействиях наблюдается большая или меньшая степень персонализации его участников. Иными словами, «отец», «патрон» может восприниматься с позиций либо исключительно ролевых, либо личностно закрепленных. В первом варианте роль отца не привязана жестко к конкретному индивиду. Его может представлять любой – при условии соответствия определенным ожиданиям относительно статуса, ресурсного потенциала, доступности для контакта, некоторого набора личных качеств. Это также означает, что возможна специализация патронов – в каждом из социальных полей или в длительных ситуациях индивид выбирает того, кто будет осуществлять локальный патронаж. В этом случае за символической фигурой «отца» можно обнаружить целую группу лиц, не обязательно связанных между собой.

Примером такого взаимодействия является покупка голосов избирателей из маргинальных социальных групп на выборах в современной Греции. Цыгане, проживающие в сельской местности вокруг Софадес, являются «социально исключенной группой» – они в большинстве своем бедны, не имеют профессии, образования, определенного рода деятельности, постоянного места жительства, не принимают участия в общественной жизни города. Они охотно продают свои электоральные предпочтения политическим кандидатам, действующим через разветвленную сеть посредников. «Цена голоса устанавливается «за голову», но на деле цыгане голосуют семьями, и сумма выплачивается целиком только главному в семье»[291]. Этот случай представляет модель краткосрочных отношений, в которых происходит обоюдная компенсация затрат. Цыгане не имеют долговременных политических ожиданий и извлекают прямую выгоду из наличной оплаты их голосов. Обязательства ограничены узким кругом непосредственного интереса, а их исполнение не откладывается на будущее. На роль патрона может претендовать любой экономически состоятельный политик, предлагающий подобную «сделку». Такие отношения периодически возобновляются в соответствии с актуальной политической ситуацией.

Второй вариант – закрепленные патерналистские взаимодействия – предполагает персонализацию индивида, избранного на роль «отца». Они складываются в процессе непосредственного контакта[292] с конкретным человеком, который воспринимается «ребенком» неотделимо от его личных черт и качеств. Закрепленные патерналистские отношения устанавливаются тогда, когда есть (и чаще всего используется) возможность вступить в личные, непосредственные отношения. Патерналистские взаимодействия в этом случае выстраиваются в соответствии с индивидуальными характеристиками участвующих в них индивидов, причем патронов в большей степени, чем клиентов, они требуют некоторого, довольно длительного времени для прочного установления. Можно говорить о том, что в каждом отдельном случае патерналистские нормы и правила, структурирующие эти взаимодействия, подвергаются редакции, в каждом случае используются свои, особые символы для демонстрации лояльности и защиты. Поэтому полное воспроизведение этих связей в отношении других индивидов затруднено,

---

291   Marantzidis N., Mavrommatis G. Political Clientelism and Social Exclusion. The Case of Gypsies in the Greek Town of Sofades // International Sociology. Desember 1999. Vol. 14 (4). P. 448.

292   Заменителем непосредственных контактов может служить опосредованная связь, если она эмоционально нагружена. В качестве примера, иллюстрирующего возможность такого замещения, укажу на персонифицированный патернализм сталинского периода российской истории.

если не невозможно.

Персонализированный патернализм порождает тотальность ожиданий: все они связаны исключительно с избранным «родителем». Индивидами, следующими модели «ребенка», «на родителя» возлагается ответственность за все, что происходит в их жизни: сюда входят и сфера его действительной, должностной компетенции, и неподотчетная ему социальная реальность в целом. Логично было бы предположить, что в этом случае одну из патерналистских ролей обязательно должен исполнять наиболее влиятельный и высокопоставленный человек. Однако это не всегда так. Для выбора патрона важнее его доступность для контакта, чем преимущественный статус. Патронами становятся те лица, которые дистанцированы от потенциального клиента на социальное расстояние, не препятствующее личному непосредственному контакту (напомним, что обладание большими ресурсами всегда определяет некоторую изолированность их владельца). Заметим, что при такой доступности патрона для контактов и возможностей для контроля с его стороны над подопечными значительно больше.

Неверно полагать, что незакрепленные патерналистские коммуникации являются полностью внеличностными. Личностное измерение – непременная черта патерналистских взаимодействий. И в первом, и во втором варианте с патронами устанавливаются межличностные отношения, учитывающие их индивидуальные качества. Эти отношения проявляют себя на эмоциональном уровне: патронов «любят», их противников «ненавидят», в тех и других обнаруживают симпатичные или отталкивающие черты, подтверждающие вызываемые чувства. Демаркационной линией является то, что в закрепленных отношениях патерналистского типа возможен лишь один патрон[293], на которого возлагается ответственность за все состояния клиента; тогда как в незакрепленных связях патрон может меняться, а ответственность распределяться между несколькими патронами.

Можно выделить несколько оппозиций ролевых форм, возможных в современном патернализме. Среди них: интуитивность – договорен-

[293] Тем не менее, в определенных ситуациях, персонализация не исключает переноса личных черт патрона на лиц, действующих (в глазах клиента) от имени патрона. К этим лицам клиент может испытывать сходные чувства.

ность, добровольность – принудительность и открытость – закрытость.

Оппозиция «интуитивность – договоренность» отражает способ формулирования ролевых правил патерналистских коммуникаций. Эти правила либо подразумеваются всеми участниками взаимодействия, но никогда не проговариваются, не уточняются и не синхронизируются ими; либо, в противном случае, происходит монологическое или диалогическое озвучивание или даже документальное закрепление схем взаимодействия, прав и обязанностей сторон. Во втором варианте патернализм может быть частью организационной правовой системы и нормативной структуры управления. Особым видом договоренности является навязывание одной из сторон своего видения ролевых правил. Открытое формулирование правил может произойти на определенном этапе развития патерналист-ских взаимодействий, однако, не является обязательным. Как в отношении любого социального института, верным для патернализма будет суждение о возможном наличии двух параллельных систем ролевых правил: фор-мально сформулированной и неформально действующей. Например, в Венгрии 60-х гг. «…гражданам позволяли дать высказать их взгляды на политические решения на этих кратких встречах. <...> Однако, «центр», сохранил за собой право выбирать среди артикулированных таким обра-зом интересов и и по своему усмотрению их интерпретировать»[294]. Для современного российского патернализма характерна интуитивная фор-ма, элементы договоренности иногда можно наблюдать в краткосрочных взаимодействиях, либо в стабильных ситуациях с неизменным составом участников.

Под «добровольностью» и «принудительностью» понимается разграничение форм принятия патерналистских ролей в зависимости от влияния внешней ситуации. Индивид может испытывать на себе актив-ное действие социальной среды и принимать патерналистскую роль под давлением. В противоположном варианте подразумевается принятие роли в нейтральной, неагрессивной в данном отношении социальной среде. В российском обществе давление среды на индивида в направлении включе-ния его в патерналистские взаимодействия если присутствует, то является

---

[294] Bruszt L. "Without Us but for Us?" Political orientation in Hungary in the Period of Late Paternalism // Social Research. Vol. 55. N. 1-2 (Spring/Summer). 1988. P. 51.

латентным[295].

Если же рассмотреть ситуацию применительно к различным социальным сферам, то приходится признать, что избиратель, чуждый патерналистской модели, исключается из политического действия, работник, не готовый принимать специфические нормы коммуникации с начальством, имеет небольшие шансы на сохранение рабочего места. М.Н. Афанасьев, обобщая результаты опроса среди российских чиновников, приходит к выводу, что «клиентарные связи ... воспринимаются большинством управленцев как нормальные, естественные условия аппаратной деятельности», оставаясь неофициальными[296].

Чем более «многочисленными» и разветвленными становятся патерналистские сети, чем дольше они длятся во времени, чем шире область их применения, тем больший вес в них начинают иметь иррациональные, интуитивные формы, тем сильнее оказываемое ими давление на ближайших индивидов и группы.

Оппозиция «открытость – закрытость» подразумевает дихотомию между доступностью и затрудненностью в принятии и исполнении патерналистских ролей, которые связаны с характером отношения большого общества к патернализму и степенью его легитимности в данном социуме в целом и в отдельных частях. В современном патернализме доминируют открытые формы принятия ролей.

Принятие индивидами ролей внутри современного российского типа патернализма осуществляется в рамках нескольких, несводимых к одной, трактовок, что позволяет говорить о вероятном присутствии элементов инсценировки. Направление изменений нормообразующих принципов патернализма указывают на рациональность индивидов, исполняющих роли или, по крайней мере, рационализацию ими традиционалист-

295 Конечно, патернализм в той или иной форме довольно часто и настойчиво провозглашается как политиками и публицистами, так и рядовыми гражданами, непременным и органичным атрибутом настоящего и прошлого российского общества, однако, подобные высказывания не конкретны и с трудом могут быть воплощены в повседневных действиях индивидов.

296 Афанасьев М.Н. Клиентелизм и российская государственность: Исследование клиентарных отношений, их роли в эволюции и упадке прошлых форм российской государственности, их влияния на политические институты и деятельность властвующих групп в современной России. М., 2000. С. 249.

Н.В. Шушкова

ской формы.

Помимо вариаций в формах принятия патерналистских ролей, напрямую обусловленных параметрами всего социума и его культуры, есть и другие, не менее сильные, обусловленные социальными параметрами индивида и/или социальной группы. Чем сильнее интегрирован индивид/группа в рациональную рыночную культуру, тем более поверхностным, игровым, утилитарным будет исполнение им патерналистских ролей при включении в данный институт и наоборот. Возможные различия в трактовках институциональных конструктов и форм принятия соответствующих ролей между участниками патерналистского института не препятствуют их взаимодействию. Можно согласиться с замечанием И. Радовича и У. Эрнста о том, что патернализм представляет собой *общий элемент в мультивокальном (многоголосном) репертуаре*[297], который объединяет индивидов с различными рациональностями.

Патернализм и современная рациональность: разыгрывание роли

Ролевые рамки, существующие в патернализме, нормы, регулирующие вертикальные зависимые отношения, несмотря на модификацию, сохраняют общие патриархальные черты, и в этом смысле патернализм противоречит той среде, в которой он реализуется – социальному пространству современного города. Эти противоречия не столь заметны, когда предметом рассмотрения становится патернализм в какой-либо относительно автономной области городской жизни, в которую вовлечены немногие его жители, такой, например, как школа. Школьные дисциплинарные и образовательные практики основаны на отношении к учащимся как к детям, и потому патернализм в школьных взаимодействиях может восприниматься сообществом как естественный[298]. Несоответствие

---

297 Radavic I., Earnest W.R. Paternalism as a Component of Managerial Strategy // Social Science Journal. 1994. 31 (4) Oct. P. 389–405.

298 Вероятно, именно этот факт – ощущение естественности патернализма по отношению к младшим, или школьникам – позволил Э. Финну заключить, что «трудно среди больших современных социальных институтов ... найти более патерналистский, чем школа.

Социология современного патернализма

патернализма городскому образу жизни наиболее ярко проявляется при рассмотрении главных структурирующих институтов: экономических и политических. Довольно сложно увязать индустриальные способы ведения жизни, практикуемые значительной частью жителей российского общества и семейный (даже с приставкой «квази») тип взаимодействия в публичной сфере, предполагаемый патернализмом. Индивид, освоивший индустриальную культуру с ее рациональностью, обычно твердо знает отличие частного и открытого пространств, и умеет дифференцировать поведенческие практики в соответствии с этим знанием. Возможное поле для традиционного патернализма – семейные, родственные коммуникации или производные от них, но никак не обезличенные функциональные взаимодействия в публичной сфере.

В социологии города этот тип поселения принято считать квинтэссенцией современной рациональности. Городской образ жизни основан на специализации, дифференциации и автономии/атомизации индивидов, а также их действий. Реальные города различаются по степени их схожести с теоретической моделью урбанизированного поселения. Социальное пространство современных российских городов структурировано, в нем сосуществуют представители различных культурных групп: как освоивших рациональные (индустриальные или экономические) формы общежития, так и организующих свою жизнь в соответствии с иными принципами. Данные, приведенные в 3 главе, позволяют говорить о распространении политического патернализма среди людей старшего возраста, которые, принимая во внимание демографическую динамику г. Перми, являются в большинстве своем горожанами первого поколения, выходцами из сельских поселенческих общностей. Патернализм может быть привнесен в городскую среду извне теми индивидами, кто переехал в него, возможно, из менее урбанизированных поселений и закрепился в качестве привычного способа действия, нечувствительного к оценке, критике и редакции. Вероятность превращения патернализма в традицию тем больше, чем менее урбанизирован город, принимающий новых жителей. Пермь в середине

<…> [Американское – Н.Ш.] общество использует полицейскую власть, чтобы поддерживать этот патернализм». См. статью Finn Ch. E. Jr. Paternalism Goes to School // The New Paternalism: Supervisory Approaches to Poverty, ed. by L.M. Mead. Washington, 1997. P. 220-247.

XX века представляла собой территориальный агломерат разрозненных рабочих поселков, объединенный административно, но не социально. Перемещение из одного конца города в другой было затруднительным, линии общественного транспорта были проложены так, чтобы доставлять рабочих на заводы, привычным способом передвижения была пешая ходьба. Вузы, приглашавшие ученых из других городов, и театры с труппами, эвакуированными во время войны из российских культурных столиц, держались особицей. Город существовал слободами[299], сформированными вокруг заводов. Говорить об инкультурации, включении новых жителей в городское пространство из-за фрагментарности, слабости такового было бы довольно затруднительно. Высокий уровень бытовой преступности, остававшиеся тщетными попытки школ отучить подростков от пьянства и разбоя, привлечь детей школьного возраста в классы[300], - все это рисует картины зарождения урбанизированной культуры, а не ее развития. Значительная миграция в поселение создает формы деревенско-городской культуры, довольно терпимой к воспроизводству взаимодействий, основанных преимущественно на эмоциональных, личных отношениях в публичном пространстве, и с подозрением относящейся к формализованным коммуникациям в нем же. Для нового поколения горожан такая культура становится нормативной, принуждающей. Наиболее подходящим примером для иллюстрации вышесказанного является описанная ситуация на предприятии «Нефть»: патернализм стал образцом для внутрифирменных вертикальных и горизонтальных взаимодействий на всех уровнях; для управления работниками помимо административной власти нужны были и личный авторитет, и персонализированные, эмоционально окрашенные отношения с ними. Выпускники городских вузов, попадая на предприятие, вынуждены были, как и работники из поселка, чтобы избегать конфликтов с начальством и старшими коллегами и возможного увольнения, прини-

299 См. Лейбович О.Л., Шушкова Н.В. Рабочий вопрос на Урале в начале XXI века в зеркале истории и социологии: к постановке проблемы // Россия между прошлым и будущим: исторический опыт национального развития. Материалы Всероссийской научной конференции. Институт истории и археологии УрО РАН. Екатеринбург. 2008. С. 235-242.

300 См. Чащухин А.В. Между бараком, милицией и дворцом культуры. Школа в социальном пространстве г. Молотова (Перми) в 1950-е годы // Понять образование... Исторические, социологические, антропологические очерки современного образования в России /ред. Н.В. Шушковой. Пермь: Изд-во ПГТУ, 2009. С. 63-97.

мать существующие патерналистские образцы поведения.

Вместе с тем патернализм сегодня проявляется и во взаимодействиях, которые сложно отнести к привычным, традиционным, инерционно воспроизводящимся. Индивиды, выросшие в городе, получившие специализированное образование, занятые профессиональной деятельностью и стремящиеся включиться в новую экономическую среду, также практикуют в своем поведении патерналистские ролевые модели. Те из них, кто принимает роль патрона в публичном взаимодействии, в своих основных занятиях руководствуются совершенно иными критериями, нежели защитно-помогающие, да и при подборе партнеров по коммуникации принимают во внимание их полезность для прямой экономической выгоды, а не эфемерные эмоциональность и привязанность[301]. Экономическая рациональность в современном городском пространстве доминирует, политические требования горожан всех возрастов, обращенные к политикам, направлены на быстрое достижение зримого результата (асфальтирование дорожек, ремонт детской площадки, выдача продуктового набора, организация праздника), получение чего-либо за символическую или вообще отсутствующую плату. Конечно, это одна из примитивных форм экономической рациональности, не учитывающая долговременные последствия, но ее распространение демонстрирует готовность индивида соотносить затраты и прибыли и стремиться к увеличению последней при оптимизации первых.

Таким образом, объяснение современного патернализма только слабой урбанизированностью поселения или замкнутостью коммуникационного поля, в которых он проявляется, является недостаточным. Внутриорганизационные исследования указывают на «проблемы увязки рыночных отношений с культурой патернализма, на соотношение традиционного и рационального в трудовой культуре работников предприятий»[302]. Предложенная выше схема нуждается в дополнениях, учитывающих отличие актуальной формы патернализма от предшествующих.

301 См. Кабацков А.Н., Шушкова Н.В. Пермский звериный бизнес-стиль (дикий капитализм в индустриальном городе) // XIV Уральские социологические чтения: Сборник материалов конференции. Тюмень: Изд-во Тюменского гос. ун-та, 2003. С. 103-105.

302 Темницкий А.Л. Теоретико-методологические подходы к исследованию трудового поведения // Социс. 2007. № 6. С. 68.

Н.В. Шушкова

П.В. Романов, анализируя производственные ситуации, выделяет следующую тенденцию в изменении патернализма: «Межличностные отношения принимают все более *утилитарный, отстраненный* характер, размываются основы патриархального типа управленческого контроля. Контроль в данном случае принимает все *более утонченные формы*, в рамках которых сохраняется и принимает все более явные формы *сегрегация* по признаку пола...»[303]. Он также свидетельствует о привнесении конвейерных принципов, фордизма в самые разные виды производственной деятельности: «Наиболее типичным способом в расширении власти менеджмента является процесс *разделения труда на совокупность мелких, простых* операций с невысоким уровнем требований, предъявляемых к ним»[304], в прошлое постепенно уходит контроль, основанный на «неформальных нормах и системах договоренностей». Высшие руководители-патерналисты в редких взаимодействиях с работниками предприятий имитируют доверительные отношения. Новые исследования трудового поведения, проведенные А.Л. Темницким, показывают, что «Ценность трудового коллектива как фактор готовности «затянуть пояса» уступает ценности сохранения рабочего места и еще более незначим по сравнению с готовностью рабочих уволиться с предприятия, а не оставаться и терпеть задержки заработной платы»[305]. М.Н. Афанасьев отмечает, что во взаимодействиях молодых и заслуженных чиновников и/или политиков остается все меньше места «почтительности», «верности», послушанию и дисциплине, преобладают же прагматичные мотивы, экономическая или карьерная «заинтересованность» и «торг с начальством»[306]. Возможно ли в описанных случаях говорить о разрушении патернализма и появлении на его месте полностью рациональных ролевых моделей? Скорее всего, нет. Во-первых, рамки взаимодействия

---

303 Романов П.В. Формальные организации и неформальные отношения: кейс-стади практик управления в современной России. Саратов: Саратовский гос. ун-т, 2000. С. 57. Курсив мой – Н.Ш.

304 Романов П.В. Указ. соч. С. 77. Курсив мой – Н.Ш.

305 Темницкий А.Л. Коллективистские ориентации и практики трудового поведения // Социс. 2008. № 12. С. 70.

306 Афанасьев М.Н. Клиентелизм и российская государственность: Исследование клиентарных отношений, их роли в эволюции и упадке прошлых форм российской государственности, их влияния на политические институты и деятельность властвующих групп в современной России. М.: МОНФ, 2000. С. 225-226, 240. Кур-сив мой – Н.Ш.

остаются прежними: нижестоящие ощущают свою зависимость (самого разного рода) от вышестоящих, которые, в свою очередь, обладают некими ресурсами, востребованными их подчиненными. Во-вторых, несмотря на отход от традиционной трактовки патерналистских взаимодействий, новый тип отношений совершенно не похож на нормативный, т.е. такой, который бы соответствовал задачам эффективного управления. То, что исследователи маркируют как «утилитаризм» и «прагматичность», может рассматриваться как особая форма принятия индивидами патерналистских ролей, распространенная в современном российском обществе.

Эта форма предполагает двойственность социальных практик: индивид, действующий как патерналист, желает добиться вполне реальных и осязаемых результатов, чаще всего имеющих выражение в экономической форме. Индивид разыгрывает ту ролевую модель, которая, на его взгляд, будет иметь большие шансы на продуктивный исход. Речь идет об инсценировке, т.е. воплощении индивидом в своем поведении некоторого ансамбля действий и реакций, дополненных соответствующим реквизитом (риторика, демонстрация эмоций и чувств), обладающего внутренним единством и однозначно трактуемого его партнерами по взаимодействию. Инсценировка стремится стать максимально убедительной, похожей на искреннее поведение, вместе с тем оставаясь осознаваемой условной для индивида, и в принципе допускающей иные формы действий[307]. Инсценирование не влечет за собой согласования разыгрываемой ролевой модели[308] с набором уже интернализованных индивидом ролей, оно требует только правильной

---

307 Л.Г. Ионин, вводя термин «инсценировка» в обиход отечественной науки, стремился обозначить конфликтность «разыгрывания» и «реальности» на индивидуальном уровне: человек, инсценирующий какое-либо поведение/культурную роль/статус, испытывает «неловкость» из-за того, что носит театральный костюм. Этот конфликт пропадает со временем; если человек играет новую роль все время, прилежно, не упуская деталей, то постепенно он становится тем, кого изображает (см.: Ионин Л.Г. Социология культуры. 2-е издание. М.: Логос, 1998. С. 216-222). Однако, инсценирование в реальности не обязательно становится основанием для подлинной идентичности.

308 Употребляя термин «разыгрывание», я далека от стремления указать на несерьезность или спонтанность, неупорядоченность совершаемого действия, напротив, разыгрывание требует настоящих усилий по его осуществлению. Й. Хёйзинга подчеркивает: «игра может быть чрезвычайно серьезной. <...> ... она устанавливает порядок, она сама есть порядок». См.: Хёйзинга Й. Homo Ludens; статьи по истории культуры. М.: Прогресс-Традиция, 1997. С. 25, 29.

смены «реквизита», согласуясь с обстоятельствами действия. Например, инсценирование роли политического клиента не означает, что индивид будет пытаться воспроизводить свойственные этой роли практики и отношения в родственных, дружеских коммуникациях, или в экономической сфере поведения. Инсценировка всегда имеет границы – пространственные, временные, «человеческие», символические. Инсценирование позволяет сосуществовать разным ролевым моделям, даже внутри самого патернализма. Например, политический патрон, выходец из бизнес-среды, использующий риторику заботы о народном благе для избирателей, может при этом эксплуатировать своих работников в качестве бесплатных агитаторов и расклейщиков объявлений. Инсценирование ролевой модели означает более легкое включение индивида в соответствующий тип взаимодействия, однако, не отменяет в целом потенциальной конфликтности между исполняемым и реальным.

Чтобы разыгрывать патерналистские роли (как клиента, так и патрона), индивид должен иметь весомые основания для выбора именно этих моделей поведения, одним из которых обязательно является действительная невозможность достичь желаемых целей при помощи привычных (предписанных правилами) инструментов. Кроме того у индивидов должна быть осознаваемая свобода действий, появившаяся либо в ходе освоения новых социальных полей, либо вследствие снижения статуса привычных, прежде легитимных практик. И в том, и в другом случае сообщество, в котором разыгрываются патерналистские роли, не должно иметь четких, всеми разделяемых представлений о принятом, наилучшем способе действия в определенных ситуациях, либо эти представления имеют весьма общий вид. Например, исполнение роли избирателя предполагает выбор политика из представленных кандидатур и участие в процедуре голосования. Второй компонент представляется подробно, для новичков и забывчивых проводятся разъяснения – когда будут работать избирательные участки, как в избирательном бюллетене обозначить свой выбор, в почтовые ящики приходят именные приглашения. Первый компонент – процедура выбора – в современном российском обществе имеет множество трактовок; индивид должен определиться с критериями отбора лучшего из кандидатов, установить для себя значимость и достоверность поступающей информации, решить вопрос о необходимой близости контактов с кандидатами и другими избирателями и проч. Поле для выработки собственной развернутой стратегии поведения слишком широко, тогда как сам статус избирателя, по сравнению с другими статусами горожанина, не высок[309]. В этой ситуации за образец поведения берется готовый шаблон, индивид повторяет знакомые ему языковые формулы, дополняя их несложными, также скопированными у других, действиями. В фокусированных интервью 2007 года с пермскими избирателями не раз приходилось сталкиваться с четким разграничением между политическим действием и другими полями активности, проявлявшимся в смене языка, способах обсуждения проблем[310]. Рациональные, обоснованные, взвешенные суждения, подкрепленные доказательствами, касающиеся социальной обстановки в городе, вариантов выхода из спорных экономических ситуаций превращались в шаблонные высказывания (часто противоречащие по сути тому, что было сказано ранее) как только речь заходила о политиках и выборах. Осознание масштабов трудностей, имеющихся в городе и области, сменялась нетребовательностью к политикам; указание на стратегические просчеты и промахи соседствовали с желанием, чтобы политики и чиновники обратили внимание на конкретную, частную проблему; критичный настрой к власть имущим отступал перед эмоциональным рассказом о хорошем концерте, устроенном кандидатом для пенсионеров. При этом мнения интервьюируемых о ситуации в городе в целом были более разнообразными, чем их высказывания о политике.

Использование понятия инсценировки для объяснения ролевого патерналистского поведения позволяет интерпретировать поведение избирателей, критично оценивающих деятельность политиков, но все равно вовлекающихся в патрон-клиентские обмены, в соответствии с рациональной логикой. Напомню, в исследовании 2007 года интервьюируемые довольно эмоционально высказывались по поводу обиды, нанесенной кандидатами в депутаты им лично и другим избирателям, расценивая «подарочки» и концерты как дешевый подкуп и проявление пренебреже-

---

309 Значимость выборов в сознании россиян, и связанный с этим низкий статус современного избирателя можно проследить, в частности, по невысоким уровням явки граждан на выборы.

310 Описание и основные выводы исследования содержатся в 3-й главе.

ния политическими суждениями народа. Если избиратели полностью во-
влекались в исполнение роли клиентов, то любые ресурсы, спускаемые
сверху вниз, были бы оценены позитивно, вне зависимости от их объемов;
в действительности же наблюдается некоторое смешение требовательно-
сти (от кандидатов ждут чего-то зримого, конкретного, полезного) и воз-
мущения примитивными практиками агитации. Роль клиента, зависимого
человека разыгрывается, но не является при этом органичным звеном в
социальном поведении индивида. Чем больше пространства для разнообразной социальной активности у индивида, тем более поверхностный,
инсценировочный вид принимает патернализм в локализованных ролевых
взаимодействиях.

Из каких источников индивид черпает информацию о парамет-
рах патерналистской инсценировки, что заставляет его ориентироваться,
прежде всего, на эту ролевую модель? Представляется, что организую-
щей силой здесь является преимущественно образ патрона/патера, а не
тех, кому он покровительствует. Этот образ может совпадать с публич-
ными презентациями вполне конкретного индивида либо быть артефак-
том, появившимся на свет направленными усилиями отдельных лиц, или
стихийно сложившимся в рамках некоторого культурного тренда. Первый
случай вероятен в стабильных группах с заданным распределением ролей (начальник – подчиненные), второй – в сообществах с преобладанием
опосредованных взаимодействий (политик – избиратели). Ориентируясь
на идентифицированную ими фигуру патрона, индивиды в коммуникации
используют парные оппозиции к составляющим его образа для формирования собственной модели поведения. Привнесение индивидом патернализма в текущую коммуникацию из других сфер соответствует неинсце-
нировочному варианту исполнения роли.

Один из примеров сознательного выстраивания патерналистских
ролевых моделей приводит А.М. Никулин в исследовании сельского пред-
принимательства. Вот заявление председателя преобразованного колхоза,
сделанное в ходе фокусированного интервью: «А я хочу, прежде всего,
сам над всем здесь властвовать. Я в толковом словаре вычитал, что «холдинг» означает «господство». Вот я и хочу господствовать, а кооперация

единоличному господству кладет пределы»[311]. При указанном отношении высшего менеджера к партнерам и подчиненным: «...это я тут буду помещиком, а вы будете мои холопы!», – аграрная реформа завершается, как показывает А.М. Никулин, образованием асьенды, «хозяин которой оказывает патримониальное покровительство местной общности за признание его власти собственника и лидера местного сообщества»[312].

Публичность образа предполагает его тиражирование и распространение через СМИ, причем «ближние» патроны могут наделяться чертами патронов больших, дальних (депутат – лишь уменьшенная копия мэра, губернатора или даже президента). Для того, чтобы осуществлялась подобная аберрация сознания, потенциальные патроны должны быть лишены в глазах окружения индивидуальных личностных и социальных черт, быть «пустыми фигурами», зеркалами, в которых может отразиться любой образ. Ретрансляторами прежних традиций (имперской или советской) выступают СМИ; перекладывая историю на новый лад, делают более выпуклыми привлекательные черты и ретушируют негативные. Источником для инсценировок также может выступать собственный социальный опыт (особенно для людей старшего поколения), преобразованный ностальгией образ советского прошлого. Оформившись в виде реальной ролевой модели – т.е. получив собственное вербальное, символьное и поведенческое наполнение, – патернализм как клиентов, так и патронов, становится образцом для дальнейшего воспроизведения, подражания со стороны.

Инсценирование патерналистских ролей имеет свои пределы, оно осуществляется при совершении «непринципиальных действий», т.е. тех, которые не касаются напрямую выживания или становления/сохранения позиции индивида в сообществе. Для того, чтобы исполнить роль pater familias, недостаточно скопировать и воспроизвести имеющиеся у российского «главы семьи» статусные позиции и властные полномочия, требуется более значительный и весомый образец, взятый из отдаленного или не очень исторического прошлого, литературных и мифологических образов, архетипов. В выборе этого образца нет устойчивого единства: каждый из

311 Никулин А.М. Кубанский колхоз – в холдинг или асьенду? // Социс. 2001. №1. С. 46.

312 Никулин А.М. Указ. соч. С. 48.

участников патерналистских коммуникаций может трактовать роль «отца» в соответствии с собственными представлениями и выстраивать роль «ребенка», исходя из своей позиции. Если в презентации есть значительный компонент личного, сознательно или несознательно привнесенного индивидом в социальное взаимодействие, то очевидно, что исполнение соответствующей роли будет приносить ему большее удовлетворение, нежели простое следование формальным правилам. Однако разнообразие трактовок, характерное для инсценировочного патернализма, приводит к усложнению взаимодействия, если последнее становится непосредственным, нацеленным на решение строго определенной общей задачи.

Внутри инсценировочного патернализма наблюдается несогласованность действий его участников между собой. Этот разрыв в неодинаковой степени присутствует в разных социальных полях, однако, способ его маскировки и нейтрализации схож. Он заключается в подавлении (экономическом, властном, физическом, вербальном) альтернативных точек зрения акторами, занимающими в соответствующих институтах высокие статусные позиции. Можно говорить о двух непересекающихся современных трактовках данного института: «патернализм сверху» и «патернализм снизу». В наиболее сложном, амбивалентном положении оказываются промежуточные патроны, одновременно практикующие оба варианта — «покровителей» для народных масс и «клиентов» для вышестоящих индивидов.

Инсценирование патерналистских ролей, исходящее из воспринятого индивидом образа патрона, слабо согласовано с действительными характеристиками партнеров по взаимодействию. В редуцированном варианте индивид, идентифицировав другого как вышестоящего, автоматически формирует относительно него определенные ожидания (покровительства, защиты, помощи). Упрощению инсценирования способствует и то, что в реальности индивид не часто получает то, чего он ожидает от конкретного патрона, и тогда его требования актуализируются в любой вертикальной коммуникации. Так, избиратели, негодуя по поводу их мелкого и низкого подкупа отдельными политиками, склонны вообще не замечать тех кандидатов, которые подобные действия не осуществляют, а ограничиваются политической агитацией.

Патерналистские инсценировки могут перестать быть таковыми, т.е. закрепиться в качестве новых внутриинституциональных правил, если трактовки патерналистских ролей у большинства участников «готовых взаимодействий» схожи и расшифровка действий друг друга происходит по одинаковым схемам, ретушируя возможные противоречия. Так, если это принято индивидами, «папа» может не только и не столько опекать своих подопечных, но, напротив, всячески их наказывать и третировать. Естественно, подобные способы исполнения ролей не являются полностью рациональными, но в этом случае они обеспечивают бесконфликтное взаимодействие внутри еще только формирующегося или подвергающегося эрозии социального института.

Переход от инсценировочного варианта патернализма к более серьезному, ставшему основой для формирования социальной идентичности, возможен также и на индивидуальном уровне. Индивид может использовать патерналистские оппозиции «патрон-клиент», чтобы определить свое положение в социальном пространстве и варианты активности, ему соответствующие, чтобы легитимировать в глазах окружения свои социальные притязания или найти социальную опору при заданной амбивалентности статуса. Речь идет об «изолированном индивиде», осознающим себя таковым в современном пространстве: это и учителя с резко понизившимся материальным и социальным статусом, и бизнесмены, чья экономическая успешность становится основанием для зависти и нападок со стороны сообщества. Для индивидов с неукорененными статусами (их позиции маркированы, но не наполнены реальным содержанием, признанным сообществом) возможны несколько стратегий, одна из которых – замыкание контактов в узком социальном кругу, другая – эксплуатация готовых, т.е. известных сообществу, образов патронов/покровителей, принуждение потенциальных партнеров к действиям определенного рода. Патерналистская ролевая модель становится для индивида доминирующей среди других вариантов и применяется повсеместно.

В целом можно выделить несколько оппозиций ролевых форм, возможных в патернализме. Среди них: традиционализм – рационализм, аутентичность – инсценировка.

Патерналистский тип поведения соответствует как традициона-

Н.В. Шушкова

листской, так и целерациональной позиции (по терминологии М. Вебера). Первое означает воспроизводство в обществе образцов подчинения, сформированных в сельской патриархальной семье, – воспроизводство спонтанное, не отрефлексированное, инерционное. Во втором случае принятие патерналистской модели имеет условный, инструментальный характер. Индивиды готовы использовать ее для достижения собственных экономических целей: денежного вознаграждения, получения льгот, социального продвижения. Естественно, в реальности мы наблюдаем комбинацию этих позиций.

Здесь необходимо сделать одно замечание. Культура современной России в целом может быть охарактеризована как культура рациональности. Проблемным моментом является то, что в ней сталкиваются два типа рациональности: индустриальный и рыночный. Экономическая рациональность является новаторской и принимается в разных частях общества неодинаково; однако, постепенно завоевывает все новые пространства. Индустриальный тип рациональности в настоящий момент подвергается эрозии под воздействием этой новой рыночной культуры, но, тем не менее, все еще остается актуальным. Таким образом, когда мы говорим о целерациональном действии, то среди выбираемых для достижения целей мы должны наряду с экономическими, принимать во внимание другие, не имеющие рыночной оценки. Иными словами, рациональность действия не зависит от свойства самой цели и, значит, имеет место всегда, когда у индивида присутствует сознательное целеполагание, выбор оптимальных стратегий с учетом наличных условий, расчет спектра возможных выгод и затрат, а также предвидение результатов и последствий.

Процесс смены доминирующего типа рациональности неустойчив и конфликтен. Поэтому возникают лакуны, которые заполняются индивидами через воспроизводство традиционных моделей поведения, не требующих обращения к сложным процедурам рационализации поступков. Однако нет достаточных оснований утверждать о превалировании традиционных форм культуры в российском обществе на данном временном отрезке.

Следование патерналистской модели поведения может иметь как

рациональный, так и иррациональный характер. В первом случае индивид принимает патерналистскую модель поведения, исходя из собственных рационально-обоснованных выгод (краткосрочных или долгосрочных). При этом эмоциональная привязанность, как таковая, практически отсутствует. Идет своеобразная игра: нижестоящий играет роль «сына» и показывает вышестоящему, что он воспринимает его как «отца» и готов выполнять соответствующие заданному контексту действия. При нарушении равновесия в исполнении подразумеваемых обязательств возможен конфликт и смена модели поведения. В подобной ситуации всегда присутствует элемент критичности, демонстрируемая модель поведения не является аутентичной.

Во втором случае индивид, следуя патерналистской модели поведения, совершенно искренен, он твердо верит в перспективность и правоту такого действия. Поведение в этом случае строится на эмоциональных привязанностях и не ориентированно рационально. Отношения между индивидом, исполняющим роль патрона, и индивидом, исполняющим роль клиента, воспринимаются действующим субъектом как семейно-клановые, а индивид, исполняющий роль патрона, – как отец-попечитель. Все выгоды и тяготы, выпадающие на долю индивида, принимающего роль патрона, воспринимаются им как продолжение естественных поощрений/наказаний отцом своего ребенка. При этом не важно соответствуют или нет действия индивида, исполняющего роль патрона, формальном правилам его положения или должности. Индивид, следующий в роли патрона эмоциональной модели патерналистского поведения, твердо убежден, что он обязан заботиться о своих подопечных (круг которых, как в случае с политиками, может быть весьма широк), чувствует себя ответственным за все их действия и поступки.

Если индивид действует в связке «отец – ребенок», согласуясь с рациональностью, то есть объективно оценивая обстановку и строя, шаг за шагом, последовательно свои действия в соответствии с поставленной целью, то роль «ребенка» им скорее демонстрируется, чем действительно принимается. В этом случае достаточно легко воспринимается смена самого «отца», необходимо лишь некоторое время, чтобы узнать личностные особенности его преемника и скорректировать свою линию поведения. Иррациональное принятие роли ребенка, напротив, отличается тем, что текущая ситуация не принимается во внимание, это скорее безотчетное стремление найти у вышестоящего защиту от трудностей внешнего мира. При этом присутствует убеждение в непоколебимой правоте индивида, исполняющего роль патрона, в невозможности его заменить. Если мы имеем дело с группой, то все межгрупповые связи замыкаются на нем, его уход разрушает группу, дезориентирует каждого из индивидов ее составлявших.

Если рассматривать оппозицию «аутентичность – инсценировка», то, обобщая, можно сказать, что одни индивиды инсценируют роль, ожидаемую от них со стороны ближайшего окружения или иных референтных групп, а другие в нее «вживаются». В первом случае речь идет о том, что индивидом сознательно и последовательно исполняются все известные ему системы действий, присущие данной роли; таким образом у окружающих складывается впечатление о соблюдении данным индивидом соответствующих норм и принятии ценностей. Индивид действует как актер, он исполняет роль в первоначальном смысле этого выражения: он выходит на сцену в специально подобранном под пьесу костюме, произносит написанные для него фразы, совершает присутствующие в сценарии поступки; за кулисами же он отличен от предъявляемого публике героя. Заметим, что инсценировка может выступать как первый, промежуточный этап принятия некоторой роли, или же как итог включения индивида в некую институциональную структуру. Аутентичное принятие роли индивидом требует от него обязательного принятия организующих эту роль ценностей, норм, идеалов, включения их в социальную структуру личности. Здесь нет возможности снять маску, индивид полностью интегрирован в патернализм. Относительно этого варианта принятия патерналистской роли верно замечание Н. Аберкромби и С. Хилла: «…патернализм – типично диффузные социальные отношения, которые охватывают все аспекты жизни подчиненного, они имеет дело с «целостным человеком», личностью, лишь затем ограничиваясь некоторым определенным набором действий»[313].

Индивиды, инсценирующие патерналистские роли, выступают

_____

313   Abercrombie N., Hill S. Paternalism and Patronage // British Journal of Sociology. Vol. 27. N. 4. Dec. 1976. P. 415.

как последовательные инструменталисты; они считают, что взамен за свое «послушание» вправе ожидать от своего патрона денежного поощрения, продвижения по службе и т.п., а от своих клиентов – полного и безоговорочного подчинения, лояльности, готовности услужить. Индивидам, искренне и полностью включенным в патерналистские структуры действия, более необходимо понимание их частных проблем, личное участие, верность и преданность; у них также меняются критерии оценки социальной деятельности индивидов: малозначимыми становятся профессионализм, умение правильно и эффективно организовать процесс труда, важно лишь эмоциональное отношение.

Предположим, что патернализм в современных взаимодействиях играет роль преимущественно оболочки, формирующего каркаса, нежели субстрата отношений, т.е. существует в виде множества инсценировок. Современный патернализм наследует все черты модернизируемых институтов (изменение аутентичного содержания, размывание границ, противоречивость в исполнении функций, низкая интеграция в социальную структуру), а также их судьбу. Определяющими факторами его существования выступают: способность к мимикрии, постоянной модификации и подчиненное по отношению к большим социальным институтам положение.

Институциональные интерпретации патернализма

Традиционным подходом, используемым исследователями для изучения патернализма, является рассмотрение его в качестве особого вида социальных отношений, имеющих властное измерение. Патрон-клиентские отношения устанавливаются (часто в договорной форме) между конкретными индивидами и группами, они предусматривают определенные обмены между ними и могут потом закрепиться в качестве традиции, чтобы быть переданными также вполне конкретным индивидам. Патернализм как отношение всегда привязан к некоторым действующим лицам и группам (предполагается, что он не свойствен другим) и относительно постоянен в своих проявлениях (для определения отношения как патерналистского следует обнаружить реальное различие в располагаемых ресурсах, зависимость сторон, взаимодействие и обмены между ними). Эмпирическое изучение патернализма и проведенный анализ полученной информации позволили зафиксировать многообразие его современных проявлений и форм в разных социальных полях. Меняются как внутренние его параметры (состав и численность участников, тип связи, характер обменов, степень принудительности и эффективности), так и внешние (легитимность, степень сформированности, преемственность по отношению к прежним формам). При изучении патернализма в социальной практике может быть обнаружена свойственная ему устоявшаяся система деиндивидуализированных ролей и статусов, организованная с помощью особых норм и ценностей сообразно определенной, значимой для общества/сообщества цели, то есть в исследовании патернализм проявляет основные черты социального института.

Однако попытка определить патернализм как институт в рамках классической социологической теории, скорее всего, окончится неудачей. Институциональный характер патернализма маскируется его положением в современной социальной реальности: он не оформлен в виде соответствующих организаций, зачастую нелегитимен, иногда даже не имеет единого наименования, представая перед наблюдателем в виде разрозненных практик. Повседневный язык играет с патернализмом злую шутку, представляя его через множество слов, относящихся к разным сторонам человеческого опыта. В этом смысле патернализм лишен даже «слабого элемента презентации», как определяют его П. Бергер и Т. Лукман: «Институты представлены и другим образом. Их лингвистические объективации – от самых простых вербальных названий до весьма сложных символических обозначений реальности – также представляют их (то есть делают их присутствующими) в опыте»[314]. Однако патернализм «разыгрывается» действующими индивидами, т.е. довольно однозначно репрезентирован через поведение, следующее образцу и потому оставляющее мало места личностным проявлениям.

Патернализм не представлен также и в виде отдельных организа-

---

314   Бергер П., Лукман Т. Социальное конструирование реальности. Трактат по социологии знания. М.: Academia-Центр, «Медиум», 1995. С. 125.

ций: в некоторых типах государственного устройства патернализм встроен во взаимодействие государства и общества, его принципы влияют на формирование особых управленческих структур или на функционирование каналов коммуникации, но обособленных патерналистских структур даже в этом случае не создается. Тем не менее, очевидно принуждающее и универсализующее воздействие патернализма на поведение индивидов в некоторых ситуациях. Для того, чтобы определить место патернализма в институциональной теории, обращусь к ее основным концептуальным течениям.

В социологии существует множественные представления об институтах, они могут рассматриваться как общественные функции, как выразители общепринятых ценностей, как агенты социальных процессов (например, социализации) и проч., однако, занимаясь институтами, следует обратить внимание, прежде всего, на две теории: классический (старый) и новый институциональный подходы. Обе теории исходят из того, что институты упорядочивают целеориентированные взаимодействия индивидов, позволяя им кооперироваться (создавать общности). Точка их принципиального расхождения – представления о масштабности институтов. С точки зрения классической теории институтов, представленной именами Т. Веблена, Дж. Коммонса, У. Митчелла, Т. Парсонса, П. Бергера, актуальные институты имеют длительную историю своего существования, в ходе которой они наилучшим образом адаптируются к удовлетворению наиболее значимых общесоциальных потребностей (отличающихся, впрочем, в разных типах обществ). Им свойственна неосознаваемая индивидами принудительность по отношению к их действиям, если речь идет о тех, кто находится внутри института, или быстрое включение для новичков, осваивающих роли в заданном порядке по установленным правилам. Историчность институтов, соединенная с определенностью его проявлений и воздействий на индивидов обеспечивают институты легитимностью: обращение к ним снова и снова в случае возникновения определенных потребностей. При этом следование определенной институциональной норме может приобретать в глазах действующего индивида особую ценность. Институциональная структура закрепляет специализацию действий – отделяет экономические цели от семейных, политические от образовательных и проч., позволяет индивиду менять технологии поведения при переходах из одной области в другую.

Последователи традиционного институционализма в социологии уверены в том, что сохранение даже небольшой группой людей (не говоря уже о больших общностях) своей целостности происходит через механизмы социального контроля. Поэтому они считают, что упорядочению подлежат в первую очередь наиболее важные области общественной жизни, включенные в семейные, политические, экономические, образовательные и религиозные институты. Институты задают образцы действий членам общества и формируют их ожидания. Как полагает П. Бергер: «... трюк удается потому, что индивида убеждают: эти пути – единственно возможные»[315]. Итак, в представлении традиционных институционалистов социальные институты – это устойчивые организованные структуры общества, обладающие принуждающей силой по отношению к его членам. Как правило, социальные институты представлены в обыденном языке, а, значит, и в сознании через организации, учреждения, либо идеи.

Новый институционализм может быть обозначен как микроподход, готовый в своей концептуализации обратиться к поступкам, действиям индивида как частице социологического анализа. Институты создаются в процессе человеческой практики здесь и сейчас. Индивиды своим поведением, направленным на удовлетворение собственных потребностей, конструируют функциональные схемы их достижения, вовлекая в этот процесс других действующих лиц (эти схемы не обязательно оптимальны). Такие институты, чаще всего, не имеют привычного вербального обозначения, существуют «без названия», они также менее уловимы в повседневном опыте для наблюдателя. Например, «ведение бизнеса» может включать множество разных вариантов, каждый из которых имеет шанс стать институтом.

Неоинституционализм (представленный в работах Р. Коуза, Д. Норта, О. Уильямсона, в социологии – Н. Флигстина, У. Бейкера, У. Пауэлла, Н. Биггарта) придает институтам «значение», что позволяет использовать этот инструмент для объяснения повседневных практик индивида.

---

315 Бергер П., Лукман Т. Социальное конструирование реальности. Трактат по социологии знания. М.: Academia-Центр, «Медиум», 1995. С. 125.

По наблюдениям В. Радаева: «... новый институционализм в социологии пробует соединить достижения новой институциональной экономики и традиционной социологии»[316]. Результатом является «возвращение действующего индивида (или актора)» в поле социологической теории.

Нил Флигстин, сетуя по поводу раздробленности новых институционалистов, все же формулирует их основные представления: «... новые институциональные течения основываются на теории социального конструктивизма – в том смысле, что они рассматривают создание институтов как результат социального взаимодействия между акторами, сталкивающимися друг с другом на полях или аренах <...> предписанные им правила взаимодействия и распределения ресурсов действуют как источники власти, а в сочетании с моделью акторов выступают в качестве фундамента, на котором происходит конструирование и воспроизводство институтов»[317].

Таким образом, в рамках данного направления социальные институты предстают как созданные акторами устойчивые структуры действия (правила и способы поддержания этих правил) внутри локальных порядков (социальных полей); структуры, с одной стороны, ограничивающие активность индивидов, но с другой – предоставляющие им возможность выбора схемы действия и взаимодействия внутри каждого поля. Неоинституционализм позволяет избежать оценочности в описании жизненных ситуаций индивидов. Функционализм больших институтов всегда соотнесен с некими общими целями, нормами, имеющимися в обществе. И в этом смысле для исследователя-традиционалиста всегда существует соблазн оценки органичности институтов, отказ в праве существования тем из них, которые не вписываются в принятые данным социумом правила (аномичность).

И классически, и новый институциональный подходы не могут описать структуру институтов, не прибегая к понятиям ролей, а также конституирующих их правил или норм и поддерживающих санкций. Институты упорядочивают коммуникацию благодаря включенной в них

316 Радаев В. Новый институциональный подход: построение исследовательской схемы // Экономическая со-циология. 2001. Т. 2. № 3. С. 8.

317 Флигстин Н. Поля, власть и социальные навыки: критический анализ новых институциональных течений // Экономическая социология. 2001. Т. 2. № 4. С. 29.

системе иерархически расположенных ролей. Для классического институционализма знание о ролях, равно как и об основных институтах, разделяется обществом, поэтому возможен социальный контроль над институциональным поведением в форме признанных ожиданий. Индивид подчинен институту, он должен интернализировать роль, чтобы избегать конфликтов. Новый институционализм предоставляет индивиду больше свободы – роли локальны, не всегда имеют определенный образец, создаются и редактируются акторами в конкретных условиях, исходя из наличного распределения ресурсов.

Итак, друг другу противостоят два тезиса. Первый (классическая институциональная теория) – «институты организуют социальную жизнь, принуждая людей действовать правильным образом», и в этом случае уместно процитировать П. Монсона: «Основные институты общества – те «аллеи», по которым идет большинство людей. <...> Посетители парка будут гулять по ним и думать, что эти аллеи были всегда»[318]. Второй (новая институциональная теория) – «институты создаются людьми в процессе деятельности и служат их частным интересам». В этом случае социологи рассматривают общество как результат поступков отдельных индивидов, обладающих свободой выбора. П. Монсон предлагает образ «кораблей в море»: «Большинство кораблей следуют по своему собственному курсу. Но скоро вы начинаете замечать, что некоторые движутся по невидимым фарватерам. <...> Вы не знаете, откуда приплыли эти корабли; вам неизвестна также причина, побудившая их отправиться в путь. <...> Здесь нет видимых глазу путей, однако, каждое судно знает, как определить свое направление движения»[319].

Возможны два варианта рассмотрения патернализма в рамках институционального подхода. В числе основных элементов патернализма, отмечаемых исследователями, – личная зависимость и статусная иерархия сторон, дистанцированность участников и ролевая связанность. Институтом его можно считать в той мере, в которой он устанавливается, воспроизводится и изменяется акторами, упорядочивает социальные взаимодействия и служит для реализации определенных целей акторов.

318   Монсон П. Лодка на аллеях парка. Введение в социологию / Пер. со швед. М.: Весь мир, 1995. С. 17-18.
319   Монсон П. Указ. соч., С. 15–20.

Традиционный институционализм представляет патернализм как устоявшийся набор из двух (или большего числа) взаимосвязанных социальных ролей, исполняемых индивидами в рамках больших социальных институтов: экономических, производственных, политических, образовательных и т.д. Эти роли, по своей сути семейные, под влиянием некоторых факторов перемещаются в иные области социальной деятельности. Нормы исполнения патерналистских ролей в публичном пространстве могут меняться, но отдельного института, позволяющего достичь важной, единой для всех общественной цели, они не составляют. В этом случае патернализм выступает в качестве одного из возможных, чаще всего слаболегитимных способов исполнения уже существующих внутри больших институтов ролей, поэтому патерналистские роли представляются локальными и ограниченными этими большими институтами, а сам патернализм представляется подчиненной структурой, неким субинститутом.

В рамках классического институционализма современный патернализм может быть описан через аномическое существование больших социальных институтов, в которых индивиды неверно и не твердо усвоили соответствующие ролевые нормы. Основным инструментом исследования при этом должно стать изучение лакун, существующих в нормирующих системах институтов, сбоях при передаче институционального опыта и традиций новым участникам социального действия. Перечень возможных ролевых отклонений не обязательно будет исчерпываться патернализмом. Такой подход может быть продуктивным для изучения механизмов воспроизводства больших социальных институтов, но не для понимания сути и функций патернализма как актуального социального явления.

В рамках неоинституционализма патернализм полностью попадает под определение самостоятельного социального института: он структурирует повседневный пласт социальной реальности, он позволяет акторам достигать собственных целей, он помогает осваивать все новые и новые социальные поля.

Неоинституциональный взгляд на патернализм позволяет по-другому решить вопрос о том, кем и как определяются правила взаимодействия. Для обществоведов этого направления социальные институты могут конструироваться и изменяться только акторами – людьми, имеющими осознанные цели и совершающими социальные действия в понимании М. Вебера (то есть действия, обращенные своими смыслами к другим индивидам). Для определения актора важен не объем ресурсов, которыми обладает тот или иной индивид, а лишь его поведенческая стратегия. Поэтому патернализм как социальный институт может конструироваться в той или иной области человеческой деятельности (поле) как патронами (заведомо имеющими некоторый набор ресурсов или доступ к ним), так и клиентами (чаще всего, не имеющими ни того, ни другого), или совместно теми и другими в процессе согласования их целей.

Имеется и другое следствие. Патернализм как институт-правило в рамках неоинституционализма может рассматриваться наряду с другими институтами-правилами, то есть как одна из альтернатив действия в существующих и вновь создаваемых социальных полях.

Таким образом, в контексте традиционного институционализма патернализм является, по меньшей мере, подчиненным институциональным образованием, не обладающим признаками больших институтов и выполняющим лишь дополнительные функции для реализации задач и достижения целей, свойственных иным институтам. Здесь мы имеем дело с известным удвоением ролей, что делает образы больших социальных институтов и патернализма расплывчатыми, неопределенными, амбивалентными. Если же принять за теоретическое основание концепции, разрабатываемые неоинституционалистами, то *патернализм может быть описан как социальный институт, сконструированный акторами, нуждающимися в отношениях взаимной зависимости, испытывающими потребность в функциях попечительства и попечения.* Кроме того, при таком подходе известная вариативность патернализма как социального явления находит свое описание и объяснение как в контексте настоящего времени, так и в исторической перспективе.

Выводы

Условием формирования патернализма в качестве института выступает особая социальная ситуация, при которой большое значение приобретает гомогенность членов некоего сообщества. Человеческие общества в любой исторический момент стремятся к известной унификации индивидов, включенных в них. Вместе с тем, существует и определенная, если не поощряемая, то и не подвергающаяся преследованию со стороны большого сообщества, вариативность в индивидуальном поведении. Однако достаточно сильные отклонения, или девиации, всегда осуждаются. Это общественное осуждение может выражаться как в стремлении изолировать «неправильных» членов сообщества, так и в попытках откорректировать их жизненные модели в соответствии с принятыми в данном сообществе эталонами. Чем меньше степень терпимости к отклоняющемуся поведению, чем жестче эталоны, чем больше ожидаемое число потенциальных девиантов - тем вероятнее становление патерналистских институциональных структур. Патерналистские конструкции позволяют одновременно навязывать определенные эталоны, принуждая индивидов или группы к желательному поведению, и контролировать успешность данных действий. И, хотя Дж. Вилсон выражает сомнение в том, что «патернализм действительно может воздействовать на ценности человека, полностью меняя их»[320], тем не менее патерналистский контроль заставляет индивида учитывать общественные интересы, следовать закону и принимать трудовую (или иную другую) этику.

Патернализм в той или иной степени всегда присутствует во взаимодействиях государства и общества. На групповом уровне патернализм институализирует попытки доминирующих, высокостатусных групп распространять и навязывать остальным представителям сообщества собственные представления об общественном устройстве. В обоих вариантах принуждающая сторона располагает достаточным объемом ресурсов для того, чтобы поставить своих «партнеров» в зависимую позицию.

Приведенные рассуждения позволяют утверждать наличие огромного количества конкретных форм, в которых в различных социокультурных и исторических ситуациях воплощаются одновременно *принуждение, иерархия и зависимость, – те черты, которые в ансамбле всегда составляют патерналистские институции.*

320 Wilson J.Q. Paternalism, Democracy, and Bureaucracy //The New Paternalism: Supervisory Approaches to Poverty, ed. by L.M. Mead. Washington: Brookings Institution Press. 1997. P. 339.

Вариативность патернализма, в частности, означает, что существуют различные способы принятия ролей внутри рассматриваемого института, допустимы различные (в некоторых пределах) трактовки его базовых элементов его участниками. Оба этих параметра зависят от культурных традиций и социальных реалий изучаемого общества, а также от социокультурных ситуаций, в которых находятся его основные социолкультурные группы. Вариативность патерналистского института ставит перед исследователем задачу выбора адекватных методов изучения наличествующей его формы. Необходимо среди большого перечня выявить те индикаторы, которые будут с наибольшей вероятностью фиксировать наличие именно этого института. При этом, поскольку патернализм имеет различные проявления, то не стоит упускать из вида допустимое различение и индикаторов, и эмпирических методик по разным социальным полям.

Говоря о применении различных методик для изучения патернализма в рамках одного общества, я далека от мысли о том, что в каждой из социальных областей данного общества функционирует новый, не похожий на остальные, тип патернализма. Принятие тезиса о такого рода изменчивости означало бы, что патернализм как единый и целостный институт не существует. Причина для применения разных методик в конкретных социологических исследованиях кроется скорее в том, что на проявления патернализма оказывает влияние актуальное состояние той или иной области социальных действий. Следовательно, инструментарий должен варьироваться в зависимости от характеристик выбранных для исследования социальных полей. Причем влияние этих характеристик на проявления патернализма осуществляется по нескольким направлениям. Остановимся на них подробнее.

Первое из них – легитимность. В разных областях социальной деятельности патернализм легитимен в разной степени, соответственно которой его проявления скрываются или предъявляются его участниками.

Второе направление – органичность, естественность. Патернализм может быть вписан в большой социальный институт настолько «удачно», что его участники не могут представить их отдельно друг от друга (такова, например, ситуация в образовании). В противоположном случае патернализм может представлять собой всеми замечаемый инородный элемент.

Третье направление – потребность данной сферы в патернализме. В данном случае речь идет о возможности патернализма замещать отсутствующие, но необходимые для существования и функционирования большого института внутренние структуры. Наиболее явственно эта ситуация наблюдается в политической сфере российского общества, в которой старое политическое пространство разрушено, традиции обесценены, социальные технологии неизвестны. В этом случае возможно приписывание черт патернализма всему большому институту.

Неоинституциональный подход к изучению патернализма позволяет представить это явление отдельно от уже исследованных структур, описать механизмы его конструирования в конкретных ситуациях взаимодействия, выделить его современные формы, указать на социальные функции.

Н.В. Шушкова

Заключение.
Патернализм и институциональная динамика

Изучая современный патернализм как социальный институт, необходимо определить его место и функции по отношению к другим социальным институтам. Особенности принятия и исполнения индивидами патерналистских ролей не дают возможности локализовать этот институт в социальном пространстве. В современном языке отсутствуют обозначения патерналистских ролей, за исключением, пожалуй, номинации «патрон», которым может, впрочем, оказаться любой из тех, кто имеет некоторую власть. Патернализм не вписан в обыденные представления об играемых индивидом ролях; а ролевые артикуляции, даже если таковые происходят, не позволяют окружающим составить свое мнение об исполнителе так, как это происходит, например, с ролями «ученик» или «избиратель». Исполнение патерналистских ролей не приводит индивидов к определенной, специфической, характерной только для этого института цели; более того, было бы затруднительным однозначно определить эту цель в терминах практической деятельности. Тематика современного патернализма совпадает с теми областями человеческого поведения, в которых он существует. Патерналистская роль – одна из моделей исполнения другой институциональной роли, всегда искажающая ее. Патерналистские статусы дополняют те, которые уже существуют, приписаны индивидам, взаимодействующим в рамках другого института. Поэтому форму существования патернализма следует обозначить как «институт в институте». Институциональный характер патернализма становится явным только тогда, когда исследователь обращается к анализу сразу нескольких постоянных тематических взаимодействий. При изучении одного единственного института, организации, патернализм может быть интерпретирован в контексте неформальных норм, присущих данной области деятельности в конкретный момент.

Зададимся вопросом: при каких условиях внутри функциирующего института может возникнуть и конституироваться другой? Нормально функционирующий институт, т.е. тот, в котором социально значимая цель достигается в ходе исполнения индивидами соответствующих иерархически расположенных ролей, не оставляет места для альтернативных вариантов поведения. Внесение новшеств в ролевую технику возможно в том случае, если они не противоречат институциональным правилам и совершенствуют способы достижения цели. Так институт развивается. Вероятность институциональных изменений невысока, если индивиды воспринимают роли готовыми от прошлых поколений, и ситуация, в которой функционирует институт, постоянна. Нормально функционирующий институт поддерживает свои границы при помощи санкций, легитимированных среди его участников, обладает способностями как включать новых членов, так и отторгать тех участников, чьи способы действия отличаются от ролевых. Иными словами, внутри нормально функционирующего института нет места для патернализма, равно как и для других неспецифических образований.

Социальные институты не остаются неизменными с течением времени. При этом модифицируются как роли и функции института, так и его презентационные формы, и престижные позиции внутри большого общества. Источники изменения социальных институтов можно условно поделить на внутренние и внешние. При этом к первым относится собственная эволюция институционального конструкта, ко вторым – перемены в социуме. Социальные институты могут ослабевать или подвергаться эрозии извне или изнутри, либо они могут стать тотальными, и тогда участие индивидов в них не будет следствием добровольного включения, а только лишь постоянно действующего принуждения и контроля со стороны.

Институты обыкновенно воспринимаются их участниками в качестве неизменных. Индивид приспосабливается к требованиям роли, совершая действия в институте по заранее заданным правилам. Чем жестче эти правила, тем большее принуждение со стороны института испытывает индивид. Кроме того, для индивида может быть неясной связь между предъявляемыми к нему ролевыми требованиями и достижением конечной цели. Институт становится не просто объективным, но и формальным. Участие в нем воспринимается индивидами как исполнение неизбежных обязанностей, иными словами, члены института отчуждаются от него. Ролевое поведение может при этом принимать ритуализированные формы, действия лишаются первоначального смысла в глазах их исполняющего.

Нормальное функционирование социальных институтов не в последнюю очередь обеспечивается привлечением новых членов, интеграцией их в уже сложившуюся систему ролей и статусов, освоением ими внутри-институциональных правил. Социальный институт утверждает себя в качестве такового только будучи передан в безусловном и «застывшем» виде новым участникам. «Благодаря реификации институциональный мир начинает сливаться с миром природы. Он становится необходимостью и судьбой и существует в качестве такового счастливо или несчастливо, в зависимости от обстоятельств»[321]. Передача института новым членам предполагает признание ими легитимности институциональных требований и представление о неотвратимости и соразмерности санкций, применяемых к нарушителям правил. Соразмерность санкций определяется и индивидуальной ценностью достигаемой в институте цели. Если результат участия в институте имеет для индивида низкий статус, то, вероятно, для него нет и строгой необходимости четко соблюдать институциональные нормы. Предлагая своим членам нестатуарные цели, институт слабеет.

Исполняя определенную роль, индивид обладает не только некоторым статусом внутри соответствующего института, но и определяет тем самым свое положение внутри сообщества. Некоторые роли оцениваются сообществом как более важные или престижные, принятие их может обладать для индивида собственной ценностью. Если же общественные представления о соотносимой важности ролей, представляющих разные институты, резко меняются, то индивиды, исполнявшие ранее престижные роли, стремятся вернуть себе прежний статус. Этот реванш возможен при новом изменении предпочтений сообщества, возвращающем status quo ante (для этого индивиды должны полностью идентифицировать себя с ролью, демонстрировать избранность и другие статусные характеристики), либо при заимствовании у актуальных престижных ролей наиболее

---

321 Бергер П., Лукман Т. Социальное конструирование реальности. М.: «Медиум», 1995. С. 149.

выразительных черт, поведенческих техник. Это заимствование не всегда согласовано с принципами принимающего института и в итоге приводит к разрушению его ролевых рамок.

Изменение внешней среды существования института может привести не только к снижению значимости достигаемой институтом цели, но и к невозможности реализовать институциональные задачи при их сохранившейся актуальности. Дисфункциональность института не сразу осознается его участниками, кроме того, при некотором стечении обстоятельств достижение цели все же возможно. Приспособление институциональных элементов (появление новых ролей, изменение ролевых границ, адаптация норм и т.п.) к новым условиям позволяет сохранить институт; отсутствие изменений – губит его.

В целом следует отметить слабую институализацию основных социальных процессов, имеющих место в современном российском обществе, означающую постоянное столкновение жизненных стратегий участников социального действия, являющегося общим лишь по внешним, объективированным характеристикам. Для субъектов, вовлеченных в него силою обстоятельств, это социальное действие распадается на ряд независимых социальных актов с собственным смыслом, закрытым для других участников. Столкновение жизненных стратегий в рамках «общего дела» приводит к тому, что, во-первых, его завершение является проблематичным; во-вторых, полученные результаты – разочаровывающими для всех участников; в-третьих, само дело отчуждается, говоря языком Маркса, от его участников. В такой ситуации новые социальные учреждения лишены основательности. Во многих случаях речь идет об оболочке, внутри которой реализуются старые (квазисоциалистические) модели поведения.

Предложим следующий механизм появления и реализации патерналистских моделей поведения: уже существующая культурная традиция «семейных», «защитных» отношений вступает в соединение с действующими социальными факторами общественной и индивидуальной жизни. Главным внешним фактором, вызывающим патернализм к жизни, является глубокий социально-политический, культурный и экономический разлом. В этом случае патернализм замещает слабые или отсутствующие институциональные связи гражданского типа, объединяет разрозненные члены общественного организма, используя наличные формы традиционалистской, семейной по своему генезису связи.

З. Бауман, определяя контекст институализации патерналистских связей в послевоенной Польше, утверждал (1) влияние крестьянского происхождения на политическую культуру коммунистических обществ и (2) неопределенность действий агентов социальной власти как важнейшую характеристику социалистического образа жизни[322]. Можно говорить о том, что оба этих момента наблюдаются и в современной России, однако ими список не исчерпывается. В него следует добавить неустановившиеся правила игры на экономическом рынке, неопределенность социальных статусов и, как следствие распространение аномии, отсутствие эффективных и адекватных изменившейся социальной реальности моделей поведения, социальную апатию большинства населения, ощущение заброшенности, присущее значительному числу людей.

Рассмотрим институциональные изменения современного российского общества в тех областях социальной практики, в которых в ходе изучения был обнаружен патернализм.

Прежде всего, обратимся к изменениям производственных структур. Трансформация общества воздействует на трудовую сферу двояко: через общее изменение систем ценностей, культурных координат и через непосредственное изменение экономико-производственных отношений. Необходимо отметить возросшее многообразие социальных экономических ролей (акционера, собственника, наемного работника, рантье), уменьшившуюся степень регламентации выполнения прежних социальных ролей (требуется большая самостоятельность, инициативность), увеличение формальных возможностей для протестных действий[323]. Вместе с тем, говорить о завершении процесса перехода к новому экономическому и правовому положению субъектов социально-трудовых отношений рано: социальные практики обладают свойством инерционности.

Отметим затяжной кризис промышленного производства, вы-

---

322   Bauman Z. Comment on Eastern Europe // Studies in Comparative Communism. Vol. XII. 1979. № 2–3. P. 184–189.

323   Об «освобождении» ролевой карты российского общества см. Шабанова М.А. Социология свободы: трансформирующееся общество. Серия «Монографии», № 8. М.: МОНФ, 2000. С. 175–180.

званный внеэкономическими, или точнее, внерыночными причинами. Советский промышленный потенциал стал источником первоначального накопления для новой буржуазии (по преимуществу торговой и финансовой) в той же мере, как для европейской буржуазии таким источником была некогда крестьянская община. Отток средств из индустрии, сопряженный с *бегством* квалифицированных и активных работников, привел к частичному разрушению старой индустриальной системы. Утратил эффективность некогда сложившийся механизм воспроизводства капитала и рабочей силы. В этой ситуации промышленные предприятия оказались вытесненными на *задворки* экономической и социальной жизни в современном российском обществе, качественно ослабили свои статусные позиции. Для работников, занятых в некогда престижных отраслях промышленности, новая ситуация на самом деле является проигрышной и тупиковой. Директора предприятий, ставших негосударственными, не стремятся сохранить трудовой коллектив с помощью материальных выплат и социальных льгот – превышение предложения рабочей силы над спросом позволяет это делать. Естественно что, в наиболее невыгодном положении оказались квалифицированные работники: и рабочие, и инженеры. Прежние модели трудового поведения уже не эффективны, но продолжают воспроизводиться, а новые – необходимые – еще не сложились. Результатом неумелого, поверхностного наложения новых элементов на старые образцы можно считать экономически неэффективное производственное поведение.

Положение работников в современном российском обществе изменилось и по иным критериям: отсутствие гарантии пожизненной занятости, снижение реального минимума заработной платы, упразднение общественных фондов распределения. Это приводит к изменению неформальных вертикальных взаимодействий, увеличению их значимости по сравнению с формальными. Неформальные взаимодействия все более приобретают вид личной зависимости работника от своего непосредственного и высшего руководства.

Наличие социального института найма является необходимым для существования капитализма. Как отмечает В.Ю. Бочаров, «анализ основных признаков взаимодействия субъектов трудовых отношений в

Н.В. Шушкова

нашей стране дает основание утверждать, что они находятся на первом, раннекапиталистическом, этапе институциализации»[324]. Это означает, что работник находится в неравноправном положении по сравнению с работодателем, полностью зависит от него, а последний не заинтересован в исполнении трудового законодательства. Данные исследований подтверждают, что осознание наемным персоналом своей роли в договорных трудовых отношениях происходит очень медленно[325]. На предприятиях преобладают директивные управленческие отношения. В этих условиях тем людям, которые просто не знакомы с новыми ролями и ситуациями, сложно освоить рыночный механизм переговоров.

Наблюдается *новый* тип отношений между работниками и собственниками/предпринимателями. Их специфическое качество связано с тем, что собственник (или группа собственников), как правило, не принимают непосредственного участия в руководстве производством. Управление крупным предприятием осуществляется группой наемных менеджеров. Работникам известны только управляющие, но не собственники, прикрытые завесой тайны. Это подтверждают данные серии исследований, проведенных на одном из крупных пермских промышленных предприятий акционерного типа[326]. На обследованном предприятии присутствует иерархия субъектов трудовых отношений: верхние позиции занимают собственники, нижние – работники предприятий, средние – менеджеры. Разрыв между этими позициями велик. Собственники, взаимодействуя преимущественно с менеджерами, не обладают четким представлением о трудовом процессе, имеют упрощенный взгляд на своих наемных работников. Отношения буржуа и менеджеров, соответственно, более дифференцированы и личностны, нежели буржуа и иных наемных работников.

---

324 Бочаров В.Ю. Институциализация договорных трудовых отношений на предприятиях // Социс. 2001. № 7. С. 64.

325 Социологические исследования в рамках Мониторинга социально-трудовой сферы промышленности, на предприятиях шести промышленных отраслей Самарской области. N=600, 4 квартал 2000 г.

326 Серия исследований проведена каф. культурологии ПГТУ, рук. д.и.н., проф. Лейбович О.Л. Выборка – квотная в соответствии с организационной структурой предприятия, квалификационным и гендерным со-ставом. N=400 чел. Метод анкетного опроса. Время проведения исследований: октябрь 1997 г., сентябрь 2000 г., апрель и октябрь 2001 г.

Образ «высшего начальства», существующий среди работников, вымышлен, не имеет связи с реальными людьми, строится на обрывочных сведениях, стереотипен. Руководителями работники склонны считать скорее тех высших менеджеров, чья деятельность связана с производством продукции, чем вышестоящих собственников. *Непрозрачность* отношений нанимателя и наемного работника (прежде всего для трудящихся) фактически аннулирует действие трудового договора. Работник не понимает смысла заключаемого с ним трудового договора, не знает своих прав и обязанностей нанимателя по отношению к нему (а если и знает, то считает их *бумажными*).

На обследованном предприятии самым распространенным способом погашения недовольства работников и разрешения конфликтов с руководством является подавление, наказание работника, либо игнорирование его требований. С этим связано столь распространенное среди работников предприятий чувство неуверенности в завтрашнем дне, боязнь беспричинного, неожиданного увольнения, произвола начальника. В исследовании 2001 г. была выявлена зависимость между ощущением работником нестабильности его положения на предприятии и незнанием причин увольнения работников (возможно, нежеланием говорить о них). Достаточно высокая доля последних свидетельствует о неразвитости рациональных рыночных механизмов взаимодействия администрации предприятия и его работников. Отношения между администрацией предприятия и его работниками в этих условиях строятся не на рационально-объективной основе, а на личных, оценочных моментах.

В немалой степени ретрансляции патернализма в современное российское общество способствуют процессы, происходящие в политическом поле. Мы сталкиваемся с феноменом воспроизводства традиционалистских структур политического поведения в модернизирующемся социуме. Возможности для *свободных* политических действий сильно ограничены. Отсутствует пространство для выражения общественных интересов: СМИ зависят как от административных чиновников, так и от крупных финансовых компаний. Нерасчлененность политического и экономического пространства в данном случае приводит к тому, что политическая линия прессы во многом определяется источниками и объемом финансирования.

Мы наблюдаем отсутствие интереса граждан к теме самоуправления и убежденность в невозможности разрешить собственные проблемы своими силами. Можно предположить, что органы власти нужны избирателям постольку, поскольку возможно делегировать им свои обязанности и права по управлению городским сообществом. В таком политическом пространстве нет места партнерским отношениям между властью и обществом.

Властная элита также практикует традиционалистские модели поведения. Ее представители, связанные с финансовыми и промышленными группами, стремятся разделить территорию, пытаются закрепить свое влияние в определенных районах. Создавая в них обширные клиентелы, политики ограждают себя от возможной политической конкуренции. Влияние этих сетей на современную российскую политику настолько велико, что выражается даже в изменении функции выборов; по мнению О. Крыштановской: «Региональная элита как была, так и осталась непроницаема для *разночинцев...* <...> Демократические альтернативные выборы, призванные расширить доступ к власти для всех слоев населения, в регионах сыграли иную роль – они практически прекратили доступ в элиту представителям неэлитарных слоев»[327]. Политические патроны, выстраивая клиентские сети, стремятся к формированию систем взаимодействия, альтернативных официальным и построенных на личной договоренности, персонифицированных связях. И в этом смысле они продолжают советскую традицию использования неформальных сетей для достижения и поддержания высокого административного положения.

Как было зафиксировано в исследованиях Ж.К. Тощенко: «... отношение местных руководителей к демократическим ценностям крайне недоверчиво. Практически отрицается возможность политического равенства и участия граждан в управлении»[328]. «Делание политики» в сети

---

327 Крыштановская О.В. Формирование региональной элиты: принципы и механизмы // Социс. 2003. №11. С. 12.

328 Тощенко Ж.К., Цыбиков Т.Г. Развитие демократии и становление местного самоуправления в России // Социс. 2003. №8. с. 35. Данные социологических исследований (рук. Тощенко Ж.К.): первое (февраль-март 1992 г.), N=548 респондентов из 36 муниципаль-

патрон-клиентских связей позволяет не допускать граждан в «высшие политические сферы». Патрон не отчитывается перед своими клиентами. Безусловно, публикуются постановления, выпускаются отчеты о деятельности в значительной мере стандартные и по форме, и по содержанию. Однако степень их обоснованности определяется, в конечном счете, самими чиновниками. Роль политического патрона разрешает ему игнорировать критику населения. Стратегии и принципам управления приписывается ранг безошибочных, а самому политику – позиция высшего эксперта. Высказанное «из народа» мнение, если оно не согласуется с ожиданиями и собственными представлениями политика, не имеет значения. Конечным результатом является молчание большинства. Подобно ранним обществам, «…выступление является атрибутом власть имущего. Власть имеет тот, кто выступает. Он «хозяин слов». (…) Его устами говорит сама традиция, то есть обычаи, передаваемые предками. Такая речь не оспаривается»[329]. Власть патрона, таким образом, подтверждается не одобрительными высказываниями о нем, а молчанием.

Естественным итогом описанных выше политических процессов можно считать появление нового электората. По данным всероссийского социологического мониторинга «к настоящему времени сформулировался дифференцированный интерес населения к политике; в целом он вдвое уступает интересу к повседневным житейским делам, к достижению «скромных целей» (21-24% против 63-64%)»[330]. Основу нового электората составляют люди, не адаптировавшиеся по ряду причин к современным экономическим институтам. Именно эти люди проявляют активность в политической жизни, находя в ней компенсацию за социальные неудачи и

ных образований; второе (1995 г.), N=1069 чел. в 76 районах и городах России.

329   Ленуар Р. Социальная власть публичного выступления // S/Λ'98. Поэтика и политика. Альманах Российско-французского центра социологии и философии Института социологии РАН. М.: Ин-т экспериментальной социологии, СПб.: Алетейя, 1999. С. 167-168.

330   См. Лапин Н.И. Как чувствуют себя, к чему стремятся граждане России. // Социс. 2003. №6. С. 85. Всероссийский социологический мониторинг «Наши ценности и интересы сегодня», проводимый центром изучения социокультурных изменений Института философии РАН (ЦИКСИ ИФРАН). Опрос методом формализованного интервью в домашних условиях. Выборка – всероссийская, районированная, 12 регионов, N=1100-1500 чел. Приведены данные за 2002 г.

Н.В. Шушкова

потери. Они образуют ту политическую массу, которая во многом определяет диктат патерналистских моделей поведения в сегодняшней политической жизни. На них ориентируются политтехнологи, с ними связывают свои расчеты политики. Давление этой массы вытесняет на обочину политической жизни иные социокультурные группировки населения.

Политические процессы, происходившие во Франции XI-XII вв., позволили Ж. Дюби заметить: «В реальности, когда разваливается государство, человек, *находящийся в опасности*, в первую очередь ищет убежище именно в семье»[331]. Историк ведет речь об укреплении, прежде всего, дворянских родов, возвышении фигуры главы семейства и усилении сеньоральных сетей, – таким образом устанавливалась некая форма общественного порядка, определялись координаты человека в окружающей его социальной реальности. Схожая ситуация – ломки основных общественных структур – наблюдается в современном российском социуме. На всех уровнях наблюдается несоответствие презентируемых изменений и реальных перемен. Распалось нормативное поле, позволяющее предсказывать возможные действия партнеров. Прежние социальные скрепы с трудом удерживают разрозненных индивидов. Слабая институциализация ключевых социальных процессов в таком обществе и выступает основным импульсом для реконструкции и развития патерналистского института.

Изменившиеся условия социальной жизни, проявляющиеся в неопределенности нормативных рамок всех видов взаимодействия индивида, порождают неуверенность в индивидуальном настоящем и будущем (вплоть до страха за свою жизнь). Эти эмоциональные реакции становятся мощным источником для конструирования и институализации патернализма. Таковой, например, была ситуация с художественной интеллигенцией в новой Советской России, создававшей клиентелы при могущественных патронах. Профессиональные институты, занимавшиеся в более позднюю эпоху ранжированием творческих успехов писателей, художников, скульпторов, определением их социально-профессиональных статусов и распределением дефицитных ресурсов, только складывались. Неясен был механизм разрешения не только бытовых[332], но – что важнее – профессио-

---

331 Цит. по: Арьес Ф. Ребенок и семейная жизнь при старом порядке. Екатеринбург: Издательство Уральского университета, 1999. С.353. Курсив мой – Н.Ш.

332 О материальной стороне патрон-клиентских отношений творческой интел-

нальных вопросов. Произведения искусства, если они не соответствовали духу времени, могли навлечь серьезные неприятности на их создателя. В эпоху Большого террора, когда основанием для ареста, осуждения, расстрела могло стать все что угодно, например, еще вчера считавшееся безобидными высказывание, покровительство «больших людей» давало ощущение безопасности[333]. Патроны, иными словами, становились гарантами жизни, признания, бытовой обеспеченности, всего того, что невозможно было достичь в рамках имевшихся гражданских и экономических институтов.

Патерналистские модели исполнения ролей всегда содержат в себе эмоциональный компонент; если переживания и чувства, испытываемые индивидом, находят отклик у того, кто считается патроном, то они становятся первичной нормативной системой, поддерживающей этот тип взаимодействия. Вместе с тем, поведение, основанное на эмоциях, пусть даже обоюдных, не вписывается в строгую нормирующую систему больших институциональных порядков. Эмоциональные проявления, не контролируемые институтом, расшатывают последний, открывая новые поля для свободных действий. Институциональные нормы перестают организовывать взаимодействие, участники институтов начинают сомневаться в легитимности действий друг друга, необходимости согласования этих действий, иерархической упорядоченности статусов исполнителей и проч. Для достижения совместной цели теперь недостаточно знать и воплощать институциональные требования, чтобы побудить партнеров к взаимному действию, следует добавить то, что их привлечет, т.е. будет соответствовать личным представлениям о желательном проявлении активности. Проиллюстрируем последний тезис примером из политической сферы.

лигенции и представителей власти в СССР см.: Фицпатрик Ш. Повседневный сталинизм. Социальная история советской России в 30-е годы: город. М.: Российская политическая энциклопедия, 2001. С. 136-138

333 «Человек, … заранее мирился с неизбежным концом и не зарекался от расстрела. <…> «Я готов ко всему», - сказал мне Эренбург, прощаясь в передней. Это была эпоха дела врачей и борьбы с космополитизмом, и его черед надвигался. Эпоха следовала за эпохой, а мы всегда были готовы ко всему», - так описывает Надежда Мандельштам психологическое состояние, характерное для человека той эпохи. Мандельштам Н.Я. Воспоминания. М.: Согласие, 1999. С. 137-138.

Общие демократические нормы, воплощенные, в частности, в институте всеобщих альтернативных выборов, в действительности довольно сильно искажаются действиями всех сторон-участников. Власть слабо контролируется гражданами, она им фактически неподотчетна, что позволяет ей получать в распоряжение дополнительные ресурсы. Избиратели выдвигают к политику неполитические требования (обеспечения их материальными благами), производят отбор из кандидатов по принципу «нравится – не нравится внешний вид/манера говорить/социальное происхождение и т.п.». При этом демократия может продолжать использоваться в качестве риторики, маскирующей несоответствие между реальными правилами политических взаимодействий и институциональными нормами.

Патернализм предполагает эмоциональность, в этом его сильная и слабая стороны. Эмоциональность патернализма позволяет конструировать устойчивые отношения, в которых человек уверен (убежден). Эти отношения, будучи созданными, могут существовать и тогда, когда человек не достигает с их помощью желаемой цели. Слабая сторона патернализма проявляется в том, что зависимые отношения персонализированы, стало быть, взаимодействия возможны только с определенными людьми. Отчасти этот изъян может быть компенсирован через формирование образа патрона (скопированного с конкретного человека) и наделение его преемников востребованными чертами; однако, связь с новым патроном всегда будет уступать прежней в эмоциональности. Слабость патернализма также в том, что эмоции преходящи, почти не поддаются формализации, не могут быть обращены в безличные нормы. Функциональность патернализма ограничена тем, что он позволяет достигать целей только отдельным индивидам, а не всем исполнителям определенной роли. Поэтому патернализм не может быть объяснен в терминах выгоды новичкам, не имеющим прежнего опыта «подчинения-получения». Именно поэтому современный патернализм не способен развернуться до полных размеров института вне зависимости от той сферы, в которой он существует. Замещение патернализмом всех институциональных норм, системы ролевых статусов привело бы к абсолютной невозможности реализовать в нем заявленные цели, т.е., в конечном итоге, к разрушению института.

НАУЧНОЕ ИЗДАНИЕ

НАТАЛЬЯ ВИКТОРОВНА ШУШКОВА

СОЦИОЛОГИЯ СОВРЕМЕННОГО ПАТЕРНАЛИЗМА

МОНОГРАФИЯ

КОРРЕКТОР — Ю.В.ВЕТОШКИНА

ТЕХНИЧЕСКИЙ РЕДАКТОР — Л.Г. ИВАНОВА

ДИЗАЙН И ВЕРСТКА — Б.Б.ОПАСТНЫЙ

RusGenProject com.,
Division of South Eastern Projects Management Company Limited
Washington D.C. • London • Moscow • Hong Kong • New Delhi

Совместное издание с ООО "Интелкорп", Москва
Подписано в печать 09.09.2010. Тираж 300 экз. Заказ №1711

For more information e-mail publisher@ rusgenproject.com
Or visit our website www.RusGenProject. com

Printed in United States of America
First Edition: Sep 2010

ISBN 978-0-9844227-1-5 (Rusgenproect.com, Russian Language Edition)

ISBN 978-5-91769-004-9 (ООО "Интелкорп")

www.ingramcontent.com/pod-product-compliance
Lightning Source LLC
Chambersburg PA
CBHW071347280326
41927CB00039B/2068